Probleme der strafrechtlichen Produkthaftung von Vorstandsmitgliedern einer Aktiengesellschaft für das Zustandekommen eines rechtswidrigen Beschlusses

Europäische Hochschulschriften

European University Studies
Publications Universitaires Européennes

Reihe II **Rechtswissenschaft**

Series II Law

Série II Droit

Band/Volume **5541**

Catherine Di Lorenzo

Probleme der strafrechtlichen Produkthaftung von Vorstandsmitgliedern einer Aktiengesellschaft für das Zustandekommen eines rechtswidrigen Beschlusses

Haftung für vorsätzliches positives Tun bei Zustimmung, Enthaltung und Gegenstimme

PL ACADEMIC RESEARCH

Bibliografische Information der Deutschen Nationalbibliothek
Die Deutsche Nationalbibliothek verzeichnet diese Publikation in der Deutschen Nationalbibliografie; detaillierte bibliografische Daten sind im Internet über http://dnb.d-nb.de abrufbar.

Zugl.: Trier, Univ., Diss., 2013

D 385
ISSN 0531-7312
ISBN 978-3-631-64587-1 (Print)
E-ISBN 978-3-653-03803-3 (E-Book)
DOI 10.3726/978-3-653-03803-3

PL Academic Research ist ein Imprint der Peter Lang GmbH.
Peter Lang – Frankfurt am Main · Bern · Bruxelles · New York · Oxford · Warszawa · Wien

Dieses Buch wurde vor Erscheinen peer reviewed.

www.peterlang.com

Vorwort

Die vorliegende Arbeit wurde im Sommersemester 2013 vom Fachbereich Rechtswissenschaft der Universität Trier als Dissertation angenommen.

Meinem Doktorvater Prof. Dr. Volker Krey möchte ich an dieser Stelle ganz herzlich danken. Er hat mich während der Ausarbeitung der vorliegenden Arbeit mit großem Interesse, viel Geduld und wertvollen Anregungen unterstützt. Herrn Prof. Dr. Alfred Dierlamm danke ich für die zügige Erstellung des Zweitgutachtens.

Meinen Eltern Heidi und André Jardin verdanke ich sehr viel; nicht zuletzt auch die Ermöglichung meines Studiums.

Ganz besonderen Dank schulde ich meinem Ehemann Alessandro Di Lorenzo, der mich immer uneingeschränkt unterstützt und ermutigt hat. Ihm widme ich die vorliegende Arbeit.

Saarburg, im Juli 2013 | Catherine Di Lorenzo

Inhaltsverzeichnis

Verzeichnis der zitierten Literatur

Achenbach, Hans /Ransiek, Andreas	Handbuch Wirtschaftsstrafrecht, 2. Auflage, Heidelberg 2008 Zitiert: Achenbach/Ransiek, HWSt
Arnold, Stefan	Untreue durch Schädigung des Unternehmens durch den Vorstand bzw. die Geschäftsführung, Jura 2005, S. 844–849
Baumann, Jürgen/ Weber, Ulrich/ Mitsch, Wolfgang	Strafrecht, Allgemeiner Teil, 11. Auflage, Bielefeld 2003 Zitiert: Baumann/Weber/Mitsch AT
Beulke, Werner/ Bachmann, Gregor	Die „Lederspray-Entscheidung“ – BGHSt 37, 106, JuS 1992, S.737–744
Bock, Barbara	Produktkriminalität und Unterlassen – Zur strafrechtlichen Haftung des Herstellers fehlerhafter Waren unter besonderer Berücksichtigung seiner Handlungspflichten, Aachen 1997 Zitiert: Bock, Produktkriminalität
Bosch, Nikolaus/ Lange, Knut Werner	Unternehmerischer Handlungsspielraum des Vorstandes zwischen zivilrechtlicher Verantwortung und strafrechtlicher Sanktion, JZ 2009, S. 225–237
Bottke, Wilfried	Standortvorteil Wirtschaftskriminalrecht: Müssen Unternehmen „strafmündig“ werden? In wistra 1997, S. 241–253
Brammsen, Joerg	Kausalitäts- und Täterschaftsfragen bei Produktfehlern, Jura 1991, S. 533–538
Brammsen, Joerg	Strafrechtliche Rückrufpflichten bei fehlerhaften Produkten? In GA 1993, S. 97–120

Dallinger, Wilhelm	Aus der Rechtsprechung des Bundesgerichtshofs für Strafsachen, MDR 1975, S. 722–726
Dencker, Friedrich	Kausalität und Gesamttat, Berlin 1996 Zitiert: Dencker
Dencker, Friedrich	Mittäterschaft in Gremien in: *Amelung, Knut (Hrsg.)*, Individuelle Verantwortung und Beteiligungsverhältnisse bei Straftaten in bürokratischen Organisationen des Staates, der Wirtschaft und der Gesellschaft, 1. Auflage, Sinzheim 2000 Zitiert: Dencker in Amelung, Individuelle Verantwortung
Derksen, Roland	Heimliche Unterstützung fremder Tatbegehung als Mittäterschaft, GA 1993, S. 163–176
Deutscher, Jörg/ Körner, Peter	Die strafrechtliche Produktverantwortung von Mitgliedern kollegialer Geschäftsleitungsorgane – Eine Einführung unter der besonderen Rechtsprechung des BGH – Teil 2, wistra 1996, S. 327–334
Dierlamm, Alfred	Anmerkung zum BGH Urteil vom 11.12.1997 (4 StR 323/97), NStZ 1998, S. 569–570
Dierlamm, Alfred	Neue Entwicklungen bei der Untreue – Loslösung des Tatbestandes von zivilrechtlichen Kategorien? In StraFo 2005, S. 397–404
Dreher, Meinrad	Die persönliche Verantwortlichkeit von Geschäftsleitern nach außen und die innerbetriebliche Aufgabenteilung, ZGR 1992, S. 23–63
Dreher, Sonja	Mittelbare Unterlassungstäterschaft und Kausalität bei kollektivem Unterlassen – BGH, NJW 2003, 522 , JuS 2004, S. 17–18
Eidam, Gerd	Unternehmen und Strafe – Vorsorge und Krisenmanagement, 2. Auflage, Köln 2005 Zitiert: Eidam

Engelhart, Marc — Unternehmensstrafbarkeit im europäischen und internationalen Recht, eucrim 2012, S. 110–123

Engisch, Karl — Die Kausalität als Merkmal der strafrechtlichen Tatbestände, Tübingen 1931
Zitiert: Engisch

Engländer, Armin — Die Anwendbarkeit von § 34 StGB auf intrapersonale Interessenkollisionen, GA 2010, S. 15–26

Erb, Volker — Zur Verfolgung von Rechtsbeugung in Kollegialgerichten, NStZ 2009, S. 189–193

Franke, Einhard — Strafrechtliche Verantwortlichkeit bei Redakteurskollektiven, JZ 1982, S. 579–584

Franke, Einhard — Kriminologische und strafrechtsdogmatische Aspekte der Kollegialdelinquenz, Festschrift für Günter Blau, Berlin 1985, S. 227–244
Zitiert: Franke, Blau-FS

Fischer, Thomas — Strafgesetzbuch, 58. Auflage, München 2011
Zitiert: Fischer, StGB

Fleischer, Holger — Zur Verantwortlichkeit einzelner Vorstandsmitglieder bei Kollegialentscheidungen im Aktienrecht, Betriebs-Berater 2004, S. 2645–2652

Göhler, Erich — Gesetz über Ordnungswidrigkeiten, 16 Auflage, München 2012
Zitiert: Göhler, OwiG

Graf, Jürgen Peter/ Jäger, Markus/ Wittig, Petra — Wirtschafts- und Steuerstrafrecht, München 2011
Zitiert: Graf/Jäger/Wittig-*Bearbeiter*

Graf von Westphalen, Friedrich — Produkthaftungshandbuch Band 1: Vertragliche und deliktische Haftung, Strafrecht und Produkt-Haftpflichtversicherung, 2. Auflage, München 1997
Zitiert: *Bearbeiter* in Graf v. Westphalen

Großkommentar AktG — herausgegeben von *Klaus J. Hopt* und *Herbert Wiedemann*, 4. Auflage, Berlin 2003
Zitiert: Großkommentar AktG, *Bearbeiter*

Grunewald, Barbara — Gesellschaftsrecht, 7. Auflage, Tübingen 2008
Zitiert: Grunewald, GesR

Hamm, Rainer — Der strafprozessuale Beweis der Kausalität und seine revisionsrechtliche Überprüfung – Neuer Kausalitätsbegriff oder neue Anforderungen an die richterliche Überzeugungsbildung in der „Holzschutzmittel-Entscheidung“ des BGH? in StV 1997, S. 159–165

Hassemer, Winfried — Anmerkung zu BGHSt 37, 106 in JuS 1991, S. 253–256

Hassemer, Winfried — Professionelle Adäquanz, wistra 1995, Teil 1, S. 41–46, Teil 2, S. 81–87

Hassemer, Winfried — Produktverantwortung im modernen Strafrecht, 2. Auflage, Heidelberg 1996
Zitiert: Hassemer, Produktverantwortung

Heine, Günter — Die strafrechtliche Verantwortlichkeit von Unternehmen: Von individuellem Fehlverhalten zu kollektiven Fehlentwicklungen, insbesondere bei Großrisiken, Baden-Baden, 1995
Zitiert: Heine

Heinrich, Bernd — Strafrecht – Allgemeiner Teil 1, Stuttgart 2005
Zitiert: Heinrich, AT 1

Hellmann, Uwe / Beckemper Katharina — Wirtschaftsstrafrecht, 2. Auflage, Stuttgart 2008
Zitiert: Hellmann/Beckemper

Henn, Günter	Handbuch des Aktienrechts, 8. Auflage, Heidelberg 2009 Zitiert: Henn, *Bearbeiter*
Herzberg, Rolf Dietrich	Täterschaft und Teilnahme, München 1977 Zitiert: Herzberg
Herzberg, Rolf Dietrich	Täterschaft, Mittäterschaft und Akzessorietät der Teilnahme in ZStW 1987, S. 49–81
Hilgendorf, Eric	Strafrechtliche Produzentenhaftung in der „Risikogesellschaft", Berlin 1993 Zitiert: Hilgendorf
Hilgendorf, Eric	Fragen der Kausalität bei Gremienentscheidungen am Beispiel des Lederspray-Urteils, NStZ 1994, S. 561–608
Hirsch, Hans Joachim	Soziale Adäquanz und Unrechtslehre, ZStW 1962, S. 78–135
Höhfeld, Hendrik	Strafrechtliche Produktverantwortung und Zivilrecht – Zur Strafbarkeit der Mitglieder mehrköpfiger Geschäftsleitungsgremien von Wirtschaftsunternehmen unter besonderer Berücksichtigung des Gesellschafts- und allgemeinen Zivilrechts, Berlin u.a. 1999 Zitiert: Höhfeld
Hohmann, Olaf	Strafrechtliche Verantwortlichkeit von Behördenleitern für Managemententscheidungen, Neue Justiz 2007, S. 5–10
Hohn, Kristian	Die „äußeren" Grenzen des erlaubten Risikos bei Entscheidungen über die Verwendung von Gesellschaftsvermögen, wistra 2006, S. 161–164
Hoyer, Andreas	Die traditionelle Strafrechtsdogmatik vor neuen Herausforderungen: Probleme der strafrechtlichen Produkthaftung, GA 1996, S. 160–178

Hüffer, Uwe — Kurzkommentar zum Aktiengesetz, 7. Auflage, München 2006
Zitiert: Hüffer, AktG

Jäger, Christian — Examens-Repetitorium – Strafrecht Allgemeiner Teil, 2. Auflage, Heidelberg 2006
Zitiert: Jäger AT

Jakobs, Günther — Risikokonkurrenz – Schadensverlauf und Verlaufshypothese im Strafrecht, Festschrift für Karl Lackner, Berlin 1987, S. 53–75
Zitiert: Jakobs, Lackner-FS

Jakobs, Günther — Strafrecht Allgemeiner Teil – Die Grundlagen der Zurechnungslehre, 2. Auflage, Berlin 1991
Zitiert: Jakobs AT

Jakobs, Günther — Strafrechtliche Haftung durch Mitwirkung an Abstimmungen, Festschrift für Koichi Miyazawa, Baden-Baden 1995, S. 419–436.
Zitiert: Jakobs, Miyazawa-FS

Jakobs, Günther — Beteiligung durch Chancen- und Risikoaddition in Strafrecht zwischen System und Telos, Festschrift für Rolf Dietrich Herzberg, Tübingen 2008, S. 395–410
Zitiert: Jakobs, Herzberg-FS

Jescheck, Hans-Heinrich, Weigend, Thomas — Lehrbuch des Strafrechts, Allgemeiner Teil, 5. Auflage, Berlin, 1996
Zitiert: Jescheck/Weigend AT

Kaufmann, Armin — Die Dogmatik der Unterlassungsdelikte, Göttingen 1959
Zitiert: Kaufmann

Kindhäuser, Urs — Strafrecht, Allgemeiner Teil, 2. Auflage, Baden-Baden 2006
Zitiert: Kindhäuser, AT

Kindhäuser, Urs — Strafgesetzbuch, Lehr- und Praxiskommentar, 5. Auflage, Baden-Baden 2013
Zitiert: Kindhäuser, StGB

Knauer, Christoph — Die Kollegialentscheidung im Strafrecht – Zugleich ein Beitrag zum Verhältnis von Kausalität und Mittäterschaft, München 2001
Zitiert: Knauer

Knauer, Christoph — Die Strafbarkeit der Bankvorstände für missbräuchliche Kreditgewährung, NStZ 2002, S. 399–404

Knauer, Christoph — Strafbarkeit wegen Totschlags durch Unterlassen bei Nichtherbeiführung eines Beschlusses des SED-Politbüros, NJW 2003, S. 3101–3103

Kölner Kommentar zum Aktiengesetz — Band 2/1, 3. Auflage, Köln u.a. 2010
Zitiert: Kölner Kommentar, *Bearbeiter*

Körber, Torsten/ Effer-Uhe, Daniel Oliver — Referendarexamensklausur Zivilrecht: Produkthaftung in der Kapitalgesellschaft, JuS 2006, S. 1003–1008

Krey, Volker/ Esser Robert — Deutsches Strafrecht, Allgemeiner Teil, 5. Auflage, Stuttgart 2012
Zitiert: Krey/Esser AT

Kubiciel, Michael — Gesellschaftsrechtliche Pflichtwidrigkeit und Untreuetatbestand, NStZ 2005, S. 353–361.

Kühl, Kristian — Kommentar zum Strafgesetzbuch, 27. Auflage, München 2011
Zitiert: Kühl, StGB

Kühl, Kristian — Strafrecht, Allgemeiner Teil, 6. Auflage, München 2008
Zitiert: Kühl, AT

Kuhlen, Lothar — Strafhaftung bei unterlassenem Rückruf gesundheitsgefährdender Produkte, NStZ 1990, S. 566–570

Kuhlen, Lothar — Grundfragen der strafrechtlichen Produkthaftung, JZ 1994, S. 1142–1147

Kuhlen, Lothar — Strafrechtliche Produkthaftung in 50 Jahre Bundesgerichtshof, Festgabe aus der Wissenschaft, Band IV, Strafrecht, Strafprozessrecht, München 2000, S. 647–673
Zitiert: Kuhlen, BGH-FS

Kühne, Hans-Heiner — Strafrechtliche Produkthaftung in Deutschland, NJW 1997, S. 1951–1954

Leipziger Kommentar zum Strafgesetzbuch — 12. Auflage, Band 9, Teil 1, Berlin 2007
Zitiert: LK-StGB, *Bearbeiter*

Lesch, Heiko — Die Begründung mittäterschaftlicher Haftung als Moment der objektiven Zurechnung, ZStW 1993, S. 271–305

Lesch, Heiko — Gemeinsamer Tatentschluss als Voraussetzung der Mittäterschaft? in JA 2000, S. 73–78

Lesch, Heiko — Anmerkung zum BGH Urteil vom 1.8.2000 (BGHSt 46, 107), JR 2001, S. 383–388

Lüderssen, Klaus — Gesellschaftliche Grenzen der strafrechtlichen Haftung des Aufsichtsrats, Festschrift für Ernst-Joachim Lampe zum 70. Geburtstag, Berlin 2003, S. 727–742
Zitiert: Lüderssen, Lampe-FS

Maurach, Reinhart / Zipf, Heinz — Strafrecht Allgemeiner Teil, Teilband 1, 8. Auflage, Heidelberg 1992
Zitiert: Maurach/Zipf AT 1

Maurach, Reinhart / Gössel, Heinz / Zipf, Heinz — Strafrecht Allgemeiner Teil, Teilband 2, 7. Auflage, Heidelberg 1989
Zitiert: Maurach/Gössel/Zipf AT 2

Mayer, Michael — Die strafrechtliche Rückrufpflicht des pharmazeutischen Unternehmers, PharmR 2008, S. 236–252

Meier, Bernd-Dieter — Verbraucherschutz durch Strafrecht? in NJW 1992, S. 3193–3256

Müller-Dietz, Heinz — Strafverteidigung und Strafvereitelung, Jura 1979, S. 242–255

Müller-Gugenberger, Christian/ Bieneck, Klaus — Handbuch des Wirtschaftsstraf- und -ordnungswidrigkeitenrechts, 3. Auflage, Köln 2000
Zitiert: Müller-Gugenberger/Bieneck, *Bearbeiter*

Münchner Kommentar zum Aktiengesetz — Band 3, §§ 76–117 AktG, 3. Auflage, München 2008
Zitiert: MüKo AktG, *Bearbeiter*

Münchner Kommentar zum Strafgesetzbuch — Band 1, §§ 1–37 StGB, 2. Auflage, München 2011
Zitiert: MüKo StGB, *Bearbeiter*

Neudecker, Gabriele — Die strafrechtliche Verantwortlichkeit der Mitglieder von Kollegialorganen – Dargestellt am Beispiel der Geschäftsleitungsgremien von Wirtschaftsunternehmen (Europäische Hochschulschriften, Band 1779), Frankfurt am Main 1995
Zitiert: Neudecker

Nomos Kommentar zum Strafgesetzbuch — Loseblatt-Sammlung 2. Auflage, Baden-Baden, Stand November 2003
Zitiert: NK – Bearbeiter

Otto, Harro — Die objektive Zurechnung eines Erfolges im Strafrecht, Jura 1992, S. 90–99

Otto, Harro — Die Haftung für kriminelle Handlungen in Unternehmen, Jura 1998, S. 409–418

Otto, Harro — Die strafrechtliche Haftung für die Auslieferung gefährlicher Produkte, in Festschrift für Hans Joachim Hirsch, Berlin 1999, S. 291–312
Zitiert: Otto, Hirsch-FS

Puppe, Ingeborg | Der Erfolg und seine kausale Erklärung im Strafrecht, ZStW 1980, S. 863–911

Puppe, Ingeborg | Zurechnung und Wahrscheinlichkeit, ZStW 1983, S. 287–315

Puppe, Ingeborg | Die Beziehung zwischen Sorgfaltswidrigkeit und Erfolg bei den Fahrlässigkeitsdelikten, ZStW 1987, S. 595–616

Puppe, Ingeborg | Anmerkung zu BGHSt 37, 106, JR 1992, S. 30–34

Puppe, Ingeborg | Naturalismus und Normativismus in der modernen Strafrechtsdogmatik, GA 1994, S. 297–318

Puppe, Ingeborg | „Naturgesetze" vor Gericht, JZ 1994, S. 1147–1151

Puppe, Ingeborg | Die Lehre von der objektiven Zurechnung (Teil I. Die Kausalität), Jura 1997, S. 408–416

Puppe, Ingeborg | Brauchen wir eine Risikoerhöhungstheorie? in Festschrift für Claus Roxin, Berlin 2001, S. 287–306
Zitiert: Puppe, Roxin-FS

Puppe, Ingeborg | Strafrecht Allgemeiner Teil im Spiegel der Rechtsprechung, 2. Auflage, Baden-Baden, 2011
Zitiert: Puppe, AT

Puppe, Ingeborg | Wider die fahrlässige Mittäterschaft, GA 2004, S. 129–146

Ransiek, Andreas | Anerkennungsprämien und Untreue – Das „Mannesmann"-Urteil des BGH, NJW 2006, S. 814–816

Ransiek, Andreas | Strafrecht im Unternehmen und Konzern, ZGR 1999, S. 613–658

Ransiek, Andreas | Unternehmensstrafrecht – Strafrecht, Verfassungsrecht, Regelungsalternativen, Heidelberg 1996
Zitiert: Ransiek, Unternehmensstrafrecht

Röckrath, Luidger	Kollegialentscheidung und Kausalitätsdogmatik – Zurechnung überbestimmter Erfolge in Straf- und Haftungsrecht, NStZ 2003, S. 641–646
Rodríguez Montañéz, Teresa	Einige Bemerkungen über das Kausalitätsproblem und die Täterschaft im Falle rechtswidriger Kollegialentscheidungen, Festschrift für Claus Roxin, Berlin 2001, S. 307–330. Zitiert: Rodríguez Montañéz, Roxin-FS
Röh, Lars	Die kausale Erklärung überbedingter Erfolge, Frankfurt am Main 1995 Zitiert: Röh
Rothenfußer, Christoph	Kausalität und Nachteil, München 2003 Zitiert: Rothenfußer
Rotsch, Thomas	Unternehmen, Umwelt und Strafrecht – Ätiologie einer Misere, Teil 1, wistra 1999, S. 321–327
Roxin, Claus	Was ist Beihilfe? in Festschrift für Koichi Miyazawa, Baden-Baden 1995, S. 501–517. Zitiert: Roxin, Miyazawa-FS
Roxin, Claus	Strafrecht, Allgemeiner Teil, Band II, München 2003 Zitiert: Roxin, AT II
Roxin , Claus	Täterschaft und Tatherrschaft, 8. Auflage, Berlin 2005 Zitiert: Roxin, TuT
Roxin, Claus	Strafrecht, Allgemeiner Teil, Band I, 4. Auflage, München 2006 Zitiert: Roxin, AT I
Rudolphi, Hans-Joachim	Strafrechtliche Verantwortlichkeit der Bediensteten von Betrieben für Gewässerverunreinigungen und ihre Begrenzung durch Einleitungsbescheid, Festschrift für Karl Lackner, Berlin 1987, S. 863–887 Zitiert: Rudolphi, Lackner-FS

Samson, Erich	Probleme Strafrechtlicher Produkthaftung, StV 1991, S. 182–186
Schaal, Alexander	Strafrechtliche Verantwortlichkeit bei Gremienentscheidungen im Unternehmen, Berlin 2001 Zitiert: Schaal
Schall, Hero	Systematische Übersicht der Rechtsprechung zum Umweltstrafrecht, NStZ 1992, S. 209–216
Schlüchter, Ellen	Grundfälle zur Lehre von der Kausalität, Beitragsreihe in JuS 1976, S. 312–315; S. 378–382; S. 518–522
Schmidhäuser, Eberhard	Strafrecht, Allgemeiner Teil, Lehrbuch, 2. Auflage, Tübingen 1975 Zitiert: Schmidhäuser AT
Schmidhäuser, Eberhard	Die Grenze zwischen vorsätzlicher und fahrlässiger Straftat („dolus eventualis“ und „bewusste Fahrlässigkeit“), JuS 1980, S. 241–252
Schmidt, Karsten	Gesellschaftsrecht, 4. Auflage, Köln u.a. 2002 Zitiert: K. Schmidt, GesR
Schmidt-Salzer, Joachim	Produkthaftung, Band I: Strafrecht, 2. Auflage, Heidelberg 1988 Zitiert: Schmidt-Salzer
Schmidt-Salzer, Joachim	Entscheidungssammlung Produkthaftung, Band IV: Strafrecht, Grundwerk Neuwied 1988, Stand 5 Lieferung 1996 Zitiert: Schmidt-Salzer, ES Band IV
Schmidt-Salzer, Joachim	Strafrechtliche Produktverantwortung – Das Lederspray-Urteil des BGH, NJW 1990, S. 2966–2972
Schmidt-Salzer, Joachim	Konkretisierungen der strafrechtlichen Produkt- und Umweltverantwortung, NJW 1996, S. 1–8

Schönke, Adolf/ Schröder, Horst	Kommentar zum Strafgesetzbuch, 28. Auflage, München 2010 Zitiert: Schönke/Schröder – *Bearbeiter*
Schumann, Heribert	Produkthaftung (Rezensionen), StV 1994, 106–111
Schünemann, Bernd	Strafrechtsdogmatische und kriminalpolitische Grundfragen der Unternehmenskriminalität, wistra 1982, S. 41–50
Schünemann, Bernd	Unternehmenskriminalität, 50 Jahre Bundesgerichtshof, Festgabe aus der Wissenschaft, Band IV, Strafrecht, Strafprozessrecht, München 2000, S. 621–646 Zitiert: Schünemann, BGH-FS
Seher, Gerhard	Vorsatz und Mittäterschaft – Zu einem verschwiegenen Problem der strafrechtlichen Beteiligungslehre in JuS 2009, S. 1–7
Seher, Gerhard	Grundfälle zur Mittäterschaft, JuS 2009, S. 304–309
Semler, Johannes/ Peltzer, Martin	Arbeitshandbuch für Vorstandsmitglieder, München, 2005 Zitiert: Semler/Peltzer
Sofos, Themistoklis	Mehrfachkausalität beim Tun und Unterlassen, Berlin 1999 Zitiert: Sofos
Spindler, Gerald/ Stilz, Eberhard	Kommentar zum Aktiengesetz, 2. Auflage München 2010 Zitiert: Spindler/Stilz-*Bearbeiter*
Stoffers, Christian	Die vorrechtlich-ontologische Unterscheidung der Verhaltensformen positives Tun und Unterlassen, GA 1993, S. 263–275
Stratenwerth, Günter	Strafrecht Allgemeiner Teil I, Die Straftat, 4. Auflage, Köln 2000 Zitiert: Stratenwerth AT I

Stratenwerth, Günter/, Kuhlen Lothar — Strafrecht, Allgemeiner Teil, 6. Auflage, München 2004
Zitiert: Stratenwerth/Kuhlen AT

Systematischer Kommentar zum Strafgesetzbuch — Loseblatt-Sammlung Frankfurt a.M., Stand März 2012
Zitiert: SK-StGB, *Bearbeiter*

Tarnowski, Hans — Die systematische Bedeutung der adäquaten Kausalitätstheorie für den Aufbau des Verbrechensbegriffs, Berlin und Leipzig 1927
Zitiert: Tarnowski

Tiedemann, Klaus — Körperverletzung und strafrechtliche Produktverantwortung – Bemerkungen zum „Fall Degussa“, Festschrift für Hans Joachim Hirsch, Berlin 1999, S. 765–778
Zitiert: Tiedemann, Hirsch-FS

Tiedemann, Klaus — Wirtschaftsstrafrecht, Einführung und Allgemeiner Teil, Köln 2004
Zitiert: Tiedemann, Wirtschaftsstrafrecht

Tiedemann, Klaus — Anmerkung zum Urteil des LG Düsseldorf vom 22.07.2004–IV 5/03 („Mannesmann“), ZIP 2004, S. 2056–2058

Toepel, Friedrich — Conditio sine qua non und alternative Kausalität – BGHSt 39, 195, JuS 1994, S. 1009–1014

Traeger, Ludwig — Der Kausalbegriff im Straf- und Zivilrecht – Zugleich ein Beitrag zur Auslegung des BGB, Marburg 1904
Zitiert: Traeger

Vetter, Eberhard — Die Verantwortung und Haftung des überstimmten Aufsichtsratsmitglieds, Der Betrieb 2004, S. 2623–2628

Vogel, Joachim/ — Anmerkung zum Urteil des BGH vom 21.12.2005

Hocke, Peter	3 StR 470/04 („Mannesmann") JZ 2006, S. 568–571
Volk, Klaus	Kausalität im Strafrecht, NStZ 1996, S. 105–110
Wabnitz, Heinz-Bernd/ Janovsky, Thomas	Handbuch des Wirtschafts- und Steuerstrafrechts, 3. Auflage, München 2007 Zitiert: Wabnitz/Janovsky, *Bearbeiter*
Weber, Thorsten	Produkthaftung und strafprozessuales Adhäsionsverfahren, Karlsruhe 1996 Zitiert: Weber, Produkthaftung
Weißer, Bettina	Kausalitäts- und Täterschaftsprobleme bei der strafrechtlichen Würdigung pflichtwidriger Kollegialentscheidungen (Strafrechtliche Abhandlungen, Band 98), Berlin 1996 Zitiert: Weißer
Weißer, Bettina	Gibt es eine fahrlässige Mittäterschaft? in JZ 1998, S. 230–239
Welzel, Hans	Studien zum System des Strafrechts, ZStW 1938, S. 491–566.
Welzel, Hans	Das deutsche Strafrecht, 11. Auflage, Berlin 1969 Zitiert: Welzel
Wessels, Johannes/ Beulke, Werner	Strafrecht, Allgemeiner Teil, 41. Auflage, Heidelberg 2011 Zitiert: Wessels/Beulke, AT
Wittig, Petra	Wirtschafsstrafrecht, München 2010 Zitiert: Wittig

Abkürzungsverzeichnis

a.A.	andere Ansicht
Abschn.	Abschnitt
a.E.	am Ende
AG	Aktiengesellschaft
AktG	Aktiengesetz
AMG	Gesetz über den Verkehr mit Arzneimitteln
AT	Allgemeiner Teil
BB	Betriebs-Berater
BGH	Bundesgerichtshof
BGHSt	Entscheidungen des BGH in Strafsachen
BVerfGE	Entscheidungen des Bundesverfassungsgerichts
ChemG	Gesetz zum Schutz vor gefährlichen Stoffen
eucrim	The European Criminal Law Associations' Forum
FS	Festschrift
d.h.	das heißt
h.L.	herrschende Lehre
h.M	herrschende Meinung
i.d.R	in der Regel
i.S.d	im Sinne des/der
LG	Landgericht
LMFG	Lebensmittel-, Bedarfsgegenstände- und Futtermittelgesetzbuch
f.	und folgende Seite
ff.	und folgende Seiten
Fn.	Fußnote
GA	Goltdammer's Archiv für Strafrecht
GesR	Gesellschaftsrecht
GG	Grundgesetz
GmbH	Gesellschaft mit beschränkter Haftung
i.V.m.	in Verbindung mit
Jura	Juristische Ausbildung
JuS	Juristische Schulung
JZ	JuristenZeitung
LG	Landgericht
MDR	Monatsschrift für Deutsches Recht

m.w.N.	mit weiteren Nachweisen
NJW	Neue Juristische Wochenschrift
NStZ	Neue Zeitschrift für Strafrecht
OLG	Oberlandesgericht
OWiG	Gesetz über Ordnungswidrigkeiten
PharmR	Pharma Recht
RGSt	Entscheidungen des Reichsgerichts in Strafsachen
Schweitzer BGE	Entscheidungen des Schweizerischen Bundesgerichts
s.o.	siehe oben
StGB	Strafgesetzbuch
StPO	Strafprozessordnung
StraFo	Strafverteidiger Forum
StV	Strafverteidiger
s.u.	siehe unten
u.a.	unter anderem
vgl.	vergleiche
wistra	Zeitschrift für Wirtschafts- und Steuerstrafrecht
ZGR	Zeitschrift für Unternehmens- und Gesellschaftsrecht
ZIP	Zeitschrift für Wirtschaftsrecht
ZLR	Zeitschrift für das gesamte Lebensmittelrecht
ZStW	Zeitschrift für die gesamte Strafrechtswissenschaft

Einführung

A. Anlass der Arbeit und Problemstellung

Der Begriff der Produkthaftung entstammt ursprünglich dem Zivilrecht. Er bezeichnet dort die Haftung für Schäden, die durch das Inverkehrbringen von Produkten hervorgerufen wurden. Vorrangig geht es dabei um Deliktshaftung, daneben ist seit 1990 die Gefährdungshaftung nach dem Gesetz über die Haftung für fehlerhafte Produkte (Produkthaftungsgesetz) getreten. Neben dieser zivilrechtlichen Haftung kann das rechtwidrige Inverkehrbringen von Produkten auch eine Strafbarkeit der dafür Verantwortlichen begründen.

Seit den siebziger Jahren beschäftigten die zahlreichen Fragen, die sich im Rahmen der strafrechtlichen Produkthaftung stellen, verstärkt Strafrechtswissenschaft und Strafrechtspraxis. Die strafrechtliche Produkthaftung avancierte zu einem „Modethema", dem innerhalb weniger Jahre zahlreiche Habilitationsschriften und Dissertationen gewidmet wurden.[1] Anlass hierfür war jedoch nicht etwa die Einführung neuer, spezifischer Tatbestände, sondern der Erlass bedeutsamer Gerichtsentscheidungen, die sich nicht mehr lediglich mit den zivilrechtlichen Aspekten der Produktverantwortung von Herstellern für von ihnen in Verkehr gebrachte gesundheitsschädliche Erzeugnisse befassten, sondern deren Gegenstand nunmehr die Frage **strafrechtlicher** Produktverantwortung war.

1 Dazu gehören beispielsweise die Habilitationsschriften von *Heine*, Die strafrechtliche Verantwortlichkeit von Unternehmen – Von individuellem Fehlverhalten zu kollektiven Fehlentwicklungen, insbesondere bei Großrisiken, 1995; *Ransiek*, Unternehmensstrafrecht – Strafrecht, Verfassungsrecht, Regelungsalternativen, 1996; sowie die Dissertationen von *Dencker*, Kausalität und Gesamttat, 1996; *Hilgendorf*, Strafrechtliche Produzentenhaftung in der „Risikogesellschaft", 1993; *Höhfeld*, Strafrechtliche Produktverantwortung und Zivilrecht – Zur Strafbarkeit der Mitglieder mehrköpfiger Geschäftsleitungsgremien von Wirtschaftsunternehmen unter besonderer Berücksichtigung des Gesellschafts- und allgemeinen Zivilrechts, 1999; *Knauer*, Die Kollegialentscheidung im Strafrecht – Zugleich ein Beitrag zum Verhältnis von Kausalität und Mittäterschaft, 2001; *Neudecker*, Die strafrechtliche Verantwortlichkeit der Mitglieder von Kollegialorganen, dargestellt am Beispiel der Geschäftsleitungsgremien von Wirtschaftsunternehmen, 1995; *Schaal*, Strafrechtliche Verantwortlichkeit bei Gremienentscheidungen in Unternehmen, 2001; *Weber*, Produkthaftung und strafprozessuales Adhäsionsverfahren, 1996; *Weißer*, Kausalitäts- und Täterschaftsprobleme bei der strafrechtlichen Würdigung pflichtwidriger Kollegialentscheidungen, 1996; vgl. zudem *Schünemann*, BGH-FS, 621, 622 m.w.N.

Zu den grundlegenden Entscheidungen im Bereich strafrechtlicher Produkthaftung gehören unter anderem die folgenden Urteile und Beschlüsse:

In den fünfziger Jahren gab es gleich mehrere Verurteilungen von Herstellern unsicherer **Elektrostecker** wegen fahrlässiger Tötung der beim Gebrauch der Elektrostecker ums Leben gekommenen Verwender.[2]

Weiterhin ist hier der „**Contergan-Beschluss**"[3] des Landgerichts Aachen vom 18.12.1970 zu nennen: Neun Führungskräfte des Herstellerunternehmens waren wegen der durch das Schlafmittel Contergan verursachten embryonalen Missbildungen angeklagt worden. Mit seinem Beschluss stellte das Gericht das Verfahren unter Bejahung des § 153 StPO wegen geringer Schuld und fehlendem öffentlichen Interesse an der Strafverfolgung ein, nachdem sich die Herstellerfirma zur Zahlung von Entschädigungen in Millionenhöhe verpflichtet hatte.

Dem „**Monza-Steel-Urteil**"[4] des Landgericht München II lag ein Fall mangelnder Versuchserprobung und verfrühter Produktions- und Vertriebsfreigabe von Reifen zugrunde. Die Reifen sollten schnellstmöglich auf den Markt gebracht werden, wobei Schwächen des Produktes übersehen wurden. Der Leiter der reifentechnischen Entwicklung der Herstellerfirma, deren fehlerhafte Stahlgürtelreifen zu tödlichen Unfällen geführt hatten, wurde wegen fahrlässiger Tötung in 7 Fällen und wegen fahrlässiger Körperverletzung in 22 Fällen verurteilt.

Die wohl bedeutendste Entscheidung zur strafrechtlichen Produkthaftung erging mit dem „**Erdal-Rex-**" oder „**Lederspray-Urteil**"[5] des BGH vom 6 Juli 1990, das Revisionen gegen ein Urteil des Landgerichts Mainz zum Gegenstand hatte. In diesem Fall ging es um die zum Teil erheblichen Gesundheitsbeeinträchtigungen von Verwendern bestimmter Lederpflegemittel. Diese Produkte waren nicht zurückgerufen, sondern weiter vertrieben worden, obwohl sich die Indizien für ihre Gefährlichkeit häuften. Das Landgericht hatte daraufhin mehrere Geschäftsführer der das Spray produzierenden Muttergesellschaft sowie zwei Geschäftsführer von Vertriebsgesellschaften wegen fahrlässiger und vorsätzlicher Körperverletzung zu Geld- und Freiheitsstrafen verurteilt. Der BGH bestätigte die Verurteilungen im Wesentlichen und ergriff die Gelegenheit, eine Leitentscheidung zu zentralen Fragen strafrechtlicher Produkthaftung zu erlassen.[6]

---

2 BGH in *Schmidt-Salzer*, ES Band IV, 170 ff. – *Zwischenstecker*; AG Berlin-Tiergarten a.a.O., 357 ff. – *Zwischensteker*; vgl. auch AG Soest a.a.O. 353 ff. – *Kupplungsstecker*; AG München a.a.O. 355 ff. – *Faltreflektor*.

3 LG Aachen, JZ 1971, 507 ff.

4 LG München II in *Schmidt-Salzer*, ES Band IV, 296.

5 BGHSt 37, 106 ff. = JuS 1991, 253 ff. = MDR 1990, 1025 ff. = NJW 1990, 2560 ff. = NStZ 1990, 588 ff. = StV 1990, 446 ff. = wistra 1990, 342 ff.

6 Siehe unten im Text, Einführung, B. I. wo sich eine umfassendere Darstellung des zugrunde liegenden Sachverhalts findet.

Als weitere wichtige Entscheidung im Bereich strafrechtlicher Produkthaftung hervorzuheben ist darüber hinaus das „**Holzschutzmittel-Urteil**“[7], das, wie bereits zuvor der Contergan-Beschluss und das Lederspray-Urteil, großes öffentliches Interesse hervorrief. In diesem Verfahren hatte das Landgericht Frankfurt/Main Angestellte von Holzschutzmittelherstellern wegen fahrlässiger Körperverletzung und fahrlässiger Freisetzung von Giften verurteilt.[8] Der Revision der Angeklagten gab der BGH mit seinem Urteil vom 2. August 1995 statt. Nach Zurückverweisung an das Landgericht Frankfurt/Main wurde das Verfahren schließlich im Sommer 1996 gegen Zahlung einer Geldauflage in Millionenhöhe gemäß § 153 a StPO eingestellt, insbesondere wegen der außergewöhnlich langen Prozessdauer.[9]

Erhebliche öffentliche Resonanz hat auch das Ermittlungsverfahren gegen Verantwortliche der Degussa AG wegen des Vertriebs von zahntechnischen **Amalgamprodukten** erfahren. Das Verfahren endete mit einer Einstellung, die unter der Auflage erfolgte, dass die Degussa AG eine Stiftung finanzierte, die weitere Untersuchungen zur Gesundheitsschädlichkeit von Zahnfüllungen aus Amalgam durchführen beziehungsweise fördern soll. Herstellung und Vertrieb von Amalgamprodukten hat die Degussa AG aufgegeben.[10]

Schließlich seien noch die Ermittlungsverfahren gegen Mitarbeiter der Bayer AG im **Lipobay-Fall** sowie das Verfahren anlässlich des Zugunglücks von **Eschede**[11] erwähnt; letzteres endete im Jahr 2003 mit einer Einstellung nach § 153 a StPO.[12]

Die hier auszugsweise dargestellte Rechtsprechung zeigt, dass die strafrechtliche Produkthaftung nach Normen aus dem Kernbereich des Strafrechts mittlerweile etabliert ist. Die angesprochenen Entscheidungen, deren „Krönung“ bis heute das sog. Lederspray-Urteil des BGH[13] ist, lösten eine Fülle von Stellungnahmen in der Literatur aus und trugen so maßgeblich dazu bei, dass die Pro-

---

7 BGHSt 41, 206 ff.

8 BGHSt 41, 206.

9 LG Frankfurt/Main, Beschluss vom 6. November 1996, NJW 1997, 1994 f.

10 Vgl. *Hamm*, StV 1997, 159, 163, *Kuhlen*, BGH–FS, 647, 660 ff. und *Tiedemann*, Hirsch-FS, 765, 771 ff., die das Vorliegen der Pflichtwidrigkeit des Produktvertriebs im „Fall Degussa“ mangels gesichertem wissenschaftlichem Erkenntnisstand zur Gefährlichkeit von Amalgam und aufgrund des mit der Zulassungsentscheidung verbundenen behördlichen Unbedenklichkeitsattests bezüglich dieser Amalgamprodukte verneinen. Anders wird die Bedeutung der behördlichen Genehmigung hingegen vom BGH, im Lederspray-Urteil (BGHSt 37, 106, 122) beurteilt: Das Gericht formuliert, es sei Aufgabe des Herstellers, für die Unbedenklichkeit seiner Produkte zu sorgen, „unabhängig davon, was die zuständigen Behörden für geboten erachten“.

11 Vgl. *Eidam*, S. 463 zum näheren Sachverhalt.

12 *Achenbach/Ransiek*, HWSt, Teil II, Rn. 13 m.w.N. zu den beiden zitierten Verfahren.

13 BGHSt 37, 106 ff.

dukthaftung auch als Gegenstand der Strafrechtwissenschaft mittlerweile etabliert ist, nachdem sie jahrzehntelang im Schatten der viel weiter entwickelten zivilrechtlichen Produzentenhaftung stand. Besonders das Lederspray-Urteil, bis heute eines der meistdiskutierten Judikate überhaupt, hat das Schrifttum zu einer Fülle von Stellungnahmen inspiriert und so die strafrechtswissenschaftliche Diskussion der Produkthaftung beflügelt und zugleich die Dogmatik des Allgemeinen Teils wesentlich beeinflusst.[14] Diese intensive Diskussion in der Literatur hat erwartungsgemäß zu keiner einheitlichen Beurteilung der strafrechtlichen Produkthaftung geführt, aber erheblich zur Klärung der Probleme beigetragen.[15]

Aus den hier auszugsweise dargestellten Rechtsprechungsbeispielen lassen sich im weitgehenden Anschluss an *Kuhlen* die typischen Sachverhalte strafrechtlicher Produkthaftung herauskristallisieren:[16]

- Es geht häufig um eine große, unüberschaubare Anzahl geschädigter Personen.
- Die (generelle) „Schadensursächlichkeit der Produkte ist schwer nachweisbar und strittig".
- Die Entscheidungen der verantwortlichen Personen im Herstellerunternehmen werden häufig in Form einer **Gremienentscheidung** getroffen.
- Im Zeitpunkt der Entscheidung herrscht oftmals Unsicherheit über „Existenz und Grad der Produktgefährlichkeit" bei den Verantwortlichen im Herstellerunternehmen.
- „Der Vorwurf, falsch entschieden zu haben, richtet sich in der alltäglichen Verantwortungszuschreibung wie in der strafrechtlichen Ermittlungspraxis gegen das Herstellerunternehmen selbst [...]." Einzelnen Mitarbeitern wird die Fehlentscheidung des Unternehmens aufgrund ihres Verhaltens zugerechnet, das in der Regel „unmittelbar nicht im individuellen Interesse, sondern in der Organisationsrolle des Einzelnen erfolgt."
- „Das strafrechtliche Produkthaftungsrisiko besteht aufgrund der zuletzt genannten Umstände auch für Unternehmensmitarbeiter, die allenfalls mit schwach ausgeprägtem Unrechtsbewusstsein handeln und keine persönliche Disposition zur Begehung von Straftaten aufweisen."

---

14 *Beulke/Bachmann*, JuS 1992, 737 ff.; *Brammsen*, Jura 1991, 533 ff.; *derselbe* in GA 1993, 97 ff.; *Goll/Winkelbauer* in *Graf v. Westphalen*, § 46, Rn. 1 ff.; *Hassemer*, JuS 1991,253 ff.; *Hilgendorf*, 121 ff.,135 ff.; *derselbe* in NStZ 1994, 561 ff.; *Jakobs* in Miyazawa-FS, 419 ff.; *Kuhlen*, NStZ 1990, 566 ff.; *derselbe* in JZ 1994, 1142 ff.; *Meier*, NJW 1992, 3193 ff.; *Puppe*, JR 1992, 30 ff.; *dieselbe* in JZ 1994, 1147 ff.; *dieselbe* in Jura 1997, 408, 409 ff.; *Samson*, StV 1991, 182 ff.; *Schmidt-Salzer*, NJW 1990, 2966 ff.; *Weißer*, S. 23 ff.

15 *Kuhlen*, BGH-FS, 647, 650.

16 Vgl. *Kuhlen*, BGH-FS, 647, 649. Wörtliche Zitate von Kuhlen's Ausführungen sind von Verfasserin mit „" gekennzeichnet.

Diese Sachverhalte bergen eine Fülle von juristischen Problemen. Trotz der lebhaften Diskussion in der Literatur ist es daher bis zum heutigen Tage nur teilweise gelungen, die zahlreichen Fragen, die im Bereich strafrechtlicher Produkthaftung zu beantworten sind, einer überzeugenden Lösung zuzuführen.

Dies gilt nicht nur für eine Vielzahl von Einzelproblemen der strafrechtlichen Produkthaftung[17], sondern auch für die grundsätzliche Frage, ob die Herausbildung einer „modernen" strafrechtlichen Produkthaftung gerechtfertigt ist oder nicht.[18] Letzteres soll allerdings nicht Gegenstand der vorliegenden Untersuchung sein. Zu jenen Einzelproblemen gehört insbesondere auch die Strafbarkeit von **Gremienmitgliedern**, deren mehrheitlich gefasster Beschluss in der Verletzung von durch das StGB geschützten Rechtsgütern mündet:

In der heutigen Zeit werden wichtige Entscheidungen, sowohl in Wirtschaftsunternehmen als auch innerhalb von Behörden sowie auf kommunaler Ebene innerhalb von Gemeinderäten, zunehmend von Kollegialorganen getroffen. Die (strafrechtliche) Bedeutung von Übereinkünften im Bereich von Kollegialorganen geht damit weit über die strafrechtliche Produktverantwortung hinaus und ist beispielsweise auch im Bereich der öffentlichen Verwaltung anzutreffen.[19]

Die Entscheidungsfindung im Kollegialorgan führt zwingend zu der Frage, wer für eine so getroffene rechtswidrige Entscheidung[20] verantwortlich ist. Soll das Organ in einer Art Kollektivhaftung zur Verantwortung gezogen werden oder nur diejenigen, die pflichtwidrig für den Beschluss abgestimmt haben? Das dogmatische Problem, das hier angesprochen wird, ergibt sich aus der Tatsache, dass die klassischen Strukturen der Zurechnung von dem **Prinzip der individuellen Verantwortlichkeit** der natürlichen Person geprägt ist, die auf Grund ihrer Handlung (pflichtwidrig) Erfolge verursacht.

Darüber hinaus stellt das Abstimmungsverhalten des einzelnen Gremiumsmitglieds Rechtsprechung und Literatur vor neue Herausforderungen. Zum einen geht es um die Frage der Kausalität der Einzelstimme für solche Mehrheitsbeschlüsse, die mit mehr als den erforderlichen Ja-Stimmen zustande gekommen sind.[21] Zum anderen stellt sich die Problematik, wie das Abstimmungsverhalten

---

17 Beispielsweise zur Frage der generellen Kausalität, der Herleitung der Garantenstellung von Mitgliedern der Geschäftsführung bei Unterlassen, der Kausalität des Votums des einzelnen Gremiumsmitglieds bei mit mehr als den erforderlichen Stimmen gefassten Beschlüssen, etc.

18 *Achenbach/Ransiek*, HWSt, Teil II, Fn. 47 m.w.N.

19 *Rodríguez Montañéz*, Roxin-FS, 307, 308.

20 Die Begriffe der rechtswidrigen oder rechtmäßigen Entscheidung beziehen sich im Rahmen dieser Arbeit allein auf die strafrechtliche Bewertung der Entscheidung.

21 Dabei muss es sich nicht notwendigerweise um einen einstimmig gefassten Beschluss des Gremiums handeln, wie dies im Lederspray-Urteil der Fall war; vgl. BGHSt 37, 106, 109.

des sich Enthaltenden oder des gegen den rechtlich zu missbilligenden Beschluss Stimmenden strafrechtlich zu beurteilen ist.

Bei der Untersuchung der Problematik des **Sich-Enthaltens** wird man nicht umhin kommen, das „**Mannesmann-Urteil**" des BGH vom 21. Dezember 2005[22] in die Untersuchung mit einzubeziehen. Bei diesem Urteil handelt es sich bekanntermaßen keineswegs um eine Entscheidung aus dem Bereich der strafrechtlichen Produkthaftung, sondern um ein wegweisendes Urteil des BGH zum Untreuetatbestand, speziell zur strafrechtlichen Einordnung der „kompensationslosen Anerkennungsprämie". Allerdings ist es nicht dieser Aspekt der Entscheidung, der sie für die vorliegende Untersuchung so interessant macht. Bedeutsam sind insoweit vielmehr die Ausführungen des BGH zur Verantwortlichkeit des Aufsichtsratsmitglieds für sein Abstimmungsverhalten:

Im Mannesmann-Urteil hat der BGH erstmals die Strafbarkeit eines Aufsichtsratsmitglieds angenommen, welches sich bei der Fassung eines rechtswidrigen Beschlusses der Stimme **enthalten** hat.

Es waren gerade diese Ausführungen des BGH in jenem Urteil, die den Anstoß zur vorliegenden Arbeit gaben.[23]

Das Mannesmann-Urteil beantwortet eine konkrete Frage, und zwar die der Strafbarkeit der Enthaltung im speziellen Fall eines gewissermaßen „**kollusiven**" Zusammenwirkens der Gremiumsmitglieder, wirft jedoch gleichzeitig zahlreiche weitere Fragen auf:

Macht sich ein Gremiumsmitglied, das sich der Stimme enthält, grundsätzlich oder nur unter bestimmten Voraussetzungen strafbar, und was sind die Voraussetzungen einer solchen strafbaren Stimmenthaltung? Bestehen zudem über die Abstimmung an sich hinausgehende Pflichten des überstimmten Gremiumsmitgliedes?[24]

In seinem Mannesmann-Urteil begründete der BGH die Strafbarkeit des sich seiner Stimme enthaltenden Gremiumsmitglieds wie folgt:

„Die Enthaltung des Angeklagten Zwickel entsprach hier objektiv und subjektiv einer „Ja-Stimme", die mit Rücksicht auf seine Stellung als Arbeitnehmervertreter lediglich nach außen nicht erkennbar werden sollte".[25]

Was gilt dann aber, wenn einer der Abstimmungsbeteiligten gegen den Mehrheitsbeschluss stimmt? Gelten hier die gleichen Grundsätze wie bei der Stimm-

---

22 BGHSt 50, 331 ff, JZ 2006, 500 ff.; NJW 2006, 522 ff.; NStZ 2006, 214 ff.; wistra 2006, 137 ff.

23 Vgl. unten Einführung B. II., wo sich eine ausführlichere Schilderung des dem Mannesmann-Urteil zugrunde liegenden Sachverhalts findet.

24 Während die erste Frage ausführlich erörtert wird, soll die Frage der weiteren Pflichten des überstimmten Gremiumsmitglieds in dieser Untersuchung nicht näher untersucht werden. Insoweit soll es mit einigen Hinweisen sein Bewenden haben.

25 BGH NJW 2006, 522, 527; wistra 2006, 137, 143.

enthaltung? Die Beantwortung dieser Fragen ist entscheidend davon abhängig, wie die Zurechnung des Abstimmungsverhaltens im Verhältnis der Beteiligten untereinander zu erfolgen hat.

Bei der Suche nach Antworten stößt man immer wieder auf das bereits erwähnte Lederspray-Urteil[26] des BGH. Ob die Überlegungen seines 2. Strafsenats in diesem Zusammenhang allerdings immer zutreffend oder zumindest plausibel begründet sind und ob die darin niedergelegten Grundsätze generell für alle Gremienentscheidungen gelten, wird im Folgenden immer wieder hinterfragt werden.

Die in der vorliegenden Untersuchung herausgearbeiteten Lösungsvorschläge werden am Beispiel der strafrechtlichen Produkthaftung von **Vorstandsentscheidungen einer AG** dargestellt. Allerdings ist das Folgende darüber hinaus auch für andere Arten von Gremien relevant. Da die Bedeutung der Kollegialentscheidung insbesondere für das Wirtschaftsrecht besonders groß ist, erscheint es sinnvoll, die soeben angesprochenen Problemkreise an einem Beispiel aus diesem Bereich darzustellen.

B. Gegentand der Arbeit und Gang der Untersuchung

Wie die eingangs erwähnten Urteile und Beschlüsse[27] belegen, wirft die strafrechtliche Produkthaftung eine Vielzahl von faszinierenden Rechtsfragen auf. Die vorliegende Untersuchung hat jedoch nicht den Anspruch und unternimmt auch nicht den ehrgeizigen Versuch, alle im Bereich strafrechtlicher Produkthaftung relevanten Rechtsfragen zu behandeln. Vielmehr soll Gegenstand dieser Arbeit lediglich ein bestimmter Bereich strafrechtlicher Produkthaftung sein, nämlich die Frage der strafrechtlichen Haftung von Mitgliedern eines Kollegialorgans für das Zustandekommen eines rechtswidrigen Beschlusses.

Im Folgenden wird die Strafbarkeit von **Vorstandsmitgliedern einer AG** für ihr jeweiliges Abstimmungsverhalten untersucht, wenn es um einen rechtswidrigen Mehrheitsbeschluss geht.

Dabei wird wie folgt differenziert: **Zustimmung** zu dem fraglichen Beschluss; **Stimmenthaltung; Gegenstimme**.

Eine Entscheidung ist rechtswidrig im strafrechtlichen Sinne, wenn die Gremiumsmitglieder es versäumt haben, die erforderlichen Maßnahmen zu beschließen und durchzuführen, um Gesundheitsschäden beim Endverbraucher zu verhindern, und ein gesundheitsgefährdendes Produkt weiter produzieren und

---

26 BGHSt 37, 106 ff.

27 S.o. Einführung A. im Text.

vertreiben lassen.[28] Ob jene erforderlichen Maßnahmen in Gestalt eines Produktions- oder Auslieferungsstops des Erzeugnisses, eines Rückrufs, des Anbringens von Warnhinweisen auf dem Produkt oder in einer individuellen Aufklärung des Endverbrauchers[29] bestehen, kann nicht generell beantwortet werden, sondern hängt von den konkreten Umständen des Einzelfalles ab.[30]

Die strafrechtliche Produkthaftung kann sich in der Praxis sowohl aus der Tatbestandsverwirklichung durch Unterlassen als auch aus der Tatbestandsverwirklichung durch aktives Tun ergeben.[31]

Es gibt mittlerweile eine kaum überschaubare Fülle an Literatur zur strafrechtlichen Produkthaftung, wobei, soweit ersichtlich, ganz überwiegend die Strafbarkeit wegen des Unterlassungsdelikts erörtert wird.[32] Die Tatbestandsverwirklichung durch Unterlassen wirft dabei, im Vergleich zur Begehung durch aktives Tun zusätzliche Probleme auf: Dazu gehört neben der sehr kontrovers diskutierten Herleitung der Garantenpflicht des Gremiumsmitglieds[33] auch die

---

28 Natürlich kann eine strafrechtliche Haftung auch bei einem erstmalig auftretenden Produktfehler in Betracht kommen, so wie im eingangs erwähnten (vgl. Einführung A.) Monza-Steel-Verfahren des LG München II, auszugsweise abgedruckt bei *Schmidt-Salzer*, ES, Band IV, 296.

29 Möglicherweise kann auch eine Kombination der genannten Maßnahmen oder sogar das Ergreifen aller hier exemplarisch genannten Maßnahmen im Einzelfall erforderlich sein.

30 Dabei sind eine Vielzahl von Faktoren zu berücksichtigen, wie etwa die Art und Schwere der Schäden beim Verbraucher und die Effektivität der zu ergreifenden Maßnahme. Nur sekundär sind dabei die Kosten für die Herstellerfirma, eventuelle Beeinträchtigungen ihre Rufs (Stichwort „Image-Verlust"), Absatzrückgang oder Gewinneinbußen von Bedeutung.

31 Vgl. dazu das Lederspray-Urteil (BGHSt 37, 106, 114), in dem der BGH das Weiterproduzieren und den weiteren Vertrieb des Ledersprays als aktives Tun, die Nichtvornahme des Rückrufs als Unterlassen qualifiziert hat. Mehr dazu unten im Text, Einführung B. I.

32 In seinem Lederspray-Urteil (BGHSt 37, 106 ff.) bejaht der BGH die Strafbarkeit der Angeklagten sowohl wegen Unterlassens als auch wegen aktiven Tuns. Dennoch ist Schwerpunkt der Urteilsgründe das Unterlassungsdelikt. Dies zeigt sich schon in den Leitsätzen zum Lederspray-Urteil: Bis auf einen Leitsatz, der die generelle Kausalität zum Gegenstand hat, beschäftigen sich alle anderen Leitsätze mit den verschiedenen Aspekten des Unterlassungsdelikts. Auch in der Literatur werden die Probleme der Strafbarkeit des Gremiumsmitglied (häufig im Bereich strafrechtlicher Produkthaftung) meist im Zusammenhang mit dem Unterlassungsdelikt erörtert. *Beulke/Bachmann*, JuS 1992, 737, 739 f., 742 ff.; *Brammsen*, Jura 1991, 533, 536 f.; *ders.* GA 1993, 97 ff.; *Deutscher/Körner*, wistra 1996, 327, 331 ff.; *Dreher*, JuS 2004, 17 ff; *Hilgendorf*, S. 108 ff.; *ders.* NStZ 1994, 561, 562 ff.; *Knauer*, NJW 2003, 3101 ff.; *Kuhlen*, NStZ 1990, 566, 567 ff.; *Hassemer*, JuS 1991, 253 ff.; *Meier* NJW 1992, 3193 ff., *Otto* in Hirsch-FS, 291 ff.; *Puppe* JR 1992, 30 ff., 33 ff.; *Samson*, StV 1991, 182, 184 ff.; *Schönke/Schöder-Lenckner/Eisele*, Vor §§ 13 ff. Rn. 83 a; *Fischer*, StGB § 13, Rn. 39 ff.; *Weißer*, S. 24 ff.

33 BGHSt 37, 106, 114 ff.; *Brammsen*, Jura 1991, 533 ff.; *Beulke/Bachmann*, JuS 1992, 737, 739 f. *Hassemer*, JuS 1991, 253, 254; *Hilgendorf*, S. 134 ff; *Kuhlen*, NStZ 1990, 566, 567 ff.; *Meier* NJW 1992, 3193 ff.; *Otto* in Hirsch-FS, 291 ff.; *Puppe*, JR 1992, 30; *Samson*, StV 1991, 182, 184; *Weißer*, S. 24 ff.

Frage einer eventuellen Mittäterschaft nach § 25 II StGB der Mitglieder des Gremiums, wobei die Konstruktion der Mittäterschaft durch Unterlassen umstritten ist.[34]

Gegen die Rechtsfigur der Mittäterschaft durch Unterlassen werden, meines Erachtens zurecht, unter anderem die folgenden Bedenken geäußert:

Mittäterschaft fordert Tatherrschaft als Mitherrschaft („*funktionale Tatherrschaft*").[35] Bei bloßem Unterlassen fehlt es aber an der faktischen (Mit-) Beherrschung des Geschehens.[36] Im Übrigen bedarf es jener fragwürdigen Konstruktion gar nicht; denn „*auch dann, wenn die Unterlassenden den Erfolg nur gemeinsam abwenden konnten, ist jeder als Täter durch Unterlassen verantwortlich*".[37]

Trotz dieser faszinierenden Aspekte im Bereich der Unterlassungsdelikte soll die vorliegende Untersuchung auf die strafrechtliche Verantwortlichkeit infolge **aktiven Tuns** beschränkt werden.

Grundlage für die Darstellung der Strafbarkeit eines Vorstandsmitgliedes aufgrund seines Abstimmungsverhaltens sind Ausführungen, die der BGH in den beiden eingangs bereits angesprochenen Lederspray- und Mannesmann-Urteilen[38] gemacht hat. Jene Urteile werden aufgrund ihrer Bedeutung für die vorliegende Untersuchung im Folgenden ausführlicher dargestellt:

I. Das Lederspray-Urteil[39]

Die W&M GmbH produzierte Ledersprays, die sie über ihre Tochtergesellschaften E-GmbH und S-GmbH vertrieb. Im Jahre 1980 gingen bei der Firmengruppe Schadensmeldungen ein, in denen über Gesundheitsschäden im Zusammenhang mit dem Gebrauch des Ledersprays berichtet wurde. Trotz Rezepturänderun-

34 BGH und h.L. sprechen von Mittäterschaft durch Unterlassen, wenn mehrere Garanten aufgrund gemeinsamen Tatentschlusses einen Erfolg nicht verhindern; vgl. BGHSt 37, 106, 129 m.w.N; *Kühl*, AT § 20, Rn. 268; *Roxin*, AT II § 31, Rn 172 f.; *Stratenwerth/Kuhlen*, AT 14/17 ff. Bedenken gegen diese Konstruktion haben *Kaufmann*, S. 189 (mit der Begründung, dass es keinen Unterlassungsvorsatz gäbe); *Krey/Esser*, AT, Rn. 1186; *Schönke/Schröder-Heine*, § 25 Rn. 79; *Welzel*, S. 206 m.w.N.
Der BGH hat in seinem Lederspray-Urteil die Rechtsfigur der Mittäterschaft durch Unterlassen vertreten (BGHSt 37, 106, 129). In seinem späteren Politbüro-Urteil nahm das Gericht von jener Rechtsfigur aber wieder Abstand und betrachtet die „*kollektive Verweigerung des gebotenen Handelns durch gleichermaßen verpflichtete Garanten*" nunmehr als Nebentäterschaft; vgl. BGHSt 48, 77, 95.

35 *Krey/Esser*, AT, Rn. 810; *Roxin*, AT II § 25, Rn. 188 ff., jeweils m.w.N.

36 *Krey/Esser*, AT, Rn. 810, 1186.

37 Vgl. *Krey/Esser*, AT, Rn. 1186 f. m.w.N.; a.A. *Roxin*, AT II, § 25 Rn. 171 ff.

38 S.o. Einführung A. im Text.

39 Vgl. BGHSt 37, 106 ff.

gen kam es in der Folgezeit, während derer Produktion und Vertrieb fortgesetzt wurden, zu weiteren Schadensmeldungen. Auf einer daraufhin angesetzten Sondersitzung, an der die Geschäftsführer der W&M GmbH sowie der Chefchemiker des Unternehmens teilnahmen, verwies letzterer darauf, dass toxische Eigenschaften des Sprays nach den bisherigen Untersuchungen nicht nachgewiesen werden konnten und daher ein Grund für eine Rückrufaktion nicht bestehe. Demgemäß beschlossen die Geschäftsführer einstimmig, Produktion und Vertrieb fortzusetzen und die bereits produzierten und ausgelieferten Sprays nicht zurückzurufen. Gleichwohl kam es weiterhin zu Gesundheitsschäden im Zusammenhang mit der Verwendung des Sprays. Eine bestimmte schadensauslösende Substanz konnte allerdings bis zuletzt nicht ermittelt werden.

Der BGH hat das Gesamtverhalten der Geschäftsführung in vier Formen strafrechtlich relevanten Verhaltens aufgespalten:

(1) der Vertrieb des Sprays **vor** der Sondersitzung wurde als fahrlässige Körperverletzung durch aktives Tun qualifiziert,
(2) das Unterlassen des Rückrufs des Sprays **vor** der Sondersitzung als fahrlässige Körperverletzung durch Unterlassen;
(3) der Vertrieb des Sprays **nach** der Sondersitzung wurde als vorsätzliche Körperverletzung durch aktives Tun bewertet,
(4) das Unterlassen des Rückrufs des Sprays **nach** der Sondersitzung als vorsätzliche Körperverletzung durch Unterlassen.[40]

Ein Schwerpunkt dieses Urteils liegt in der Begründung der **Kausalität** des Abstimmungsverhaltens des einzelnen Gremiumsmitglieds für die eingetretenen Schäden beim Verbraucher. Bei sachbezogener Differenzierung lassen sich im Wesentlichen die folgenden drei Fragen herausarbeiten, nämlich die der:

- hypothetischen Kausalität bei (vorsätzlichem und fahrlässigem) Unterlassen;
- (kausalitätsersetzende) Mittäterschaft bei aktivem Tun; sowie
- die Begründung von Kausalität bei Begehung durch fahrlässiges aktives Tun.

Darüber hinaus hat der BGH Mittäterschaft bei (unechten) Unterlassungsdelikten[41] bejaht. Allerdings ist es, wie bereits erwähnt fraglich, ob Mittäterschaft in diesen Fällen überhaupt möglich ist, denn eigentlich begründet § 13 StGB und nicht § 25 II StGB die Strafbarkeit.[42]

40 Vgl. Zusammenfassung bei *Beulke/Bachmann*, JuS 1992, 737, 738.
41 BGHSt 37, 106, 129.
42 Vgl. Ausführungen im Text in der Einführung B. und insbesondere *Krey/Esser*, AT, Rn. 1186 m.w.N.

Des Weiteren sind die Ausführungen des BGH zum Begehungsdelikt etwas knapp geraten. Die Aussagen, die das Gericht vor allem zur Kausalität und zur Mittäterschaft beim Unterlassungsdelikt macht, passen dem Grunde nach zwar auch auf aktives Tun, werden aber auf die Unterlassungsdelikte beschränkt. Das ist bedauerlich, da insoweit eine Klarstellung hilfreich gewesen wäre.

Zwar erscheint die Lösung der Kausalitätsbegründung bei Gremienentscheidung über die Figur der Mittäterschaft auf den ersten Blick nahe liegend, doch wirft sie erhebliche Probleme bei Unterlassen und Fahrlässigkeit auf. Daher wird in der vorliegenden Arbeit die Kausalität der Einzelstimme für rechtswidrige Mehrheitsbeschlüsse mit Hilfe der Formel der alternativen Kausalität begründet werden. Jene Formel hat den Vorteil, dass sie problemlos sowohl Fälle der Tatbestandsverwirklichung durch Unterlassen als auch Fälle der Tatbestandsverwirklichung durch Fahrlässigkeit zu lösen vermag.

Insoweit erwartet man im Lederspray-Urteil spätestens bei der Erörterung des fahrlässigen Begehungsdelikts einen Rückgriff auf die Rechtsfigur der alternativen Kausalität, um die Zurechnung begründen zu können, doch nimmt der BGH einen solchen Rückgriff nicht vor.

An dieser Stelle sei der Hinweis gestattet, dass die **fahrlässige** Tatbestandsverwirklichung zwar nicht Gegenstand der vorliegenden Arbeit ist, aber deren Ergebnisse auch dort bedeutsam sein können.

Im Hinblick auf das **vorsätzliche** Unterlassungsdelikt ist zum einen problematisch, dass es keine reale Kausalität gibt, zum anderen ist fraglich, ob das Abstimmungsverhalten der Geschäftsführer zutreffend als Unterlassen qualifiziert wurde. Auch stellt sich die Frage, wo der Anknüpfungspunkt für die Unterscheidung zwischen aktivem Tun und Unterlassen liegt. Auf die Richtigkeit der Einordnung der Tathandlungen im Lederspray-Urteil als aktives Tun beziehungsweise Unterlassen und die knappe Begründung des BGH[43] zu dieser Qualifizierung wird noch zurückzukommen sein.

Es bleiben daher viele Fragen offen: Sollten bei einem rechtswidrigen Beschluss das zustimmende Votum immer als aktives Tun und Gegenstimme und Enthaltung immer als Unterlassen qualifiziert werden? Macht es einen Unterschied, ob ein ausführungsbedürftiger oder ein nicht ausführungsbedürftiger Beschluss getroffen wurde? Auf diese Differenzierung ist der BGH im Lederspray-Urteil nicht eingegangen. In diesem Zusammenhang ist zudem fraglich, ob das Abstimmungsverhalten anders zu qualifizieren ist, wenn die Gremiumsmitglieder den Beschlussgegenstand vor der Abstimmung erörtert haben. Ist der nach einer Diskussion getroffene Beschluss nicht immer aktives Tun?

43 Vgl. BGHSt 37, 106, 114.

Überträgt man die im Lederspray-Urteil zur Strafbarkeit der Geschäftsführer einer GmbH getätigten Feststellungen auf die Gesellschaftsform der AG, so wirft dies zusätzliche Fragen auf: Hat man beispielsweise die Strafbarkeit der Aufsichtsratsmitglieder zu bejahen, wenn diese dem Vorstand Anweisung erteilt haben, den gebotenen Rückruf gesundheitsschädlicher Produkte nicht zu beschließen, oder wenn die Aufsichtsratsmitglieder den Beschluss über den Produktrückruf unter Zustimmungsvorbehalt gemäß § 111 IV 2 AktG gestellt und später die Zustimmung verweigert haben?[44]

Schließlich kann bei den hier untersuchten Fallgestaltungen die **gesellschaftsrechtliche** Sicht nicht außer Acht gelassen werden. Zum einen ist der Mehrheitsbeschluss aus gesellschaftsrechtlicher Sicht immer das Werk der Mehrheit, d.h. die dafür Stimmenden verantworten den Beschluss. Zum anderen begründet auch der BGH im Lederspray-Urteil die strafrechtliche Verantwortlichkeit der Angeklagten für die durch den Gebrauch des Ledersprays eingetretenen Körperverletzungen mit *„ihrer Stellung als Geschäftsführer der Herstellerfirma* (sowie *in casu* der Vertriebsfirmen)*, da diese Firmen die schadensursächlichen Artikel in den Verkehr gebracht haben.*"[45]

In diesem Zusammenhang geht der BGH von einem strafbaren Handeln[46] der Gesellschaft selbst aus, welches *„den Geschäftsführern als eigenes Handeln – auch strafrechtlich – zuzurechnen*" sei. Mit anderen Worten: Die Gesellschaft, vertreten durch den Vorstand, legt die Hände in den Schoß. Möglicherweise liegt in dieser Aussage des BGH eine Revolution des strafrechtlichen Handlungsbegriffs.[47]

Zusammenfassend lässt sich daher festhalten, dass sich die Kritik am Lederspray-Urteil im Wesentlichen auf die knappen Ausführungen des BGH zum Begehungsdelikt, den fehlenden Rückgriff auf die alternative Kausalität, die vor-

---

44 Prüft man eine Strafbarkeit wegen Unterlassens von Vorstand- und Aufsichtsratsmitgliedern stellen sich zusätzlich folgenden Fragen: Haben die Aufsichtsratsmitglieder in einem solchen Fall selbst eine Garantenstellung inne und worauf beruht sie? In diesem Zusammenhang schließt sich die Frage an, wie sich der Garant, der einen anderen Garanten anstiftet und selbst nicht aktiv wird, strafbar macht.
Auf diese Problematik soll im Rahmen der vorliegenden Untersuchung nicht weiter eingegangen werden.

45 BGHSt 37, 106, 113 f.

46 In Form eines Unterlassens im Hinblick auf den Produktrückruf beziehungsweise eines aktiven Tuns für die weitere Produktion und den weiteren Vertrieb der gesundheitsgefährdenden Sprays. Vgl. dazu BGHSt 37, 106, 114.

47 Im Ergebnis zutreffend abgelehnt von *Kuhlen*, BGH-FS, 621, 628; a.A. *Heine*, S. 156 Fn. 33; *Tiedemann*, Wirtschaftsstrafrecht, Rn. 238, 243; die in dieser Aussage des BGH die implizierte Anerkennung der Handlungsfähigkeit juristischer Personen durch den BGH sehen.

schnelle Annahme von Unterlassen sowie die unkritische Anwendung von § 25 II StGB auf das Unterlassungsdelikt erstreckt.

II. Das Mannesmann-Urteil[48]

Den Angeklagten Prof. Dr. Funk, Dr. Ackermann und Zwickel wurde vorgeworfen, als Mitglieder des Aufsichtsratsausschusses für Vorstandsangelegenheiten (Präsidium) der früheren Mannesmann AG in engem zeitlichen Zusammenhang mit deren Übernahme durch das britische Telekommunikationsunternehmen Vodafone Airtouch plc durch Zuerkennung freiwilliger Sonderzahlungen und Abgeltung von Pensionsansprüchen Untreue zum Nachteil der Mannesmann AG begangen zu haben. Der BGH hat das Vorliegen des Untreuetatbestandes durch treupflichtwidrige Schädigung des anvertrauten Gesellschaftsvermögens bei Bewilligung einer *„zuvor im Dienstvertrag nicht vereinbarten Sonderzahlung, die ausschließlich belohnenden Charakter hat und dem Unternehmen keinen zukunftsbezogenen Nutzen bringt* ***(kompensationslose Anerkennungsprämie)***“[49], bejaht.[50]

Der Angeklagte Zwickel hatte sich bei der Beschlussfassung

– mit Rücksicht auf die von ihm zu vertretenden Arbeitnehmerinteressen –

der Stimme enthalten. Nach den Feststellungen des BGH[51] wusste der Angeklagte Zwickel, dass sich die beiden anderen Präsidiumsmitglieder, die Angeklagten Prof. Dr. Funk und Dr. Ackermann, bereits auf die Zuerkennung der Anerkennungsprämien verständigt hatten und das die Beschlüsse

– unabhängig von seinem eigenen Abstimmungsverhalten –

mit seiner bloßen Teilnahme an der Beschlussfassung wirksam würden. Ebendies wollte er auch erreichen, weil er mit dem Inhalt einverstanden war. Damit hat er durch seine Stimmenthaltung vorsätzlich die Wirksamkeit der Beschlüsse herbeigeführt. Der BGH hat die durch das LG Düsseldorf bejahte Zurechnung der Mehrheitsentscheidung des Präsidiums im Wege der Mittäterschaft bestätigt.[52] Die **Stimmenthaltung** des Angeklagten Zwickel entsprach nach Ansicht

---

48 BGHSt 50, 331 ff.; JZ 2006, 500 ff.; NJW 2006, 522 ff.; NStZ 2006, 214 ff.; wistra 2006, 137 ff.; Der folgende Fall ist eine verkürzte Wiedergabe des Sachverhalts, welcher diesem Urteil zugrunde lag.

49 Vgl. erster Leitsatz des BGH in NJW 2006, 522.

50 Der Untreuetatbestand soll nicht Gegenstand der vorliegenden Untersuchung sein. Vielmehr soll den Ausführungen des BGH zu dem Straftatbestand des Besonderen Teils vollumfänglich gefolgt werden.

51 NJW 2006, 522, 527.

52 NJW 2006, 522, 527.

des BGH objektiv und subjektiv einer „Ja-Stimme“, die mit Rücksicht auf seine Stellung als Arbeitnehmervertreter lediglich nach außen nicht erkennbar werden sollte.[53]

Das Mannesmann-Urteil kann in zweierlei Weise interpretiert werden:

- entweder ist in diesem konkreten Fall die Abstimmung durch den Angeklagten Zwickel aktives Tun (im Sinne eines kollusiven Verhaltens);
- oder der Angeklagte hat jedenfalls durch sein Erscheinen seine Zustimmung signalisiert.

Bedenken ergeben sich bei der zweiten Interpretation jedoch daraus, dass bereits jenes Erscheinen als solches ein vorwerfbares Verhalten darstellen soll. Das Aufsichtsratsmitglied hat schließlich nicht nur das gesellschaftsrechtliche Recht, sondern auch die gesellschaftsrechtliche **Pflicht**, an den Sitzungen des Aufsichtsrates teilzunehmen.[54] Ein Abstellen auf das Erscheinen als solches würde zudem zur generellen Illegalität der Teilnahme an der Beschlussfassung führen. Konsequenterweise wäre dann nicht nur die Enthaltung, sondern auch die Abgabe einer Gegenstimme nicht dazu geeignet, die Straflosigkeit des Gremiumsmitglieds zu begründen.[55]

Basierend auf den Ausführungen des BGH im Lederspray- und im Mannesmann-Urteil soll die Untersuchung der Strafbarkeit der an der Abstimmung teilnehmenden Vorstandsmitglieder anhand der nachfolgenden Fallkonstellation untersucht werden. Dabei wird den Darlegungen des BGH zu den **jeweiligen Straftatbeständen des Besonderen Teils** in jenen beiden Urteilen gefolgt.

III. Ausgangsfall – Abwandlung des Lederspray-Urteils[56]

Die X-AG produziert Ledersprays. Bei dem Unternehmen gehen vermehrt Schadensmeldungen ein, in denen über Gesundheitsschäden im Zusammenhang mit dem Gebrauch des Ledersprays berichtet wird. Trotz Rezepturänderungen kommt es in der Folgezeit, während derer Produktion und Vertrieb fortgesetzt werden, zu weiteren Schadensmeldungen. Der Vorstand der X-AG beruft eine Sondersitzung ein, an der alle 7 Vorstandsmitglieder teilnehmen. Der Chefchemiker weist darauf hin, dass toxische Eigenschaften des Sprays nicht nachgewiesen werden

53 NJW 2006, 522, 527.

54 Vgl. MüKo AktG, *Habersack*, § 109, Rn. 22, 25.

55 Auf diese Problematik wird, ebenso wie auf eine entsprechende Pflicht der Vorstandsmitglieder zur Teilnahme an der Vorstandssitzung, im Laufe der vorliegenden Untersuchung nähereingegangen werden. Vgl. dazu unten Zweiter Teil, A. VII.

56 BGHSt 37, 106ff.

könnten und daher ein Grund für eine Rückrufaktion nicht bestehe. Daraufhin beschließen die Vorstandsmitglieder, Produktion und Vertrieb fortzusetzen und die bereits produzierten und ausgelieferten Sprays nicht zurückzurufen.[57]

Die Entscheidung ergeht mit fünf Stimmen für die Weiterproduktion und den weiteren Vertrieb, ein Vorstandsmitglied enthält sich der Stimme und ein Vorstandsmitglied gibt eine Gegenstimme ab.

Darüber hinaus sieht die Geschäftsordnung des Vorstands vor, dass Beschlüsse über die Einstellung oder die Fortsetzung von Produktion und Vertrieb der von der Gesellschaft hergestellten Produkte der Zustimmung des Aufsichtsrats bedürfen.[58] Der Aufsichtsrat, bestehend aus drei Mitgliedern[59], beruft ebenfalls eine Sondersitzung ein und beschließt einstimmig, seine Zustimmung zum Beschluss und damit zur weiteren Produktion und zum weiteren Vertrieb des Sprays, zu erteilen.

C. Prämissen

Bevor auf die Frage der Strafbarkeit des jeweiligen Abstimmungsverhaltens der einzelnen Gremienmitglieder genauer eingegangen wird, sollen zunächst einschlägige „Vorfragen" (Prämissen) wie die so genannte generelle Kausalität und die fehlende strafrechtliche Verantwortlichkeit von juristischen Personen angesprochen werden.

I. Die einschlägigen Straftatbestände einer strafrechtlichen Produkthaftung

Das **Inverkehrbringen von Produkten** ist im Hinblick auf die damit möglicherweise verbundenen Gefahren für Leib oder Leben der Produktverwender von strafrechtlichem Interesse.

---

57 Für die nachfolgenden Überlegungen soll davon ausgegangen werden, dass sich der Vorstand, abweichend von § 77 I 1 AktG seine Entscheidungen – wie in der Praxis üblich – dem Prinzip der einfachen Mehrheit entweder aufgrund der Satzung, vereinbarungsgemäß (durch Vertrag, etc.) oder einfach nur faktisch unterwirft. Auszugehen ist dabei von einer Gleichberechtigung der Gremiumsmitglieder, d.h. es herrscht gleiches Stimmrecht. Weder dem Vorstandsvorsitzenden, noch einem der übrigen Vorstandsmitglieder steht ein Vetorecht zu.

58 Vgl. § 111 IV 2 AktG.

59 Entsprechend der gesetzlichen Mindestzahl von Aufsichtsratsmitgliedern gemäß § 95 I 1 AktG.

Im Nebenstrafrecht erfassen einige Tatbestände ein pflichtwidriges Inverkehrbringen bestimmter Erzeugnisse bereits dann, wenn es lediglich mit (abstrakten) Gefahren für die geschützten Rechtsgüter verbunden ist.[60] Mit Einführung des § 314 StGB (am 1. April 1998 an Stelle der §§ 319, 320 StGB a.F.), dem Tatbestand der gemeingefährlichen Vergiftung, enthält nun auch das **Kernstrafrecht** einen abstrakten Gefährdungstatbestand mit einem spezifischen Bezug zur Produkthaftung, der entgegen mancher in der Literatur geäußerten Erwartungen[61] im Rahmen der strafrechtlichen Produkthaftung keine besondere Bedeutung gewonnen hat.[62] Wegen seiner wenig zufriedenstellenden Fassung wird verschiedentlich die Einführung eines Gefährdungstatbestandes gefordert, der das Inverkehrbringen (oder -belassen) gefährlicher Produkte allgemein unter Strafe stellt.[63]

Demzufolge sind nach wie vor die fahrlässig begangene Tötung (§ 222 StGB) sowie die vorsätzlich oder fahrlässig begangene Körperverletzung (§§ 223, 229 StGB) die wichtigsten Tatbestände der strafrechtlichen Produkthaftung. In besonders gelagerten Fallkonstellationen mag darüber hinaus auch eine Anwendung des § 212, ja sogar des § 211 StGB in Betracht kommen, beispielsweise wegen vorsätzlicher Tötung mit gemeingefährlichen Mitteln; indes wird in Fällen strafrechtlicher Produkthaftung Tötungsvorsatz in aller Regel nicht vorliegen, im Übrigen kaum beweisbar sein.

II. Generelle Kausalität

Die Feststellung der Kausalität zwischen der Beschaffenheit eines Produkts und den eingetretenen Gesundheitsbeeinträchtigungen bei seinen Verbrauchern beziehungsweise Verwendern bereitet in Produkthaftungsfällen häufig besondere Schwierigkeiten. Die hier relevante Frage der „*generellen Kausalität*" ist eines der Spezialprobleme im Bereich der strafrechtlichen Produkthaftung und bildet einen Schwerpunkt sowohl im Contergan-Beschluss[64] als auch im Lederspray-Urteil[65] und im Holzschutzmittel-Urteil[66]. In keinem dieser Gerichtsverfahren ist es gelungen, „*diejenige Substanz oder Kombination von Substanzen naturwissenschaftlich exakt zu identifizieren, die den Produkten ihre spezifische*

60 So beispielsweise §§ 5 LMFG; § 84 AMG; § 27 ChemG.
61 *Hilgendorf*, S. 164 ff. m.w.N.
62 *Kuhlen*, BGH-FS, 647.
63 *Achenbach/Ransiek*, HWSt, Teil II, Rn. 22 m.w.N.
64 LG Aachen, JZ 1971, 507, 510 ff.
65 BGHSt 37, 106, 111 ff.
66 BGHSt 41, 206, 214 ff.

Eignung zur Verursachung gesundheitlicher Schäden verlieh“[67]. Dennoch bejahten die Instanzgerichte in allen drei Verfahren den Ursachenzusammenhang.

Die generelle Kausalität betrifft damit die Frage, ob Ursächlichkeit zwischen Produktverwendung und Verletzung angenommen werden kann, wenn bei einem Produkt mit toxischer Wirkung zwar ein Kausalzusammenhang zwischen Verbrauch beziehungsweise Gebrauch des Mittels und Gesundheitsschäden feststeht, aber naturwissenschaftlich nicht geklärt ist, welche Substanzen des Produkts gesundheitsschädlich sind.[68]

Jene Frage wird vom BGH im Lederspray-Urteil mit der folgenden These bejaht:

„*Der Ursachenzusammenhang zwischen der Beschaffenheit eines Produkts und Gesundheitsbeeinträchtigungen seiner Verbraucher ist auch dann rechtsfehlerfrei festgestellt, wenn offen bleibt, welche Substanz den Schaden ausgelöst hat, aber andere in Betracht kommende Schadensursachen auszuschließen sind.*“[69]

Dem ist aus den folgenden Erwägungen zuzustimmen:

Kausalität bezeichnet die Erfahrungssätze, die der Feststellung von Verursachung im Einzelfall zugrunde zu legen sind und dort normalerweise den Zusammenhang zwischen Ursache und Wirkung so wahrscheinlich machen können, dass Zweifel daran vernünftigerweise auszuschließen sind.[70] Nach ständiger Rechtsprechung des BGH verlangen die Feststellung der für das Strafverfahren bedeutsamen Tatsachen, insbesondere der Nachweis von Kausalzusammenhängen, „*keine absolute, von niemandem anzweifelbare Gewissheit; es genügt vielmehr ein mit den Mitteln des Strafverfahrens gewonnenes, nach der Lebenserfahrung ausreichendes Maß an Sicherheit, das keinen vernünftigen Zweifel bestehen lässt*“[71]. Besteht zwischen Naturwissenschaftlern Uneinigkeit darüber, auf welche Weise die Substanzen, denen der Geschädigte ausgesetzt war, eine Gesundheitsbeeinträchtigung verursacht haben, kann der Tatrichter aufgrund einer Bewertung aller relevanten Indizien und der wissenschaftlichen Meinungen

---

67 BGHSt 37, 106, 112; sinngemäß ebenso BGHSt 41, 206, 216; LG Aachen, JZ 1971, 507, 511, 513.

68 BGHSt 37, 106, 111 ff.; siehe auch *Krey/Esser*, AT, Rn. 322; *Kuhlen*, JZ 1994, 1142, 1145; *derselbe* in BGH-FS, 621, 650.

69 BGHSt 37, 106, Leitsatz 1; vgl. auch LG Aachen, JZ 1971, 507, 510 ff.; BGHSt 41, 206, 216.

70 Vgl. *Kuhlen*, NStZ 1990, 566, 567; *derselbe* in BGH-FS, 621, 650 ff.; *Ransiek*, Unternehmensstrafrecht, S. 9 ff.; *Weber*, Produkthaftung, S.161; kritisch dazu u.a.: *Goll/Winkelbauer* in *Graf v. Westphalen*, § 47, Rn. 47 ff, 53; *Hassemer*, Produktverantwortung, S. 29 ff., 38 ff.; *Puppe*, JZ 1992, 27, 28; *dieselbe* in JZ 1994, 1147, 1151; *Samson*, StV 1991, 182, 183; *Volk*, NStZ 1996, 105, 108.

71 BGHSt 41, 206, 214; sinngemäß ebenso bereits in RGSt 15, 153; 61, 202, 206; 66, 163; sowie in BGHSt 37, 106, 111 f.

rechtsfehlerfrei zu der Überzeugung gelangen, dass die Substanzen in bestimmten Fällen zu Gesundheitsschäden geführt haben.[72]

Der Ursachenzusammenhang zwischen Produktverwendung und Gesundheitsschädigung verlangt auch nicht, dass alle anderen möglichen Ursachen einer Erkrankung aufgezählt und ausgeschlossen werden. Ein Ausschluss anderer Tatsachen kann vielmehr

– ohne deren vollständige Erörterung –

auch dadurch erfolgen, dass nach einer Gesamtbewertung der naturwissenschaftlichen Indiztatsachen zumindest die Mitverursachung des Produkts zweifelsfrei festgestellt wird.[73]

Die Richtigkeit der Auffassung des BGH folgt daraus, dass der Richter gemäß § 261 StPO nach seiner freien, aus dem Inbegriff der Verhandlung geschöpften Überzeugung entscheidet.[74] Zwar darf die freie richterliche Beweiswürdigung nicht gegen feststehende Erkenntnisse der Naturwissenschaften verstoßen, doch sind diese beim Dissens verschiedener Fachwissenschaftler gerade nicht gegeben.[75]

Hat das Gericht die Gewissheit erlangt, dass der Kontakt mit dem Produkt schadensursächlich war, auch wenn gesicherte naturwissenschaftliche Beweise für die Isolierung der toxischen Substanzen nicht (zweifelsfrei) geführt werden können, so darf es die Kausalität bejahen. Der Richter setzt sich in einem solchen Fall auch nicht über konsentierte erfahrungswissenschaftliche Erkenntnisse (allgemeine Erfahrungssätze) hinweg, weil diese hier gerade nicht existieren.[76]

Für die nachfolgende Darstellung sei unterstellt, dass die generelle Kausalität zwischen dem Benutzen des fehlerhaften Produktes und dem Eintritt des Verletzungserfolgs, d.h. den Körperschäden beim Verbraucher, gegeben ist.

---

72 BGHSt 41, 206, 215 f.

73 BGHSt 37, 106, 112; BGHSt 41, 206, 126.

74 Zustimmend insoweit u.a.: *Beulke/Bachmann*, JuS 1992, 737, 739; *Bock*, Produktkriminalität, S. 71 ff.; *Deutscher/Körner*, wistra 1996, 292, 297; *Krey/Esser*, AT, Rn. 322; *Kuhlen*, NStZ 1990, 566, 567; ablehnend u.a.: *Bramsen*, Jura 1991, 1991, 533, 535 f.; *Hassemer*, Produktverantwortung, S. 40 ff., 48 f.; *Hoyer*, GA 1996, 160, 166 ff.; *Kühne*, NJW 1997, 1951, 1953 f.; *Samson*, StV 1991, 182, 183. *Puppe*, JZ 1994, 1147, 1151, stimmt dem BGH insoweit zu, dass auch ein Strafgericht die Möglichkeit haben muss, einen in einer empirischen Wissenschaft zwar nicht unumstrittenen, aber doch gut bestätigten und von einem repräsentativen Teil der Vertreter dieser Wissenschaft anerkannten allgemeinen Satz anzuwenden. Sie hält es jedoch für missverständlich, die Übernahme eines noch nicht ganz unumstrittenen Ergebnisses einer empirischen Wissenschaft durch ein Strafgericht als freie Beweiswürdigung zu bezeichnen.

75 *Achenbach/Ransiek*, HWST, Teil II, Rn. 46 m.w.N.

76 BGHSt 41, 206, 216; *Baumann/Weber/Mitsch*, AT, § 14 Rn. 50; *Beulke/Bachmann*, JuS 1992, 737, 739; *Kuhlen*, NStZ 1990, 566, 567.

III. Keine Strafbarkeit der Aktiengesellschaft

1. Keine Strafbarkeit *de lege lata*

Zunächst ist festzuhalten, dass eine strafrechtliche Verantwortlichkeit der Gesellschaft selbst nicht in Betracht kommt. Die Strafbarkeit von juristischen Personen im deutschen Strafrecht ist gesetzlich nicht vorgesehen, da Handlungs- und Schuldfähigkeit Menschen als Täter voraussetzen.[77]

Allerdings findet sich im Ordnungswidrigkeitenrecht die Möglichkeit, juristische Personen zu sanktionieren. Neben die straf- und bußgeldrechtliche Verantwortung einzelner im Unternehmen tätiger Personen tritt daraus abgeleitet die Verantwortung des Unternehmens(trägers) selbst: Nach der Zurechnungsnorm des § 30 OWiG kann eine Geldbuße gegen eine juristische Person oder Personenvereinigung festgesetzt werden, die zusätzlich zu Strafe oder Bußgeld eines für das Unternehmen Handelnden verhängt wird oder nach § 30 IV OWiG allein das Unternehmen trifft.[78]

Die Existenz des § 30 OWiG führt jedoch nicht zur Bejahung einer **Strafbarkeit** von juristischen Personen *de lege lata.*

Das ergibt sich aus dem Verhältnis von Ordnungswidrigkeiten- und Strafrecht: Der Geldbuße fehlt der *„sozial-ethische Unwertgehalt“*, der durch die Bestrafung ausgedrückt wird,[79] weshalb die Geldbuße keine Kriminalstrafe ist.[80] Darüber hinaus wird die Geldbuße als *„wirtschaftsaufsichtsrechtliches Sanktionsins-*

---

77 S.u. Abschnitt C. III. 2.
In vielen anderen europäischen Ländern wurde die Unternehmensstrafbarkeit in den letzten Jahren eingeführt (z.B. in Frankreich, Luxemburg, Österreich). Auch auf europäischer Ebene sehen mehrere Rahmenbeschlüsse und Richtlinien die Verantwortlichkeit von Unternehmen vor. Ein Überblick über die Unternehmensstrafbarkeit im internationalen und insbesondere im europäischen Recht findet sich bei *Engelhart*, eucrim 2012, 110 ff.

78 Darüber hinaus kommen neben der Geldbuße nach § 30 OWiG die folgenden Maßnahmen gegen eine juristische Person in Betracht: Nach § 29a OWiG, beziehungsweise §§ 73 ff. StGB, kann der Verfall von Vorteilen angeordnet werden, die das Unternehmen durch einen für dieses handelnden Täter oder Teilnehmer einer rechtswidrigen, mit Strafe oder Bußgeld bedrohten Tat, erlangt hat. Zudem können nach §§ 22 ff. OWiG und §§ 74 ff. StGB i.V.m. der Vertreterregelung des § 29 OWiG und des § 75 StGB bestimmte Gegenstände, die dem Unternehmen gehören oder zustehen, eingezogen werden.

79 BVerfGE 22, 78, 81; 27, 18, 33; 45, 272, 288.

80 *Göhler*, OWiG, Vor § 1, Rn. 9; kritisch dazu u.a.: *Ransiek*, Unternehmensstrafrecht, S. 111 f. m.w.N., der in diesem Zusammenhang von *„Etikettenschwindel“* spricht, da letztlich über § 30 OWiG eine Sanktion verhängt werden könne: die Zahlung eines Geldbetrages als negative Sanktion. Ob man dies nun Buße oder Strafe nenne, scheine gleichgültig zu sein, und zwar insbesondere dann, wenn sich kein qualitativer Unterschied zwischen Ordnungswidrigkeit und Straftat ausmachen ließe.

trumentarium"[81] eingesetzt. Sie stellt keine Strafe dar, sondern ist ein repressiv orientiertes Präventionsmittel gegen das Unternehmen oder den Verband.[82]

Zusammenfassend ist daher festzuhalten, dass juristische Personen und andere Personenverbände nach geltendem deutschen Recht wegen Straftaten ihrer Organe oder Entscheidungsträger nur im Sinne einer Bußgeldhaftung (§ 30 OWiG), nicht dagegen im kriminalstrafrechtlichen Sinne verantwortlich sind.[83]

2. Keine Strafbarkeit *de lege ferenda*

Darüber hinaus ist die Bestrafung von Verbänden in Deutschland schon wegen des Schuldprinzips (*nulla poena sine culpa*) nicht vorgesehen und könnte, jedenfalls ohne Verfassungsänderung, auch nicht gesetzlich eingeführt werden.[84] Schuld verlangt eine konkrete tatbestandsmäßige, rechtswidrige Tat, d.h. Anknüpfungspunkt ist die Unrechtshandlung.[85] Handlungsfähige Täter können jedoch nur natürliche Personen sein, wohingegen juristische Personen im natürlichen Sinne nicht handlungsfähig sind.[86]

Allerdings hat der BGH in seinem Lederspray-Urteil mit der folgenden, eher beiläufigen Formulierung zum Handlungsbegriff Verwirrung gestiftet:

„*Denn Produktion und Vertrieb von Erzeugnissen durch eine im Rahmen ihres Gesellschaftszwecks tätige GmbH sind ihren Geschäftsführern als eigenes Handeln – auch strafrechtlich – zuzurechnen.*"[87]

Einige Stimmen in der Literatur haben in dieser Formulierung eine implizierte Anerkennung der Handlungsfähigkeit juristischer Personen durch den BGH gesehen[88], und *Rotsch* hat den BGH dahin verstanden, er habe „*mittels kollektiver Betrachtungsweise betriebliche Aktivitäten und Prozeduren in einem ersten Schritt als Handlung des Unternehmens bezeichnet*".[89]

Eine detaillierte Untersuchung der Frage, ob der BGH in seinem Lederspray-Urteil einen neuen Handlungsbegriff einführen wollte, ist an dieser Stelle nicht möglich. Jedoch sei insoweit festgehalten, dass dem geltenden Recht nach seiner Entstehungsgeschichte, ebenso wie nach dem Wortlaut des § 25 StGB, kein

81 *K. Schmidt*, wistra 1990, 131, 133.
82 *Otto*, Jura 1998, 409, 417.
83 *Tiedemann*, Wirtschaftsstrafrecht, Rn. 242.
84 *Hellmann/Beckemper*, Rn. 974; *Krey/Esser*, AT, Rn. 111 m.w.N.
85 *Krey/Esser*, AT, Rn. 298; *Wessels/Beulke*, AT, Rn. 402.
86 *Fischer*, StGB Vor § 13, Rn. 3; *Wessels/Beulke*, AT, Rn. 94; Die Möglichkeit nach § 30 OWiG gegen juristische Personen Geldbußen zu verhängen impliziert als solche nicht die natürliche Handlungsfähigkeit der juristischen Person.
87 BGHSt 37, 106, 114.
88 *Heine*, 156, Fn. 33; *Tiedemann*, Wirtschaftsstrafrecht, Rn. 238, 243.
89 *Rotsch*, wistra 1999, 321, 325.

Handlungs- und Täterbegriff zugrunde liegt, der juristische Personen und andrer Kollektive als solche erfasst. Grundlage ist vielmehr die klassische individualstrafrechtliche Orientierung an der natürlichen Person und ihrer Einflussnahme auf die Welt durch Körperbewegungen, wobei lediglich offen geblieben und im Laufe der Zeit unterschiedlich bewertet worden ist, ob man diese Körperbewegung in einer kausalen, finalen, sozialen oder personalen Perspektive sieht.[90] Die lakonische Begründung, mit welcher der BGH in seinem Lederspray-Urteil die Verurteilung wegen aktiven Tuns begründet hat, kann deshalb nicht als Neuinterpretation des strafrechtlichen Handlungsbegriffs gewertet werden.[91]

Des Weiteren verlangt das Grundgesetz gemäß Art. 1 I GG i.V.m. dem Rechtsstaatsprinzip ein schuldhaftes Verhalten, wobei Schuld nach dem herrschenden **normativen Schuldbegriff** als „sozialer Tadel“, als „persönlicher Vorwurf“ gegen den Täter im Sinne von Vorwerfbarkeit seiner Willensbildung zu verstehen ist.[92] Eine juristische Person ist jedoch nicht in der Lage, einen eigenen Willen zu bilden. Zur Willensbildung sind nur natürliche Personen befähigt.

Die in der Strafe liegende sozialethische Missbilligung hat daher gegenüber juristischen Personen und Personenvereinigungen keinen Sinn, weil ein Schuldvorwurf nur gegenüber verantwortlichen Einzelpersonen erhoben werden kann, nicht aber gegenüber unbeteiligten Mitgliedern oder einer Vermögensmasse.[93]

Zudem unterscheidet das deutsche Strafrecht zwischen Strafen (§§ 38 ff. StGB) und Maßnahmen (§ 11 I Nr. 8 StGB). Maßnahmen sind nach § 11 I Nr. 8 StGB Maßregeln der Besserung und Sicherung (§§ 61 ff. StGB) und sonstige Maßnahmen wie der Verfall, die Einziehung und die Unbrauchbarmachung (vgl. §§ 73 ff. StGB). Eine juristische Person ist nach deutschem Strafrecht unfähig, *„als Strafrechtsurheber beschuldigt, tatsprüchlich als strafzuständig markiert und strafprozesseventuell bemaßregelt oder bestraft zu werden“*[94]. Allenfalls die Verhängung von Maßregeln der Besserung und Sicherung sowie der Verfall, die Einziehung oder die Unbrauchbarmachung sind mögliche Maßnahmen, die gegen eine juristische Person ergriffen werden können.[95]

---

90 *Schünemann*, BGH-FS, 621, 627.

91 So zutreffend begründet von *Schünemann*, BGH-FS, 621, 626 ff.; Statt dessen stellt sich die Frage, ob sich die Verantwortlichkeit der Unternehmensleitung nach den Regeln der mittelbaren Täterschaft oder der Mittäterschaft begründen lässt.

92 *Hellmann/Beckemper*, Rn. 974; *Krey/Esser*, AT, Rn. 111.

93 *Otto*, Jura 1998, 409, 415; *Jescheck/Weigend*, AT § 23 VII 1.

94 *Bottke*, wistra 1997, 241, 246, der sich für die Einführung einer Unternehmensstrafbarkeit ausspricht (S. 247 ff.), so auch *K. Schmidt*, wistra 1990, 131, 133; *Schünemann*, wistra 1982, 41, 49 f.

95 So auch *Goll/Winkelbauer* in *Graf v. Westphalen*, § 46, Rn. 14.

Deutsches Strafrecht ist im Wesentlichen Täterstrafrecht.[96] Die strafrechtliche Verantwortlichkeit kann daher allein die Organe und Vertreter der juristischen Person, im obigen Beispielfall (s.o. S. 14 f.) also die Mitglieder des Vorstands treffen.

3. Ergebnis zur Strafbarkeit der Aktiengesellschaft

Aus diesen Ausführungen ergibt sich, dass eine strafrechtliche Produkthaftung die Gesellschaft als solche nicht treffen kann. Allerdings könnte die Strafbarkeit der für sie tätigen Vorstandsmitglieder in Betracht kommen; jene Strafbarkeit wird nachfolgend untersucht.

96 *Bottke*, wistra 1997, 241, 246.

Erster Teil: Strafbarkeit der zustimmenden Vorstandsmitglieder

A. Strafbarkeit wegen vorsätzlichen Begehungsdelikts

Zu untersuchen ist zunächst die Strafbarkeit der **für** den rechtswidrigen Beschluss stimmenden Vorstandsmitglieder wegen vorsätzlichen Begehungsdelikts.

Anknüpfungspunkt für die Strafbarkeit, d.h. das strafrechtlich relevante Verhalten, ist im Fall des Beschlusses für die Weiterproduktion und den weiteren Vertrieb des Produktes die Abstimmung des Einzelnen. Es bedarf hier keiner weiteren Ausführung des Beschlusses, da alles so weiterläuft wie bisher.[97] Die Stimmabgabe als solche stellt in diesem Fall bereits die **Tatausführung** dar. Gleiches gilt, wenn entschieden wird, dass ein Rückruf nicht durchgeführt werden soll und er dementsprechend auch nicht durchgeführt wird. Der BGH hat diesbezüglich im Lederspray-Urteil für den Fall des Unterlassungsdeliktes festgestellt, dass das Handlungsgebot „*– entgegen der Wertung des Landgerichtes – nicht den Rückruf selbst, sondern nur das Eintreten für eine entsprechende Entscheidung der Geschäftsführung zum Gegenstand*"[98] hat. Daraus kann gefolgert werden, dass auch nach der Auffassung des BGH Anknüpfungspunkt für die Strafbarkeit das jeweilige Abstimmungsverhalten des einzelnen Gremiumsmitgliedes und nicht die spätere Ausführung des gefassten Beschlusses ist.

Jakobs[99] qualifiziert dagegen die Beteiligung an einer Abstimmung in aller Regel nicht als Tatausführung, sondern als **Tatvorbereitung** und nennt als Beispiel den Beschluss des Vorstandes eines Wirtschaftsunternehmens, ein Produkt auf den Markt zu bringen oder auf dem Markt zu belassen, dessen bestimmungsgemäßer Gebrauch in einer nicht zu tolerierenden Häufigkeit zu Schädigungen der Verbraucher führt. Nach Auffassung von *Jakobs*[100] handelt es sich bei der Abgabe der Einzelstimme

– wenn es nicht um absonderliche und praktisch völlig irrelevante Fallgestaltungen gehe –

um ein bloßes Vorbereitungsverhalten.

Richtig ist, dass manche Beschlüsse einer weiteren Ausführung bedürfen. So erfordert beispielsweise der Beschluss über das erstmalige Einführen eines Pro-

---

97 So auch *Ransiek*, Unternehmensstrafrecht, S. 62.

98 Vgl. BGHSt 37, 106, 128.

99 In Miyazawa-FS, 419.

100 In Miyazawa-FS, 419, 425.

duktes auf dem Markt eine weitere Ausführungshandlung, nämlich unter anderem die Weisung an Mitarbeiter, die Produktion des Produktes einzuleiten und den Vertrieb aufzunehmen.

Etwas anderes gilt jedoch für den Beschluss, ein fehlerhaftes Produkt weiterzuproduzieren und weiter auszuliefern. Ein solcher Beschluss bedarf keiner weiteren Tatausführung. Er muss nicht umgesetzt werden, sondern Produktion und Auslieferung des Produktes laufen nach der Beschlussfassung genauso weiter wie zuvor. Es bedarf keiner Weisungen oder sonstiger Maßnahmen zur Ausführung des Beschlusses. Das **Abstimmungsverhalten** des Einzelnen bei der Beschlussfassung ist folglich der Anknüpfungspunkt für die Feststellung einer etwaigen Strafbarkeit der am diesem Beschluss mitwirkenden Gremiumsmitglieder.

Beiden Fällen, d.h. dem des ausführungsbedürftigen und des nicht-ausführungsbedürftigen Beschlusses, ist indes gemein, dass die **Stimmabgabe** immer den Grundstein für die Frage der Beurteilung der *Strafbarkeit der einzelnen Vorstandsmitglieder* darstellt und ihr daher sozusagen als Ursache für das pflichtwidrige Verhalten maßgebende Bedeutung zukommt.[101] Das Abstimmungsverhalten lässt erkennen, ob das jeweilige Vorstandsmitglied den Beschluss gebilligt hat.

Auf den Ausgangsfall (s.o. S. 14 f.) übertragen ist demnach die auf ihre strafrechtliche Relevanz zu untersuchende Tathandlung die **Abstimmung** der Vorstandsmitglieder für Weiterproduktion und weitere Auslieferung des gesundheitsschädlichen Produkts.

I. Abgrenzung von aktivem Tun und Unterlassen

Im Rahmen strafrechtlicher Produkthaftung kann es sich bei der strafrechtlich relevanten Maßnahme beispielsweise um die Produktion und das Inverkehrbringen des gesundheitsschädlichen Produktes, das Ausbleiben eines Produktions- und Vertriebsstopps sowie die Nichterteilung erforderlicher Warnhinweise handeln. Über das Ergreifen oder Nichtergreifen einer solchen Maßnahme stimmen die geschäftsführungsbefugten Gremiumsmitglieder, im Ausgangsfall (s.o. S. 14 f.) also die Vorstandsmitglieder, durch Beschluss ab. Fraglich ist nun, ob das Verhalten der Vorstandsmitglieder strafrechtlich als aktives Tun oder aber als Unterlassen einzuordnen ist. Diese Unterscheidung ist insbesondere deswegen bedeutsam, weil die Strafbarkeit bei aktivem Tun nicht vom Bestehen einer Garantenpflicht abhängt.

---

101 Im Ergebnis ebenso *Schaal*, S. 22.

Je nach Fallgestaltung kommen sowohl eine Strafbarkeit wegen Begehungsdelikts als auch wegen Unterlassungsdelikts (Nichtvornahme einer rechtlich gebotenen Handlung) in Betracht. Die im Rahmen strafrechtlicher Produkthaftung primär einschlägigen Tatbestände, §§ 223 ff. und § 222 StGB, knüpfen ihrem Wortlaut nach zwar allein an ein aktives Handeln an, führen aber in Verbindung mit § 13 I StGB dazu, dass sich auch strafbar macht, *„wer es unterlässt, einen Erfolg abzuwenden, der zum Tatbestand eines Strafgesetzes gehört“* (sog. **unechte Unterlassungsdelikte**).

Die Abgrenzung von Tun und Unterlassen im Bereich strafrechtlicher Produkthaftung kann sich als schwierig erweisen: Das weitere Ausliefern gesundheitsschädlicher Produkte trotz Vorliegens mehrerer Schadensmeldungen beispielsweise setzt denknotwendig das **Unterlassen eines Rückrufs** des betreffenden Produktes voraus. Inwieweit bleibt dann neben oder anstelle einer Begehungsstrafbarkeit wegen des weiteren Inverkehrbringens der schädigenden Produkte überhaupt noch **Raum für eine Unterlassungsstrafbarkeit** basierend auf der Nichtvornahme eines Rückrufs bereits auf dem Markt befindlicher Produkte? Und wie ist das einschlägige Abstimmungsverhalten des Vorstandsmitglieds einzuordnen?

Oftmals sind die Grenzen fließend und die Entscheidung, ob im Einzelfall ein Begehungs- oder Unterlassungsdelikt vorliegt, wird vielfach kontrovers beurteilt.[102] Zur Lösung der Abgrenzungsfrage von aktivem Tun und Unterlassen haben sich in der Strafrechtswissenschaft im Wesentlichen die folgenden Ansätze herauskristallisiert:

1. Die Kausalitätstheorien

Die Kausalitätstheorien gehen auf das von *Engisch*[103] entwickelte Energiekriterium zurück. Die Abgrenzung von Tun und Unterlassen wird danach vorgenommen, ob der tatbestandliche Erfolg durch **positiven Energieeinsatz** verursacht oder vielmehr durch Nichteinsatz von Energie ein anderweitig ausgelöster Kausalverlauf nicht aufgehalten wurde.[104] Diese Theorie wird heute von zahlreichen

102 So beispielsweise auch für einem Fall der passiven Euthanasie in welchem die Ärzte das Pflegepersonal anweisen die künstliche Ernährung des im Sterben Liegenden zu beenden. Hier hat der BGH in BGHSt 40, 257, 265 f. Totschlag durch Unterlassen bejaht, während manche Stimmen in der Literatur in einem solchen Fall von einem aktiven Tun ausgehen, vgl. hierzu *Krey/Esser*, AT, Rn. 1117, m.w.N.

103 S. 29.

104 *LK-StGB, Walter*, Vor § 13 Rn. 76; NK-*Seelmann*, § 13 Rn. 7; *Roxin*, AT II, § 31 Rn. 78; SK-*StGB, Rudolphi/Stein*, Vor § 13 Rn. 4 ff.

Anhängern in Verbindung mit Kausalitätserwägungen angewendet. Dabei lassen sich im Wesentlichen zwei Modalitäten unterscheiden:[105]

Die **Kausalitätstheorie im engeren Sinn** klassifiziert jedes kausale Verhalten als positives Tun, so dass eine Unterlassungstat nur dann denkbar ist, wenn der Täter keine gesetzmäßige Bedingung für den eingetretenen Erfolge gesetzt hat.[106] *Kaufmann*[107] ging bei der Begründung des Kausalitätskriteriums von der These aus, dass die Ursächlichkeit des Unterlassenden für das Ausbleiben der Handlung verneint werden müsse, weil man sein passives Verhalten hinweg denken könne, ohne dass das Unterlassen entfiele. Der Unterlassende sei für das Ausbleiben der Handlung nicht ursächlich, der Handelnde aber für sein Handeln kausal. Im Falle ursächlichen Verhaltens, sei die Annahme von Unterlassen folglich stets ausgeschlossen.

Auch die **Kausalitätstheorie im weiteren Sinn** verneint bei Kausalität des Täterverhaltens für den Erfolg grundsätzlich die Annahme eines Unterlassens. Scheitert aber eine Strafbarkeit wegen aktiven Tuns aus anderen Gründen, zum Beispiel an fehlendem Vorsatz, kann trotz jener Kausalität eine Unterlassensstrafbarkeit in Betracht kommen.[108]

2. Die Subsidiaritätstheorie

Diese Auffassung zieht ein Unterlassen nur dann in Betracht, wenn eine Bestrafung wegen Tuns nicht möglich ist. Ähnlich der Kausalitätstheorie im weiteren Sinn geht also auch die Subsidiaritätstheorie vom Primat des Begehens aus. Sie lehnt jedoch die pauschale Beurteilung eines Verhaltens als Tun oder Unterlassen ab und prüft in einem ersten Schritt jedes einzelne Verhaltensmoment unter allen rechtlichen Gesichtspunkten. Sollte sich ergeben, dass neben einem an sich strafbaren Unterlassen auch ein deliktisches Tun vorliegt, hat in einem zweiten Schritt das Unterlassungsdelikt als materiell subsidiär hinter das Begehungsdelikt zurückzutreten,[109] es sei denn, das Unterlassen wiegt rechtlich schwerer, etwa weil es im Gegensatz zum Tun vom Vorsatz getragen ist.[110]

Die Abgrenzung folgt damit im Ergebnis Konkurrenzüberlegungen, wobei der Vorrang des Begehungsdeliktes am Sondercharakter strafbaren Unterlassens

105 Vgl. auch die Darstellung von *Mayer*, PharmR 2008, 236, 237.

106 *Stoffers*, GA 1993, 262, 265 f.

107 S. 61 ff.

108 *Jescheck/Weigend*, AT § 58 II 2 m.w.N.; *LK-StGB, Walter*, Vor § 13 Rn. 76; *Roxin*, AT II § 31 Rn. 78 ff.; SK-*StGB*, *Rudolphi/Stein*, Vor § 13 Rn. 7.

109 *Stratenwerth/Kuhlen*, AT § 13 Rn. 2; *Fischer*, StGB § 13 Rn. 32.

110 NK-*Seelmnann*, § 13 Rn. 28.

festgemacht wird, der sich gerade auch an den speziellen Voraussetzungen des § 13 I StGB und der Strafminderungsmöglichkeit des § 13 II StGB zeigt.[111]

3. Die Schwerpunkttheorie

Nach herrschender Auffassung, vertreten von Rechtsprechung[112] und einem Großteil der Literatur[113], ist Anknüpfungspunkt die Wertungsfrage, wo bei normativer Betrachtung und Berücksichtigung des sozialen Handlungssinns der **Schwerpunkt des strafrechtlich relevanten Verhaltens** liegt.[114] Zu untersuchen ist demnach, ob sich der strafrechtliche Vorwurf bei normativer Betrachtung eher gegen ein Tun oder gegen ein Unterlassen richtet.

4. Stellungnahme

Analysiert man die vorgenannten Auffassungen, so zeigt sich, dass die Schwerpunkttheorie zu den überzeugendsten Ergebnissen führt.

Die **Kausalitätstheorie im engeren Sinn** eignet sich zwar zur begrifflich-ontologischen

– und damit regelmäßig unproblematischen –

Abgrenzung von Tun und Unterlassen, vermag Fälle ambivalenten Verhaltens jedoch nicht zu lösen. Darüber hinaus führt sie zu Strafbarkeitslücken, indem sie bei Kausalität aktiven Tuns die Anknüpfung an ein Unterlassen kategorisch ausschließt, selbst wenn das Tun etwa mangels Vorliegens subjektiver Tatbestandsvoraussetzungen nicht strafbar ist.[115]

Die **Kausalitätstheorie im weiteren Sinn** gesteht die Untauglichkeit der Kausalität als umfassendes und **allein maßgebliches Abgrenzungskriterium** selbst ein, indem sie im Fall der Straflosigkeit des an sich erfolgskausalen Tuns dennoch eine Bestrafung wegen Unterlassens zulässt. Dies zeigt, dass die Abgrenzung keine rein empirisch zu lösende Frage ist, sondern eine Wertungsfrage, bei der sich die Antwort nicht allein aus dem äußeren Befund, dem Kriterium des „Energiesatzes", der „Kausalität" oder einer Kombination dieser beiden Kriterien gewinnen lässt.[116]

---

111 *Mayer*, PharmR 2008, 236, 237.

112 BGHSt 6, 46, 59; BGHSt NStZ 1999, 607; BGH NStZ 2003, 657; BGH JR 2004, 33, 34.

113 *Brammsen*, GA 02, 193; *Schönke/Schröder-Stree/Bosch*, Vor § 13 Rn. 158, m.w.N.; *Wessels/Beulke*, AT Rn. 700.

114 BGHSt 6, 46, 59; *Schönke/Schröder-Stree/Bosch*, Vor § 13 Rn. 158; *Wessels/Beulke*, AT Rn. 700.

115 *Mayer*, PharmR 2008, 236, 237; *Wessels/Beulke*, AT Rn. 700.

116 *Wessels/Beulke*, AT Rn. 700.

Daraus folgt, dass sich mit den erwähnten naturalistischen Kriterien der Kausalitätstheorien sachwidrige Ergebnisse kaum vermeiden lassen.[117]

Die **Subsidiaritätstheorie** geht vom Vorrang des Begehungs- gegenüber dem Unterlassungsdelikt aus. Dabei beruht der Vorrang des Begehungsdeliktes auf einer Wertung, nämlich des prinzipiell höheren Unwertgehalts aktiver Tatbegehung, die nur im Ausnahmefall hinter der Vorwerfbarkeit einer ebenfalls verwirklichten Unterlassungstat zurückbleibt, etwa wenn ein späteres Unterlassen vorsätzlich erfolgt, während das vorangegangene Tun lediglich als fahrlässig zu qualifizieren ist.[118] Damit knüpft die Subsidiaritätstheorie der Sache nach ebenfalls an den Schwerpunkt der Vorwerfbarkeit an.

Dies zeigt, dass die Abgrenzung von aktivem Tun und Unterlassen letztlich anhand einer Wertung vorzunehmen ist. Die **Schwerpunkttheorie** stellt allein hierauf ab und führt somit ohne „Umwege“, wie dies bei den zuvor diskutierten naturalistischen, empirischen und ontologischen Literaturansätzen der Fall ist, zu sachgerechten Ergebnissen. Die hier bevorzugte Theorie wird dadurch dem normativen Unterschied zwischen Tun und Unterlassen sowie speziell dem zwischen Begehungsdelikten und unechten Unterlassungsdelikten am besten gerecht.[119]

5. Die organisationsbezogene Betrachtungsweise des BGH

Bevor nun die Einordnung des konkreten Verhaltens der für den rechtswidrigen Beschluss stimmenden Vorstandsmitglieder im Ausgangsfall (s.o. S. 14 f.) als Tun beziehungsweise Unterlassen erfolgt, soll zunächst die vom BGH im Lederspray-Urteil angewandte Prüfmethode näher betrachtet werden:

Überaschenderweise wendet das Gericht hier die Schwerpunkttheorie nicht unmittelbar auf das Individualverhalten der Gremiumsmitglieder an. Dort, wo der BGH nach herkömmlicher Strafrechtsdogmatik dasjenige prüft, was als **Handlung des Angeklagten** Träger der Prädikate tatbestandsmäßig, rechtswidrig und schuldhaft sein könnte, argumentiert das Gericht, von einem positiven Tun sei problemlos auszugehen, da diese **Firmen** die schadensursächlichen Artikel in Verkehr gebracht hätten. Das Gericht fährt dann fort: „*Denn Produktion und Vertrieb von Erzeugnissen durch eine im Rahmen ihres Gesellschaftszwecks tätige* ***GmbH*** *sind ihren Geschäftsführern als eigenes Handeln*
– auch strafrechtlich –
zuzuordnen.“[120]

---

117 *Kühl*, § 18 Rn. 16.

118 *Mayer*, PharmR 2008, 236, 237 f.

119 *Krey/Esser*, AT, Rn. 1107.

120 BGHSt 37, 106, 114; Vgl. insoweit auch Einführung Abschnitt C. III. 2. im Text, zur Frage der Einführung eines neuen Handlungsbegriffs durch den BGH.

Damit stellt der BGH in seinem Urteil in einem ersten Schritt fest, wie das **Verhalten der Herstellerfirma** des Sprays zu beurteilen ist, insbesondere also, ob ein **Tun oder Unterlassen des Unternehmens** in Rede steht, und rechnet das so gewonnene Ergebnis in einem zweiten Schritt den Geschäftsführern als eigenes Handeln strafrechtlich zu.[121] Die auf diesem Wege ermittelte strafrechtliche Verantwortlichkeit des Einzelnen ergebe sich aus seiner Stellung im Unternehmen.[122]

Diese unternehmensbezogene oder auch **organisationsbezogene Betrachtungsweise**[123] ist auf den ersten Blick befremdlich, denn sie scheint die gewohnte Dogmatik umzukehren, die sich primär am (naturalistisch verstandenen) Tatnächsten orientiert.[124] Üblicherweise wird

– übrigens auch zivilrechtlich –

davon ausgegangen, dass juristische Personen selbst nicht handeln können, sondern dass ihnen die Handlungen ihrer Organe „zuzurechnen sind".[125]

Wie *Kuhlen* zutreffend feststellt,[126] hat der BGH den Perspektivenwechsel im Lederspray-Urteil „*nicht materiell begründet, dogmatisch fundiert oder auch nur als solchen kenntlich gemacht, sondern schlicht vorgenommen. Dass es sich hierbei nicht lediglich um einen lapsus linguae handelt, sondern um einen vom BGH durchgeführten „Wechsel in der Prüfmethode"*[127] *scheint mittlerweile anerkannt,*[128] *wobei diese wesentliche Neuerung als „kühner Schritt"*[129] *und als „Paradigmenwechsel"*[130] *charakterisiert wird.*"

Den, soweit ersichtlich, umfassendsten Versuch einer dogmatischen Begründung unternimmt *Dencker*.[131] Hierzu hebt er unter anderem hervor, dass sich

---

121 BGHSt 37, 106, 114, mit der Einschränkung, dass die Gesellschaft im Rahmen ihres Gesellschaftszwecks tätig wurde.

122 BGHSt 37, 106, 113 f.; 38, 325, 331 ff.

123 So bezeichnet von *Kuhlen* in BGH-FS, 647, 663.

124 *Kuhlen*, BGH-FS, 647, 664.

125 Ein deutlicher Hinweis darauf, dass diese Sichtweise auch dem StGB zugrunde liegt findet sich etwa in § 14 StGB, vgl. auch *Dencker*, S. 14.

126 *Kuhlen*, BGH-FS, 647, 664.

127 So bezeichnet von *Hassemer*, Produktverantwortung, S. 65.

128 *Kuhlen*, BGH-FS, 647, 664 m.w.N.; Allerdings ist anzumerken, dass dieser Aspekt des Lederspray-Urteils in seinen zahlreichen Besprechungen kaum Beachtung gefunden hat. Der Umstand, dass der BGH seinen Ansatz in BGHSt 38, 325, 331 ff. nochmals wiederholte, spricht in der Tat dafür, dass der Wechsel in der Prüfmethode bewusst und gewollt erfolgt ist.

129 Vgl. *Puppe*, JR 1992, 30, die diesen vom BGH aufgestellten Grundsatz „*in einer Unrechtslehre, die zwischen pflichtgemäßem und pflichtwidrigen Handeln, Tun und Unterlassen, mittelbarer und unmittelbarer Täterschaft und Anfang der Ausführung*" als „*zu grob*" ablehnt.

130 So *Rotsch*, wistra 1999, 321, 326, der in diesem Zusammenhang von einem „*neuen Zurechnungsparadigma*" spricht.

131 S. 14 ff.

ein der organisationsbezogenen Betrachtungsweise des BGH vergleichbarer Gedanke immer wieder im Strafrecht dort findet, wo es um die Beteiligung mehrerer Personen an einer Straftat geht. Als Beispiel hierfür ist die von der h.M. vertretene **Gesamtlösung** für den Versuchsbeginn bei **Mittäterschaft**[132] anzuführen, wonach für alle Mittäter der Versuch der „gesamten Tat" in dem Moment beginnt, in dem der erste von ihnen die Schwelle zum Versuchsbeginn überschreitet. Grundlage dieser Rechtsfigur ist somit die Tat eines Kollektivs, die Gesamttat[133]. Dies ergibt sich auch aus dem Wortlaut des § 25 II StGB, der auf „die Straftat" Bezug nimmt, d.h. die **eine** Tat aller sie verwirklichenden Mittäter.

Nicht von der Hand zu weisen ist, dass ein Vorteil der organisationsbezogenen Betrachtungsweise des BGH darin gesehen werden könnte, dass eine Reihe schwieriger Fragen im Hinblick auf die Verantwortlichkeit von Unternehmensleitungen, nicht nur im Rahmen der strafrechtlichen Produkthaftung, sondern beispielsweise auch im Umweltstrafrecht, mit einem Schlag gelöst wären, „*wenn man das ganze Unternehmen einfach als verlängerten Arm der Unternehmensleitung ansehen könnte*"[134]. Auch wird die organisatorische Betrachtungsweise der sozialen Realität im Hinblick auf die für die juristische Person in Kollektiven handelnden Akteure am ehesten gerecht.[135] Es ist das **Organ**, in unserem Ausgangsfall (s.o. S. 14 f.) der Vorstand, das den Beschluss für die Gesellschaft fasst. Gesellschaftsrechtlich wird das Handeln des Vorstands der AG zugerechnet. Daher könnte es umgekehrt auch sachgerecht erscheinen, zunächst das „Verhalten" der AG zu betrachten, und dieses dann entsprechend seinem für sie handelnden Organ zuzurechnen. Ein diesem zuletzt genannten Ansatz entsprechender Gedanke findet sich für das Strafrecht in § 14 StGB.

Dennoch wird der Ansatz des BGH kontrovers bewertet: Zum Teil hat er Zustimmung gefunden[136], ist aber auch vielfach auf Kritik gestoßen, die von vorsichtiger Skepsis[137] bis hin zu entschiedener Ablehnung reicht[138].

---

132 Vgl. BGHSt 39, 236, 237 f.; BGH NStZ 1999, 609, 610; *Seher*, JuS 2009, 304, 309; *Krey/Esser*, AT, Rn. 1241, m.w.N.

133 Ausführlich zum Konzept der Gesamttat *Dencker*, S. 125 ff.

134 *Puppe*, JR 1992, 30, **die diesen Ansatz im Ergebnis allerdings ablehnt** (vgl. oben Fn. 128).

135 *Kuhlen*, BGH-FS, 647, 665.

136 *Kuhlen*, JZ 1994, 1142, 1145; *derselbe* in BGH-FS, 647, 665 ff.; *Ransiek*, ZGR 1999, 613, 633 ff.; *Schmidt-Salzer*, NJW 1996, 1 ff.

137 Nach *Hassemer*, Produktverantwortung, S. 62, wird man „*darauf achten müssen, was dies für die Entwicklung der Teilnahmedogmatik generell bedeutet*".

138 Vgl. *Heine*, S. 161 f., der argumentiert, die organisationsbezogene Betrachtungsweise führe zu einer Inflation der strafrechtlichen Verantwortung („*Täterkloning*") und in deren Gefolge zu mehr oder weniger willkürlichen Auswahlentscheidungen der Strafverfolgungsbehörden. Ebenfalls ablehnend: *Puppe*, JR 1992, 30, vgl. oben Fn. 129; *Rotsch*, wistra 1999, 321, 326.

In der Tat drängt sich bei der Analyse der organisationsbezogenen Betrachtung die Frage auf, ob diese Vorgehensweise nicht gegen das Schuldprinzip[139] verstößt, da nicht die Handlung der Einzelperson untersucht wird, sondern die Pflichten und Verhaltensweisen der Organisation selbst, die ihren Mitgliedern zugerechnet werden sollen.[140] Letztlich scheint also die Mitgliedschaft im Gremium als solche das determinierende Kriterium für die Strafbarkeit zu sein. Es handelt sich hier um eines der grundlegenden dogmatischen Probleme der strafrechtlichen Verantwortlichkeit der Mitglieder eines Kollegialorgans, nämlich um das **Prinzip der individuellen Verantwortlichkeit** der natürlichen Personen, die aufgrund ihrer Handlung Erfolge herbeiführen, mit denen sie ihre Verpflichtungen verletzen.[141]

Indes sei vorweggenommen, dass die organisationsbezogene Betrachtungsweise im Ergebnis keinen Verstoß gegen das Schuldprinzip darstellt. Insoweit ist die zutreffende Argumentation von *Kuhlen*[142] zu dieser Problematik heranzuziehen:

Danach läge ein Verstoß gegen das Schuldprinzip vor, wenn die Beurteilung des „Verhaltens" des **Herstellerunternehmens** ohne weiteres auf die Mitglieder ihrer Organe übertragen würde, d.h. allein wegen ihrer „Organstellung".

Jedoch ist eine derartige Zurechnung nach *Kuhlen's* Auffassung mit der organisationsbezogenen Betrachtung nicht verbunden.[143] Wie der BGH im Lederspray-Urteil (gegen die vorinstanzliche Entscheidung) völlig zu Recht betont hat, setzt die Strafbarkeit des einzelnen Unternehmensmitglieds unabdingbar voraus, dass der Einzelne ihn persönlich treffende Pflichten in individuell vorwerfbarer Weise verletzt und dadurch zur Schädigung anderer beigetragen hat.[144]

Damit ist die Organstellung nicht alleiniger Anknüpfungspunkt der Strafbarkeit eines Gremiumsmitglieds. Die Zurechnung der strafbaren Handlung erfolgt vielmehr aufgrund des konkreten Verhaltens des Gremiumsmitglieds, vorliegend

---

139 S.o. Einführung C. III 1. im Text.

140 Die organisationsbezogene Betrachtungsweise wird nicht lediglich bei der Bestimmung ob Tun oder Unterlassen angewendet, sondern auch zur Identifizierung der den Einzelnen treffenden Handlungspflichten herangezogen. Hierauf wird unten im Ersten Teil, A. III. näher eingegangen werden.
Vgl. auch BGHSt 38, 325, 331 ff. wo der BGH seine neue Prüfmethode auf das Handeln von Kommunen anwendet und die die Gemeinde treffenden Pflichten auf deren Organe, hier den für sie handelnden Bürgermeister, überträgt.

141 *Rodríguez Montañéz*, Roxin-FS, 307, 308.

142 in JZ 1994, 1142, 1145; *derselbe* in BGH-FS, 647, 667.

143 Allerdings ist der Anwendungsbereich des vom BGH entwickelten neuen Zurechnungsansatzes nicht klar umrissen. Dies gesteht auch *Kuhlen*, BGH-FS, 647, 665 ein, bezeichnet den Ansatz des BGH jedoch als *„konkretisierungsfähige Leitlinie"*.

144 BGHSt 37, 106, 123 f.

also des jeweiligen Abstimmungsverhaltens. Diese Vorgehensweise verstößt somit nicht gegen das Schuldprinzip.

Die organisationsbezogene Betrachtungsweise des BGH ist folglich nicht von vornherein abzulehnen. Allerdings bleibt abzuwarten, wie dieser Ansatz von Rechtsprechung und Literatur weiter konkretisiert wird. Diese Konkretisierung „*muss das rechtsstaatliche Postulat individualisierender Zurechnung auch dann strikt befolgen, wenn es dazu führt, dass gravierende Verletzungen strafrechtlich ungeahndet bleiben*“[145]. Die Stellung in der Organisation als solche ist für sich genommen kein ausreichender Anknüpfungspunkt für eine Strafbarkeit, denn sie kann den strafrechtlichen Vorwurf für ein Individualverhalten nicht ersetzen.[146] Für die Bedeutung dieses Verhaltens, insbesondere für seine Qualifizierung als Tun oder Unterlassen, ist freilich die Stellung des Einzelnen in der Organisation durchaus relevant.[147]

6. Einordnung des Abstimmungsverhaltens im Ausgangsfall

Es bleibt festzustellen, ob das Verhalten der für den Beschluss stimmenden Vorstandsmitglieder im oben dargestellten Ausgangsfall (S. 14 f.) als aktives Tun oder als Unterlassen zu qualifizieren ist.

Hierzu ist nach den zuvor erfolgten Ausführungen die **organisationsbezogene Betrachtungsweise des BGH** mit der herrschenden **Schwerpunkttheorie**[148] zu kombinieren. Maßgeblich für die Abgrenzung von Tun und Unterlassen ist demnach der Schwerpunkt des strafrechtlich relevanten „Verhaltens“ der AG. Dieses ist dann in einem zweiten Schritt den zustimmenden Vorstandsmitgliedern zuzurechnen.

Der BGH differenziert im Lederspray-Urteil bei der Abgrenzung von aktivem Tun und Unterlassen folgendermaßen:

Soweit Gesundheitsschäden durch Produkte hervorgerufen wurden, die **vor** der Krisensitzung der Gesellschaft **ausgeliefert** worden waren, den Verbraucher zu dem für den Schadensvorwurf maßgeblichen Zeitpunkt aber noch nicht

145 *Kuhlen*, BGH-FS, 647, 667.

146 Wie *Kuhlen*, BGH-FS, 647, 665, Fn. 116 richtigerweise hervorhebt, kann die organisationsbezogene Betrachtungsweise insoweit durchaus ambivalent sein, denn sie kann sich sowohl belastend der als auch entlastend auswirken: Ersteres ist im Fall der Zurechnung der Pflichten des Herstellerunternehmens aufgrund der Geschäftsführerstellung (vgl. BGHSt 37, 106, 114) gegeben, letzteres, wenn das Verhalten des Unternehmens als bloßes Unterlassen qualifiziert und seinem Organ als solches zugerechnet wird, obwohl dieses Organ „*intensiv tätig geworden sein mag, um die Entscheidung gegen einen Rückruf herbeizuführen*“.

147 So zutreffend BGHSt 37, 106, 114.

148 S.o. Erster Teil, A. I. 3.

erreicht hatten, bejaht der Senat eine Strafbarkeit wegen **Unterlassens**, die bereits in Verkehr gebrachten Sprays zurückzurufen.

Waren Sprays schadensursächlich, die **nach** der Krisensitzung **ausgeliefert** wurden, so wird ein **aktives Tun**, nämlich das Inverkehrbringen dieser Produkte angenommen.[149]

Diese Einordnung des BGH hat in der Literatur weitgehende Zustimmung erfahren.[150]

Fraglich ist, ob der **Zeitpunkt der Sondersitzung** zutreffend als Anknüpfungspunkt für die Qualifizierung des Verhaltens als aktives Tun oder Unterlassen gewählt wurde. Man könnte argumentieren, dass es unerheblich sei, ob das zu beurteilende Verhalten vor oder nach der Sondersitzung erfolgte. Sowohl vor als auch nach dieser Sitzung könnten Produktion und Vertrieb von gesundheitsgefährdenden Produkten als vorwerfbares Verhalten angesehen werden. Der Zeitpunkt der Sondersitzung wäre dann erst erheblich für die Ermittlung des Kenntnisstands der Vorstandsmitglieder von der Produktgefährlichkeit und damit erst bei der Frage, ob vorsätzliches oder fahrlässiges Handeln vorliegt, beachtlich. Produktion und Vertrieb des Sprays wären nach dieser Betrachtungsweise (vor wie nach der besagten Sondersitzung) als Körperverletzung durch aktives Tun[151], die Nichtvornahme der Rückrufs des Sprays als Körperverletzung durch Unterlassen zu qualifizieren.[152]

Dieser Ansatz wird dem tatsächlichen Geschehen indes nicht gerecht. Aufgrund der Konsequenzen der Einordnung des Verhaltens als aktives Tun oder Unterlassen für die weitere Prüfung der Strafbarkeit sollte nicht vorschnell von einem aktiven Tun für das Inverkehrbringen und Weiterproduktion der Produkte vor der Sondersitzung ausgegangen werden. Richtigerweise ist auch der **Kenntnisstand** der einzelnen Vorstandsmitglieder bereits an dieser Stelle zu berücksichtigen, denn auch er ist für die Ermittlung des Schwerpunkts der Vorwerfbarkeit von Bedeutung. Erst während der Sondersitzung wurde deren Teilnehmern

---

149 BGHSt 37, 106, 114, vgl. auch Zusammenfassung bei *Kuhlen*, JZ 1994, 1142, 1144.

150 *Beulke/Bachmann*, JuS 1992, 737, 738; *Hilgendorf*, S. 107; *Kuhlen*, NStZ 1990, 566. Anzumerken ist jedoch, dass trotz zahlreicher Besprechungen des Urteils, nur wenige Autoren sich mit diesem Aspekt überhaupt auseinandergesetzt haben.

151 *Bock*, Produktkriminalität, S. 95, basierend auf der von ihr vertretenen Kombination von Energie- und Kausalitätserwägungen (vgl. S. 91); *Müller-Gugenberger/Bieneck, Schmid*, § 56 Rn. 35. Keiner der vorgenannten Autoren differenziert danach, ob eine Sondersitzung stattfand. Beide qualifizieren die Produktion und den Vertrieb des Produkts generell als aktives Tun und die Nichtvornahme der Rückrufs jener Produkte generell als Unterlassen; vgl. zu Letzterem Erster Teil, A. I. 3.

152 *Müller-Gugenberger/Bieneck, Schmid*, § 56 Rn. 39; Das Nichtanbringen von Warnhinweisen auf dem gesundheitsschädlichen Produkt sei ebenfalls als Unterlassen zu werten. Ebenso im Ergebnis *Bock*, Produktkriminalität, S. 95 f.

die Gefährlichkeit des Erzeugnisses bekannt und damit liegt der **Schwerpunkt des strafrechtlich relevanten Verhaltens** bei normativer Betrachtung erst nach den Beschlüssen in der Sondersitzung auf einem Tun statt auf einem bloßen Unterlassen.

Der vom BGH in seinem Lederspray-Urteil vorgenommenen Qualifizierung der „Unternehmenshandlung" ist somit im Ergebnis zuzustimmen: War das jeweils schadensursächliche Produkt zu dem für den Schuldvorwurf maßgeblichen Zeitpunkt zwar schon in den Handel gelangt, hatte den Verbraucher aber noch nicht erreicht, so liegt der Schwerpunkt der Vorwerfbarkeit auf dem **Unterlassen** des Einleitens geeigneter Maßnahmen zur Verhinderung des Schadenseintritts beim Verbraucher (z.B. durch Rückruf).[153]

Wird eine positive Entscheidung für die Weiterproduktion und den weiteren Vertrieb der Erzeugnisse getroffen, obwohl ihre Gesundheitsschädlichkeit im Zeitpunkt der Entscheidung aufgrund der Vielzahl der eingegangenen Schadensmeldungen seiner Verwender/Verbraucher bekannt war, so liegt der Schwerpunkt der Vorwerfbarkeit auf dem **aktiven Tun**.[154]

Diese für die Herstellerfirma getroffene Beurteilung ist auf die Vorstandsmitglieder zu übertragen. Damit ist allerdings noch nichts über die weiteren Strafbarkeitsvoraussetzungen, insbesondere die individuelle strafrechtliche Verantwortlichkeit eines jeden Vorstandsmitglieds gesagt. Es wurde lediglich die Einordnung der Abstimmung für die weitere Produktion und den weiteren Vertrieb der gesundheitsschädlichen Produkte als **aktives Tun** vorgenommen.

7. Nach Diskussion gefasste Beschlüsse / Relevanz nachdrücklichen Einwirkens auf andere Gremiumsmitglieder?

Fraglich ist darüber hinaus, ob sich die soeben vorgenommene Qualifizierung des Abstimmungsverhaltens möglicherweise ändert, wenn eine weitere Besonderheit des Abstimmungsprozesses mit einbezogen wird: Wie ist das Verhalten des einzelnen Gremiumsmitglieds zu beurteilen, wenn dem Beschluss, auf dem der Erfolgseintritt beruht, Diskussionen der Gremiumsmitglieder über seinen Inhalt vorausgingen? Ist die **nach Diskussion** erfolgte Abstimmung **für** den rechtswidrigen Beschluss nicht immer als aktives Tun der so stimmenden Mitglieder des Gremiums zu werten?

a) Folgt man der organisationsbezogenen Betrachtungsweise des BGH, so ist der Umstand erfolgter Diskussion irrelevant. Die zu beurteilende „Handlung" des Unternehmens

153 BGHSt 37, 106, 114.
154 BGHSt 37, 106, 114.

– hier die weitere Produktion und der weitere Vertrieb des gefährlichen Produkts –

ist die gleiche, **unabhängig davon, ob der ihr zugrunde liegende Beschluss vorab diskutiert wurde oder nicht**. Wird das „Verhalten" des Unternehmens als aktives Tun gewertet, so ist es dem einzelnen für den Beschluss stimmenden Vorstandsmitglied als solches zuzurechnen. Damit wird auch die im Rahmen der Sondersitzung nach Diskussion des Beschlussinhalts erfolgte Abstimmung des jeweiligen Gremiumsmitglieds **für** die weitere Produktion und Auslieferung eines gesundheitsgefährdenden Produkts (s.o. Ausgangsfall S. 14 f.) als **aktives Tun** qualifiziert.

b) Soll die Einordnung des Verhaltens der Gremiumsmitglieder ohne Rückgriff auf den organisationsbezogenen Ansatz des BGH vorgenommen werden, so gilt Folgendes:

Unter Anwendung der Schwerpunkttheorie auf die **für die Weiterproduktion und den weiteren Vertrieb** der gesundheitsschädlichen Produkte stimmenden Gremiumsmitglieder wird man zu dem Ergebnis gelangen, dass von aktivem Tun jener Personen auszugehen ist. Insoweit kommen Schwerpunkttheorie und organisationsbezogene Betrachtungsweise zum gleichen Resultat. Der Schwerpunkt der Vorwerfbarkeit liegt hier, **unabhängig** von eventuell der Abstimmung vorangegangenen Diskussionen, auf einem aktiven Tun: Fortsetzung von Produktion und Vertrieb aufgrund der Beschlussfassung des Gremiums.

Das gilt insbesondere für ein Gremiumsmitglied, welches intensiv tätig geworden ist, um bis dahin unentschlossene Mitglieder im Laufe der Diskussion davon zu überzeugen, für die Weiterproduktion und die Fortsetzung des Vertriebs der Erzeugnisse zu stimmen.

c) Für das Votum **gegen einen Produktrückruf** gelangen beide, Schwerpunkttheorie und unternehmensbezogene Betrachtungsweise, zur Einordnung dieses Stimmverhaltens als Unterlassen. Der Schwerpunkt der Vorwerfbarkeit liegt hier in der Nichtvornahme der gebotenen Maßnahme durch das jeweilige Gremiumsmitglied. Die vorangegangene **Diskussion** des Beschlussinhalts ändert den Schwerpunkt der Vorwerfbarkeit insoweit nicht.

d) Etwas anderes könnte allerdings im Fall eines Vorstandsbeschlusses, der einen rechtlich gebotenen Rückruf ablehnt, dann gelten, wenn ein Gremiumsmitglied vor der Abstimmung im Laufe der Diskussionen **intensiv tätig geworden** ist, um die übrigen Mitglieder davon zu überzeugen, gegen einen Produktrückruf zu votieren.

Verfährt man für dieses Gremiumsmitglied nach der *organisationsbezogenen Betrachtungsweise* des BGH, so ist auch jene **intensive** Beeinflussung irrelevant:

Nach den obigen Ausführungen[155] würde in einem solchen Fall das Verhalten des Unternehmens als bloßes Unterlassen qualifiziert. Wird diese Qualifikation nun auf das die anderen beeinflussende Gremiumsmitglied übertragen, so wirkt sich der unternehmensbezogene Ansatz des BGH für jenes Gremiumsmitglied positiv aus; auch sein Verhalten würde lediglich als Unterlassen qualifiziert.[156]

Nach der *Schwerpunkttheorie* könnte man möglicherweise unter Berufung auf seine **intensive Beeinflussung der anderen Vorstandsmitglieder** bei dem betreffenden Vorstand aktives Tun bejahen, und zwar mit der Begründung: Die eigentliche Vorwerfbarkeit des Verhaltens liege hier im Einwirken auf die anderen und nicht in der eigenen Stimmabgabe gegen den Rückruf. Hiergegen bestehen jedoch Bedenken.

Maßgeblich ist bei sozialer und gesellschaftsrechtlicher Betrachtung der Beschluss und damit das **Abstimmungsverhalten** des jeweiligen Vorstandsmitglieds. Dass die Abstimmung nach Diskussion erfolgte, ist für die Abgrenzung Tun/Unterlassen irrelevant. Dieses Ergebnis leuchtet auch ein, zumal ein Meinungsaustausch vor Gremienbeschlüssen durchaus typisch ist und die **Intensität** der Beeinflussung anderer Gremienmitglieder grundsätzlich irrelevant sein muss – wo wollte man hier eine Grenze ziehen, solange es an Nötigung oder Täuschung fehlt.

8. Ergebnis zur Abgrenzung von Tun und Unterlassen

Unter Anwendung des unternehmensbezogenen Ansatzes des BGH sind im Ausgangsfall (s.o. S. 14 f.) die weitere Produktion und der weitere Vertrieb des Sprays nach der Sondersitzung des Vorstands als Körperverletzung durch **aktives Tun** des Unternehmens einzuordnen. Dieses Tun wird dem jeweiligen für den rechtswidrigen Beschluss stimmenden Vorstandsmitglied zugerechnet. Auch nach der Schwerpunkttheorie liegt aktives Tun des für den rechtswidrigen Beschluss stimmenden Vorstandsmitglieds vor. Das Diskutieren des zu fassenden Beschlusses oder ein Ausbleiben solcher Diskussionen vor der Abstimmung ist für die Qualifizierung des Verhaltens als Tun oder Unterlassen grundsätzlich nicht von Bedeutung.

155 S.o. Erster Teil A. I. 6. im Text.

156 *Kuhlen*, BGH-FS, 647, 665, spricht hier von der Ambivalenz der organisationsbezogenen Betrachtungsweise für den Einzelnen.

II. Die so genannte Allzuständigkeit der Geschäftsleitung

§ 76 I AktG bestimmt:

„Der Vorstand hat unter eigener Verantwortung die Gesellschaft zu leiten."

Wie die Vorstandmitglieder die Geschäfte zu leiten haben, konkretisiert § 93 I 1 AktG, nämlich mit der *„Sorgfalt eines ordentlichen und gewissenhaften Geschäftsleiters"*. Zwar ist gesetzlich der Grundsatz der Gesamtgeschäftsführung vorgesehen (vgl. § 77 I 1 Akt G), doch wird von diesem Grundsatz in der Praxis häufig in Übereinstimmung mit § 77 I 2 AktG Abweichendes in der Satzung oder in der Geschäftsordnung des Vorstandes bestimmt:

So findet in mehrköpfigen Geschäftsleitungen oftmals eine Arbeitsteilung im Sinne einer funktionellen Gliederung, einer Spartenorganisation (auch „Divisionalisierung")[157] oder Marken- und Bereichsaufteilung[158] statt: Sind innerhalb des Vorstands die Geschäfte durch Satzung oder Geschäftsordnung sachgerecht verteilt worden, so führt jedes Mitglied des Vorstandes den ihm zugewiesenen Geschäftsbereich grundsätzlich selbständig, jedoch mit Wirkung für den Gesamtvorstand.[159] Allerdings müssen die grundlegenden unternehmerischen Entscheidungen zwingend vom Gesamtvorstand beschlossen werden. Es besteht die gesellschaftsrechtliche Pflicht jedes Vorstandsmitglieds, wesentliche Fragen eines Geschäftsbereichs, insbesondere solche, die das Gesamtunternehmen berühren, stets dem gesamten Vorstand zur Entscheidung vorzulegen. Auch bei Einzelgeschäftsführung liegt die Leitung der Gesellschaft beim Gesamtvorstand.[160]

Daraus ergibt sich die Frage, wie sich diese Arbeitsteilung innerhalb der Geschäftsleitung (hier: des Vorstandes) auf die persönliche strafrechtliche Verantwortlichkeit seiner Mitglieder auswirkt:

Grundsätzlich gilt im **Gesellschaftsrecht**, dass bei der Wahrnehmung bestimmter Aufgaben innerhalb der juristischen Person durch mehrere Organ-

157 Vgl. Müko AktG, *Spindler*, § 77 Rn. 65 ff.; *K. Schmidt*, GesR, § 28 II, S. 813: Während bei der funktionellen Gliederung für das ganze Unternehmen sachliche Zuständigkeitsbereiche auf der Vorstandsebene gebildet werden, besteht die Divisionalisierung darin, dass einzelne Unternehmensbereiche mehr oder weniger selbständig wirtschaften und je durch ein Vorstandsmitglied repräsentiert werden.

158 Bisweilen besteht die Arbeitsteilung darin, dass einzelne Vorstandsmitglieder vollständig für bestimmte Marken des Unternehmens oder bestimmte Bereiche einschließlich aller damit zusammenhängenden Funktionen zuständig sind, während andere Vorstandsmitglieder spezifische Funktionen, wie etwa die interne Revision wahrnehmen. Vgl. Müko AktG, *Spindler*, § 77 Rn. 68.

159 *Grunewald*, GesR, 2. C. Rn. 46; Müko AktG, *Spindler*, § 77 Rn. 58.

160 *Henn, Frodermann/Schäfer*, Kapitel 7, Rn. 157; *Hüffer*, AktG § 77 Rn. 15, 18; Kölner Kommentar, *Mertens*, § 77 Rn. 16, 18 f.; Müko AktG, *Spindler*, § 77 Rn. 33, 59.

walter jeder nur für seine eigene Pflichtverletzung, nicht jedoch für solche eines anderen Organwalters haftet.[161] Wenn einzelne Mitglieder des Organs intern für einen Geschäftsbereich zuständig sind und für diesen besonderen Sachverstand besitzen, obliegt den anderen Mitgliedern auf dem ihnen fremden Gebiet grundsätzlich nur eine *Plausibilitätskontrolle*: Es genügt, auf konkrete Anhaltspunkte für eine Schlechterfüllung des anderen Organwalters zu reagieren.[162] Im Falle einer Ressortzuständigkeit der Mitglieder der Geschäftsleitung haften die selbst nicht handelnden beziehungsweise nicht zuständigen Organmitglieder nur unter der Voraussetzung, dass ihrerseits eine Pflichtverletzung vorliegt, insbesondere in Form einer pflichtwidrigen Übertragung von Zuständigkeiten (*Verletzung der Organisationspflicht*) oder einer unterlassenen wechselseitigen Aufsicht, die sich in Krisensituationen oder bei Verdachtsmomenten bis zur eingehenden Überwachung in der dezentralisierten Geschäftsleitung steigern kann (*Verletzung der allgemeinen Aufsichtspflicht*).[163]

Fraglich ist nun, ob sich die vorstehenden gesellschaftsrechtlichen Grundsätze ohne weiteres auch auf die **strafrechtliche Verantwortung** des Vorstandsmitgliedes übertragen lassen. Diese Frage hat der BGH in seinem Lederspray-Urteil offen gelassen, wobei das Gericht feststellt, dass die Übertragung der zivilrechtlichen Grundsätze auf die strafrechtliche Pflichtenstellung zweifelhaft sei.[164] Allerdings bestehe die Pflicht eines jeden Organs „einzuschreiten“, wenn es erkenne, dass sich das an sich zuständige Organ rechtswidrig verhalte.[165] Insoweit gibt es im Kern eine Parallele zur gesellschaftsrechtlichen allgemeinen Aufsichtspflicht.

Zwar betont der BGH, dass die Pflichtenstellung des Geschäftsführers, auf den Ausgangsfall (s.o. S. 14 f.) übertragen also des Vorstandmitgliedes, im allgemeinen an den von ihm betreuten Geschäfts- und Verantwortungsbereich anknüpfe. Doch greife der Grundsatz der Generalverantwortung und Allzuständigkeit der Geschäftsleitung ein, wenn

– wie etwa in Krisen- und Ausnahmesituationen –

aus besonderem Anlass das Unternehmen als Ganzes betroffen sei; dann sei die Geschäftsleitung insgesamt zum Handeln berufen.[166] Jener Grundsatz führt in der Regel zu Gremienentscheidungen, zum Beispiel zu Vorstandsbeschlüssen.

---

161 *Körber/Effer*, JuS 2006, 1003, 1007.

162 *Körber/Effer*, JuS 2006, 1003, 1007.

163 *Hüffer*, AktG § 77 Rn. 15; Kölner Kommentar, *Mertens*, § 77 Rn.20; MüKo AktG, *Spindler*, § 77 Rn. 59; *Foerste* in *Graf v. Westphalen*, § 25 Rn. 227.

164 BGHSt 37, 106, 123.

165 BGHSt 9, 203, 216; 37, 106, 131 f.; zustimmend etwa *Tiedemann*, Wirtschaftsstrafrecht, Rn. 186.

166 BGHSt 37, 106, 123 f. unter Verweis auf *Schmidt-Salzer*, Rn. 1.117 ff. u.a. vgl. auch *Goll/Winkelbauer* in *Graf v. Westphalen*, § 48, Rn. 23 f. Dies deckt sich mit der gesellschaftsrechtlichen Verpflichtung der Vorstandsmitglieder. Vgl. *Henn, Frodermann/Schäfer*, Kapitel 7, Rn. 157;

Krisen- oder Sondersituationen bestehen insbesondere bei konkreten Anhaltspunkten für die Fehlerhaftigkeit eines in Verkehr gebrachten Produktes, die zu der Entscheidung zwingen, ob ein Vertriebsstopp, eine Warn- oder eine Rückrufaktion, oder eine Kombination jener Maßnahmen erfolgen muss.[167]

Diese Annahme einer Allzuständigkeit der Geschäftsleitung bei Vorliegen des Verdachts, dass Schadensfälle durch ein vom Unternehmen hergestelltes und vertriebenes Produkt hervorgerufen wurden, erscheint auch sachgerecht; denn in einem solchen Fall wird nicht nur ein spezifisches Ressort involviert, sondern es sind alle, oder zumindest mehrere Ressorts zugleich betroffen. So ist etwa der Geschäftsbereich *Chemie* beziehungsweise *Technische Entwicklung*

– je nach Produkt –

tangiert; hier ist zu klären, ob die chemische Zusammensetzung beziehungsweise die Konstruktion des Produktes verändert werden muss. Im Bereich *Einkauf* ist gegebenenfalls zu entscheiden ob bestimmte zur Herstellung verwendete Stoffe auch weiterhin eingekauft werden sollen. Der Geschäftsbereich *Verwaltung* muss sich damit auseinandersetzen, wie mit eventuellen zukünftigen Verbraucherbeschwerden umzugehen ist, und der Geschäftsbereich *Absatzwesen* hat zu beurteilen, ob der Vertrieb des Produkts auch in Zukunft wie bisher erfolgen soll.[168]

Die Verbraucherbeschwerden über Schadensfälle tangieren damit in aller Regel nicht nur einen einzigen Geschäftsbereich, sondern haben auch Auswirkung auf andere Geschäftsbereiche. Eine ressortinterne, mit den anderen Geschäftsbereichen nicht abgestimmte Lösung kommt daher im Allgemeinen nicht in Betracht.[169] Insoweit ist es nur konsequent, eine Allzuständigkeit der Geschäftsleitung, hier des Vorstandes, anzunehmen.

Hüffer, AktG § 77 Rn. 15, 18; Kölner Kommentar, *Mertens*, § 77 Rn. 16, 18 f.; Müko AktG, *Spindler*, § 77 Rn. 33, 59; *Wabnitz/Janowsky, Dannecker*, Kapitel 1 C, Rn. 29.

167 BGHSt 37, 106, 124; *Goll/Winkelbauer* in *Graf v. Westphalen*, § 48, Rn. 24; *Schmidt-Salzer* Rn. 1.177.

168 Die Bezeichnung der Ressorts wurde in Anlehnung an das Lederspray-Urteil gewählt. Natürlich können die Ressorts in jedem Unternehmen unterschiedlich bezeichnet werden oder zusammengelegt bzw. gesplittet sein, doch im Wesentlichen gibt es in jedem Unternehmen, welches Produkte herstellt und vertreibt Geschäftsbereiche, die der hier beispielhaft aufgeführten Aufteilung entsprechen.

169 BGHSt 37, 106, 124.

III. Die persönliche Verantwortlichkeit in der arbeitsteiligen Geschäftsleitung

Mit der Zuständigkeit eines Vorstandsmitglieds oder mehrerer Vorstandsmitglieder für den eigenen Geschäftsbereich ist also nicht automatisch eine Reduzierung der strafrechtlichen Verantwortung des Einzelnen verbunden.[170] Unabhängig von der Einordnung des Individualverhaltens als Tun oder Unterlassen kann die strafrechtliche Verantwortlichkeit also nicht schlechthin auf den eigenen Ressortbereich beschränkt werden:[171]

Während sich zivilrechtliche Schadensersatzpflichten gegenüber geschädigten Verbrauchern in aller Regel gegen das Unternehmen als Vermögensträger richten, ist die Haftung des Unternehmens aus strafrechtlicher Sicht ohne Belang. Da das Unternehmen nicht bestraft werden kann[172], führt erst die Individualisierung der unternehmensbezogenen Pflichten zum richtigen Anknüpfungspunkt für die strafrechtliche Haftung.

1. Ermittlung der Pflichten des Vorstands mithilfe der organisationsbezogenen Betrachtungsweise des BGH

Die **organisationsbezogene Betrachtungsweise** findet sich, wie bereits erwähnt, im Lederspray-Urteil erstmals klar ausgeprägt.[173] Ihre Anwendung limitiert der BGH dabei nicht lediglich auf die Einordnung der Verhaltens als Tun oder Unterlassen, sondern sie erstreckt sich nach Auffassung des Gerichts darüber hinaus auch auf die Feststellung der Individualpflichten des einzelnen Gremiumsmitglieds. Wiederum geschieht dies durch eine zweistufige Prüfung: Zunächst wird die Pflicht des Unternehmens untersucht. In einem zweiten Schritt wird diese Pflicht dann auf die Geschäftsleitungsmitglieder übertragen. Das einzelne Gremiumsmitglied trifft schließlich diejenige Pflicht, die bei der Zuständigkeit nur einer Person diese alleine getroffen hätte.[174]

Der BGH setzt in den Leitsätzen der Lederspray-Entscheidung wie selbstverständlich die Pflichten des Herstellers (*in casu* eine GmbH) von Produkten mit denen der Geschäftsleitung gleich: Aus der Garantenstellung des Herstellers folge die Pflicht zum Rückruf der Produkte, und deshalb sei jeder Geschäftsfüh-

170 Vgl. *Knauer*, NStZ 2002, 399, 403 zur missbräuchlichen Kreditgewährung durch Bankvorstände.

171 *Knauer*, NStZ 2002, 399, 404.

172 S.o. Abschnitt C. III. im Text.

173 Vgl. hierzu auch oben, Erster Teil A. I. 5.

174 *Knauer*, NStZ 2002, 399, 404.

rer verpflichtet, das Notwendige zu tun.[175] Gleiches wird für den Vorstand einer AG bejaht, deren Produktion Gefahren für die Umwelt birgt.[176]

Diese für das Unterlassungsdelikt getroffene Feststellung gilt naturgemäß auch für das vorliegend untersuchte Begehungsdelikt.

Die organisationsbezogene Betrachtungsweise führt im Ergebnis zu einer Gleichsetzung der Pflichten des Unternehmens mit denen seiner Organe. Wiederum stellt sich die Frage, ob diese Vorgehensweise mit dem im Strafrecht vorherrschenden Prinzip individueller Verantwortlichkeit vereinbar ist.

Ein der unternehmensbezogenen Betrachtung entsprechender Ansatz findet sich auch in § 14 StGB:

Die eine juristische Person treffenden Pflichten gehen danach ohne weiteres auf die von § 14 StGB erfassten Vertreter über, also insbesondere auf die Geschäftsführung einer GmbH und den Vorstand einer AG. Hieraus kann eine Gleichsetzung der strafrechtlichen Pflichten der vertretungsberechtigten Organe mit denen des Unternehmens gefolgert werden.[177]

Die Anwendung des organisationsbezogenen Ansatzes des BGH ist sachgerecht: Da das Unternehmen als Organisation die Überwachung aller in den Zuständigkeitsbereich der Organisation fallenden Gefahren selbst nicht ausüben kann, entsteht eine persönliche Pflichtenstellung der vom Unternehmen zur Überwachung eingesetzten Personen[178], bei der Aktiengesellschaft also grundsätzlich des Vorstandes[179]. Auch wenn der BGH der unternehmensbezogenen Betrachtungsweise zugegebenermaßen keine ausreichende dogmatische Fundierung gegeben hat,[180] wird sie doch *„der sozialen Realität, des näheren der für sie kennzeichnenden erheblichen Bedeutung des Handelns kollektiver Akteure, am ehesten gerecht“*[181].

Wie bereits festgestellt,[182] genügt die „Stellung“ des Einzelnen in der Organisation[183] als alleiniger Anknüpfungspunkt auch hier nicht für die Strafbarkeit. Sie ist lediglich eine *„notwendige Voraussetzung für die individuelle Zurech-*

175 BGHSt 37, 106, 107; vgl. auch BGHSt 38, 325, 331 ff. für die Übertragung der eine die Gemeinde betreffende Pflicht auf den für sie handelnden Bürgermeister.

176 *Ransiek*, ZGR 1999, 613, 617; *Rudolphi*, Lackner-FS, 863, 873 f.

177 Siehe für das Umweltstrafrecht insoweit OLG Frankfurt, NJW 1987, 2753, 2754; LG Koblenz, NStZ 1987, 281 f.

178 *Ransiek*, Unternehmensstrafrecht, S. 38.

179 Auf die Überwachungsaufgabe des Aufsichtsrates gegenüber dem Vorstand soll im Rahmen dieser Arbeit später noch eingegangen werden.

180 So insbesondere *Dencker*, S. 13 ff.

181 *Kuhlen*, BGH-FS 647, 665.

182 S.o. Erster Teil, A. I. 5. im Text.

183 Aus welcher der BGH in BGHSt 37, 106, 114 die strafrechtliche Verantwortlichkeit der Geschäftsführer herleitet.

nung von Fehlentscheidungen der Organisation an die Inhaber eines bestimmten Status und kann die für ein Tatstrafrecht konstitutive Anknüpfung des strafrechtlichen Vorwurfs an ein bestimmtes ***Verhalten*** *des Einzelnen nicht ersetzen*“[184]. Auch ändert das Zurechnungsmodell des BGH nichts daran, dass der Verstoß des Einzelnen gegen ihn **persönlich** treffende Pflichten notwendige Bedingung seiner Strafbarkeit ist.[185]

Es bleibt also festzuhalten, dass jedes Vorstandsmitglied weiterhin persönlich für sein jeweiliges Abstimmungsverhalten verantwortlich sein muss.

2. Bestimmung der konkreten Herstellerpflichten

Unabhängig davon ob man sich der organisationsbezogenen Betrachtungsweise zur Feststellung der Pflichten des Einzelnen im Unternehmen bedient, ergibt sich im Zusammenhang mit der strafrechtlichen Produkthaftung noch eine weitere Schwierigkeit:

Diese liegt in der **Bestimmung der besagten Herstellerpflichten**. Ausgangspunkt für die Konkretisierung jener Pflichten ist die Produktbedenklichkeit. Von ihr hängt es ab, ob das Inverkehrbringen oder das Unterlassen eines Rückrufs des Produktes mit einer rechtlich missbilligten Gefahr verbunden und damit (*prima facie*)[186] pflichtwidrig ist.[187] Zur Bestimmung der Herstellerpflichten können die Grundsätze, die das LG Aachen in seinem Contergan-Beschluss zu den Pflichten von Arzneimittelherstellern aufgestellt hat, herangezogen werden:[188] Danach müssen Maßnahmen wie Produktionsstop oder Rückruf dann ergriffen werden, wenn ein „*ernstzunehmender Verdacht*“[189], im Sinne eines „*durch mehrere ernstzunehmende Meldungen verstärkten Verdachts*“[190] vorliegt. Ein „*generell gültiger Maßstab*“ für diesen Verdachtsgrad lässt sich nicht angeben, „*weil von Fall zu Fall unterschiedliche Faktoren berücksichtigt werden müssen*“, etwa „*die*

---

184 *Kuhlen*, BGH-FS, 647, 667. An dieser Stelle sei angemerkt, dass mit Inkrafttreten des Gesetzes über die Verfolgung der Vorbereitung von schweren staatsgefährdenden Gewalttaten (GVVG) am 04.08.2009 eine Abkehr vom Tatstrafrecht, das Grundlage des deutschen Strafrechts ist, einherging, hin zu einem Täterstrafrecht, das etwaige böse Absichten des Täters unter Strafe stellt.

185 BGHSt 37, 106, 125; zur näheren Konkretisierung dieser Pflichten vgl. *Kuhlen*, BGH-FS, 647, 667.

186 D.h. unbeschadet des Eingreifens von Tatbestandsausschließungs- oder Rechtfertigungsgründen.

187 *Kuhlen*, BGH-FS 647, 656.

188 LG Aachen, JZ 1971, 507, 515 f.

189 LG Aachen, JZ 1971, 507, 515.

190 LG Aachen, JZ 1971, 507, 516.

Schwere des behaupteten Gesundheitsschadens" und „*die Häufigkeit der Schäden*" einerseits, „*der therapeutische Wert des Präparats*" andererseits.[191]

Trotz der Zustimmungswürdigkeit dieser Leitlinien ist dem Hersteller, der durchaus gewillt ist, den an ihn gerichteten rechtlichen Anforderungen zu genügen, nur wenig gedient, wenn er vom LG Aachen darauf verwiesen wird, „*dass er jeweils von Fall zu Fall unter Beachtung der genannten Kriterien und unter besonderer Berücksichtigung der schutzwürdigen Interessen des Verbrauchers eingehend prüfen muss, wann ihn ein gegen sein Präparat erhobener Verdacht zwingt, Schutzmaßnahmen zu ergreifen*"[192].

Aus dem Bestimmtheitsgebot des Art. 103 II GG folgt, dass strafbewehrte Verhaltenspflichten klar erkennbar sein müssen. Wie soeben gezeigt, bedarf es im Bereich strafrechtlicher Produkthaftung einer Einzelfallbetrachtung zur Bestimmung der jeweiligen Verhaltenspflichten. Daher erscheint es sachgerecht, solche Pflichten in verfassungskonformer Weise **restriktiv**, insbesondere unter strikter Wahrung einer *ex-ante*-Perspektive unter Berücksichtigung der oft unübersichtlichen und schwierigen Entscheidungssituationen und unter Ausblendung der später wirklich eingetretenen Verletzungen zu bestimmen.[193]

Wie dies konkret erfolgen kann, ist noch nicht abschließend geklärt. Ein möglicher Lösungsansatz besteht darin, die Anforderungen an das Herstellerverhalten, und damit letztlich an die mit der Geschäftsführung des Herstellerunternehmens betrauten natürlichen Personen, durch Fallgruppenbildung weiter zu konkretisieren. Hier sind Strafgerichte und Strafrechtsdogmatik gefordert, sich dieser Aufgabe weiterhin anzunehmen.[194]

An dieser Stelle soll der vorstehende kurze Problemaufriss zur Bestimmung der Pflichten des Organs genügen. Es bleibt abzuwarten, wie Rechtsprechung und Lehre die Verhaltenspflichten im Rahmen strafrechtlicher Produkthaftung in Zukunft konkretisieren werden.

---

191 LG Aachen, JZ 1971, 507, 516.

192 LG Aachen, JZ 1971, 507, 516.

193 *Kuhlen*, BGH-FS 647, 659.

194 Es gibt bereits eine Vielzahl von dogmatischen Ansätzen zur (einschränkenden) Determinierung von Herstellerpflichten. Diese „*reichen von der Abwägung der betroffenen Interessen über den Vergleich des wirklichen Verhaltens mit dem normativ festgelegter Maßfiguren (wie der des gewissenhaften Herstellers bestimmter Produkte) und dem Vertrauensgrundsatz, bis hin zur Orientierung an der Judikatur zur zivilrechtlichen Produkthaftung sowie an Konkretisierungsvorgaben, die von staatlichen Behörden allein oder in Kooperation mit Privaten erarbeitet wurden*". Vgl. *Kuhlen*, BGH-FS, 647, 659 f. m.w.N. zu den jeweiligen Ansätzen.

IV. Die persönliche Verantwortlichkeit innerhalb der Unternehmenshierarchie

Im Zusammenhang mit der persönlichen Verantwortung in arbeitsteiligen Unternehmen stellt sich weiter die folgende Frage:

Welche Pflichten obliegen dem **nicht** geschäftsführungsbefugten Mitarbeiter, deren Verletzung ihm strafrechtlich vorgeworfen werden kann?

Insoweit geht es um die Problematik der Abgrenzung der Verantwortungsbereiche innerhalb der Unternehmenshierarchie bei der strafrechtlichen Bewältigung von Produkthaftungsfällen.[195]

Kennzeichnend für industrielle Unternehmen ist, dass in ihnen zur Erreichung eines bestimmten Zwecks eine Vielzahl von Personen unter einer gemeinsamen Leitung arbeitsteilig zusammenarbeitet.[196] Die Funktionsfähigkeit des Unternehmens hängt davon ab, dass jeder Mitarbeiter die ihm im Rahmen der Unternehmensorganisation übertragenen Aufgaben ordnungsgemäß erfüllt. Nur durch dieses Zusammenwirken aller ist ein reibungsloser Betriebsablauf gesichert. Doch welche strafrechtlich relevanten Pflichten ergeben sich aus jener Arbeitsteilung für den einzelnen Mitarbeiter im Unternehmen?

Dieses Problem soll im Rahmen der vorliegenden Untersuchung nur kurz skizziert werden: Grundsätzlich gilt, dass sich jeder Mitarbeiter „*vom Topmanagement bis zum Ausführenden auf der unteren Ebene der* ***Betriebshierarchie*** *in seinem Zuständigkeitsbereich im Hinblick auf die durch das Strafrecht geschützten Rechtsgüter sorgfältig verhalten muss*“[197]. Von besonderer Bedeutung ist dabei, dass der einzelne Mitarbeiter seine Zuständigkeit durch Weisung oder faktische Übernahme im Unternehmen erwirbt, da sich die Pflichten des Einzelnen nach der jeweiligen Zuständigkeit richten.[198] Verantwortlich ist ein Angestellter beziehungsweise Arbeiter daher primär allein dafür, die ihm zugewiesene Aufgabe sorgfältig zu erfüllen.[199] Es besteht somit keine generelle Pflicht des Einzelnen, auch alle anderen Mitarbeiter im Unternehmen zu überwachen und zu kontrollieren. Eine solche Überwachungs- und Kontrollpflicht obliegt grundsätzlich allein der Unternehmensleitung.[200]

---

195 *Schmidt-Salzer*, NJW 1990, 2966, 2967.

196 *Rudolphi*, Lackner-FS, 863, 868.

197 *Meier*, NJW 1992, 3193, 3195; *Ransiek*, Unternehmensstrafrecht, S. 39.

198 So haben Mitarbeiter im kaufmännischen Bereich andere Pflichten als solche im technischen Bereich, und leitende Mitarbeiter haben wiederum andere Pflichten als Mitarbeiter, die auf der unteren Ebene der Unternehmenshierarchie tätig sind.

199 *Rudolphi*, Lackner-FS, 863, 868.

200 *Ransiek*, ZGR 1999, 613, 622; *Rudolphi*, Lackner-FS, 863, 868. *Rudplphi* (S. 869) verneint die Verantwortlichkeit des in der Hierarchie untergeordneten Mitarbeiters nach § 324 StGB selbst dann, wenn jener erkennen konnte oder sogar erkannt hat, dass die bei der Produktion

Insoweit wird meist nur die Vorstände beziehungsweise Geschäftsführer (und gegebenenfalls andere Mitarbeiter in leitenden Positionen) eine strafrechtliche Verantwortlichkeit treffen, da in der Regel nur sie tatsächlich in der Lage sein werden, den Erfolgseintritt vorherzusehen und zu verhindern. Schadensmeldungen hinsichtlich der vom Unternehmen hergestellten und vertriebenen Produkte werden in aller Regel nicht zur Kenntnis von Mitarbeitern der unteren Ebene gebracht, sodass sie überhaupt keinen Anlass zum Tätigwerden im Hinblick auf eine Schadensverhinderung haben. Darüber hinaus verfügen nicht alle Mitarbeiter über die gleichen (faktischen) Einwirkungsmöglichkeiten: Mitarbeiter in untergeordneter Position werden in aller Regel nicht an der Entscheidung beteiligt sein, ob ein gefährliches Produkt weiter produziert wird oder nicht.[201] Zudem ist der in der Produktion tätige Mitarbeiter für eine solche Entscheidung nicht zuständig, sondern die unternehmensintern zur **Entscheidung** berufenen Personen.[202]

So steigen die Möglichkeiten zur Beseitigung von Gefahren in der Regel proportional zu Stellung des Einzelnen in der Unternehmenshierarchie: Dem Vorstandsmitglied steht ein größeres Repertoire an Handlungsalternativen zu Verfügung als beispielsweise leitenden Angestellten oder gar in der Produktion tätigen Mitarbeitern. Von untergeordneten Unternehmensangehörigen kann nichts Unmögliches verlangt werden, d.h. die Beseitigung der Gefahr schlechthin, sondern lediglich, dass sie im Rahmen der vorgegebenen Organisationsstruktur (d.h. im ihnen zugewiesenen Aufgabenbereich) alles ihnen Mögliche und Zumutbare unternehmen, um die Gefahr zu beseitigen.[203]

Auch die Anwendung der organisationsbezogene Betrachtungsweise des BGH führt dazu, dass die Pflichten des Unternehmens in erster Linie die Entscheidungsträger treffen, die das Handeln der Organisation maßgeblich leiten. Somit ist die Frage der Strafbarkeit derjenigen, deren „*ausführende Tätigkeiten bei kausaler Betrachtung in einer weniger vermittelten Beziehung zu eingetretenen Verletzungen stehen*“[204] allenfalls nachrangig. Zugegebenermaßen stellt diese (reali-

---

anfallenden Abwässer unerlaubt in ein Gewässer eingeleitet werden. Anders *Ransiek* (ZGR 1999, 613, 622 f.), der die Verantwortlichkeit des Arbeitnehmers bejaht, sollte für diesen sicher erkennbar sein, dass die an ihn gerichtete Weisung rechtswidrig ist.

201 *Ransiek*, ZGR 1999, 613, 620.

202 *Ransiek*, ZGR 1999, 613, 622.

203 *Meier*, NJW 1992, 3193, 3195. Allerdings kommt die Strafbarkeit eines Mitarbeiters der unteren Hierarchieebene beispielsweise dann in Betracht, wenn er die Produktion eines Produktes sabotiert, dadurch das Produkt gesundheitsschädlich wird und ein Verbraucher durch die Benutzung des Produktes zu Schaden kommt. Dann hat der Mitarbeiter nicht mehr im Einklang mit den ihm übertragenen Aufgaben und Pflichten gehandelt, sondern sich über diese hinweggesetzt.

204 *Kuhlen*, BGH-FS, 647, 664.

tätsnahe und sachgerechte) „*top-down-Betrachtung*“ eine wesentliche Änderung gegenüber der traditionellen Strafrechtskonzeption dar, die sich primär am – naturalistisch verstandenen – Tatnächsten orientiert.[205]

Gegenstand der vorliegenden Arbeit soll allein die Strafbarkeit der Vorstandsmitglieder sein. Aus diesem Grunde kann es an dieser Stelle mit den obigen Hinweisen zur Problematik der Strafbarkeit in der Hierarchie untergeordneter Unternehmensangehöriger sein Bewenden haben.

V. Die Kausalität des Abstimmungsverhaltens für den Verletzungserfolg

Zu den zahlreichen komplexen Rechtsproblemen im Rahmen strafrechtlicher Produkthaftung gehören auch die Kausalitäts- und Zurechnungsfragen bei **Mehrheitsentscheidungen** von Gremien, genauer gesagt, die Kausalität des Abstimmungsverhaltens des Einzelnen für den Erfolg bei so genannten **überbedingten Erfolgen**[206]. Darunter versteht man Fälle, in denen mehr als die zur Erfolgsherbeiführung erforderlichen Bedingungen eingetreten sind. Auf den Ausgangsfall (S. 14 f.) bezogen bedeutet dies, dass mehr Stimmen als zur Beschlussfassung durch die fragliche Mehrheitsentscheidung notwendig abgegeben wurden:[207]

Ein Abstimmungsverhältnis mit vier zu drei Stimmen für den Beschluss zur Weiterproduktion und weiteren Auslieferung der Produkte hätte im Ausgangsfall bereits genügt, um den Erfolg herbeizuführen. Jedoch wurde mit fünf Stimmen für den Beschluss bei einer Enthaltung und einer Gegenstimme abgestimmt. Die fünfte Ja-Stimme war für das Zustandekommen des rechtswidrigen Beschlusses insoweit „überflüssig“.

Das wirft die Frage auf, ob auch diese nicht erforderliche Stimme kausal für den eingetretenen Verletzungserfolg ist und wie eine solche Kausalität dogmatisch begründet werden kann. Auf diese Frage soll im Folgenden detailliert eingegangen werden.

---

205 *Dencker*, S. 13 ff.; *Hassemer*, Produktverantwortung, S. 62 ff.; *Kuhlen*, JZ 1994, 1142, 1144 f.; *derselbe* in BGH-FS, 647, 664.

206 Der Begriff wird z.B. von *Jakobs* in Miyazawa-FS, 419, 421 verwendet; *derselbe* in Herzberg-FS, 395, 396, Fn. 3. Der Begriff der Erfolgsüberbedingung wird ausführlich erläutert von *Röh*, S. 145 ff.

207 *Jakobs* in Herzberg-FS, 395, 396 differenziert Fälle der Chancen- und Risikoaddition, d.h. der rein additiven Beteiligung von denen der überbedingten Beteiligung.

Der BGH hat diese bis dahin weitgehend unbeachtete Problematik in seinem Lederspray-Urteil auf knapp vier Seiten abgehandelt.[208] Jene Partie der Entscheidung gehört sicherlich zu den am heftigsten diskutierten und kritisierten Teilen. Im besagten Urteil hat das Gericht die Frage der Kausalität zwischen Handlung und Erfolg beim **vorsätzlichen Begehungsdelikt** erfolgreich umschifft, kam aber im Rahmen der Prüfung des **fahrlässigen** Unterlassungsdeliktes nicht umhin, jene Frage zu erörtern. Hinsichtlich der **vorsätzlichen** gefährlichen Körperverletzung durch Unterlassen nahm der BGH Mittäterschaft der Geschäftsführer an.[209]

Wie eingangs erwähnt bestehen allerdings Bedenken gegen die Rechtsfigur der Mittäterschaft durch Unterlassen.[210] Dieser Meinungsstreit muss hier nicht entschieden werden, da vorliegend die Frage der Mittäterschaft beim vorsätzlichen **Begehungsdelikt** untersucht wird und diese unstreitig möglich ist.

Es sei vorausgeschickt, dass die Bejahung der Rechtsfigur der **Mittäterschaft aller Zustimmenden**

– jedenfalls bezüglich des vorsätzlichen Begehungsdelikts –

im Ergebnis zutreffend ist. Es stellt sich allerdings die Frage, ob die Annahme der mittäterschaftlichen Tatbegehung das Erfordernis der Kausalität des Verhaltens des Abstimmenden für den eingetretenen Schädigungserfolg entfallen lässt beziehungsweise **ersetzt**.

Spätestens bei der fahrlässigen Tatbegehung muss man sich dann jedoch mit der Frage der Kausalität des Abstimmungsverhaltens des Einzelnen auseinandersetzten, wenn man

– der h.M. folgend[211] –

die Figur der **fahrlässigen Mittäterschaft** ablehnt.

---

208 BGHSt 37, 106, 128 unten bis 132 Mitte.

209 BGHSt 37, 106, 129.

210 S.o. Einführung B. im Text.

211 BGHSt 9, 370; 37, 217; OLG Schleswig, NStZ 1982, 116; *Bock*, Produktkriminalität, S. 79; *Jäger*, AT Rn. 366; *Kindhäuser* StGB, Vor § 25, Rn. 45 ff.; *derselbe*, AT, § 10, Fn. 29; *Krey/Esser*, AT, Rn. 1342; *Kuhlen*, NStZ 1990, 566, 570; *Maurach/Gössel/Zipf*, § 47 Rn. 103; *Puppe*, GA 2004, 131 f., 135 f.; *Schönke/Schröder-Heine*, Vor § 25, Rn. 116; *Fischer*, StGB § 25 Rn. 26; Für die Anerkennung der Rechtsfigur der fahrlässigen Mittäterschaft plädieren unter anderem: *Dencker*, S. 174 ff; *derselbe* in Amelung, Individuelle Verantwortung, S. 63 ff.; *Knauer*, S. 181 ff.; *Ransiek*, Unternehmensstrafrecht S. 66 ff.; *Rodríguez Montañéz*, Roxin-FS, 307, 326; *Roxin*, AT II § 25 Rn. 242 m.w.N.; *Schaal*, S. 21, 209 ff.; *Weißer*, S. 136 ff.; *dieselbe* in JZ 1998, 230 ff.; *Kuhlen*, BGH-FS, 647, 670, äußert Bedenken gegen die fahrlässige Mittäterschaft, bevorzugt diese aber dennoch gegenüber einer Modifikation des Kausalitätserfordernisses, denn *„nur die Täterschafts-, nicht die Kausalitätslehre führt überhaupt zu der normativ entscheidenden* Frage, *unter welcher Voraussetzung Einzelhandlungen zu einer Haftungseinheit zusammenzufassen sind*".

Diese Rechtsfigur hat seit dem Lederspray-Urteil des BGH[212] neuen Auftrieb bekommen, und das nicht etwa, weil der BGH sie im besagten Urteil angewendet hätte, sondern weil sie (vermeintlich) am besten geeignet sei, die Problematik der Kausalität der Einzelstimme bei überbedingten Gremienentscheidungen zu erklären. So sind die meisten Verfechter der Anerkennung einer fahrlässigen Mittäterschaft vornehmlich oder gar ausschließlich dazu angetreten, eben dieses Problem zu lösen.[213]

Da die vorliegende Untersuchung lediglich die Strafbarkeit wegen aktiven Tuns zum Gegenstand hat und dabei auf die vorsätzliche Begehung beschränkt ist, sollen im Folgenden die wesentlichen und zutreffenden Argumente der h.M. **gegen** fahrlässige Mittäterschaft nur kurz dargelegt werden:[214]

Die Annahme von Mittäterschaft ist entgegen einer im Vordringen befindlichen Meinung im Schrifttum[215] bei Fahrlässigkeitsdelikten deshalb nicht möglich, weil § 25 II StGB nach Wortlaut und Sinn nur für vorsätzlich begangene Verbrechen und Vergehen gilt. Das folgt daraus, dass § 15 StGB auch auf § 25 StGB anwendbar ist, da diese Vorschrift der Sache nach die einzelnen Straftatbestände des Besonderen Teils ergänzt. Begehen daher mehrere Täter eine Fahrlässigkeitstat, so sind sie bloße Nebentäter. Mittäterschaft entfällt zudem mangels „gemeinsamen Tatentschlusses".[216] Hinsichtlich der Frage, welche Gemeinsamkeit der fahrlässig Handelnden an die Stelle dieses gemeinsamen Tatentschlusses treten soll, besteht im Übrigen große Meinungsvielfalt unter den Verfechtern der fahrlässigen Mittäterschaft:[217]

Für manche Autoren soll irgendein „Handlungsprojekt" diese Gemeinsamkeit ausmachen.[218] Hiergegen ist einzuwenden, dass ein gemeinsames Handlungsprojekt, das keinen deliktischen Sinn zu haben braucht, den Tatplan nicht zu ersetzen

---

212 BGHSt 37, 106 ff.

213 Vgl. *Dencker*, S. 174 ff; *derselbe* in Amelung, Individuelle Verantwortung, S. 63 ff.; *Knauer*, S. 181 ff.; *Ransiek*, Unternehmensstrafrecht, S. 66 ff.; *Rodríguez Montañéz*, Roxin-FS, 307, 326; *Schaal*, S. 21, 209 ff.; *Weißer*, S. 136 ff.; *dieselbe* in JZ 1998, 230 ff.

214 Sehr instruktiv zum Meinungsstreit die Rechtsfigur der fahrlässigen Mittäterschaft betreffend ist der Beitrag von *Puppe*, GA 2004, 129 ff.; Vgl. auch *Kühl*, AT § 20 Rn. 116 d, mit einem Überblick über verschiedene, in der Literatur vertretene Begründungsansätze zur Bejahung jener Rechtsfigur.

215 *Brammsen*, Jura 1991, 533, 537; *Dencker*, S. 174 ff.; *Ransiek*, Unternehmensstrafrecht, S. 69 ff.; *Rodríguez Montañéz*, Roxin-FS, 307, 326; *Roxin*, AT II, § 25 Rn. 241 ff.; *SK-StGB, Hoyer*, § 25, Rn. 150 ff.; *Weißer*, JZ 1998, 230 ff.; *Wessels/Beulke*, AT Rn. 507, 659 m.w.N.

216 *Boch*, S. 79; *Krey/Esser*, AT, Rn. 1342; *Puppe*, GA 2004, 129, 131.

217 Eine Übersicht über die verschiedenen Vorschläge findet sich bei *Kühl*, AT, § 20 Rn. 116 a ff.; NK-*Schild*, Vor § 25 Rn. 226; *Puppe*, GA 2004, 129, 133, 135.

218 *Dencker*, S. 157, 160; *derselbe* in *Wabnitz/Janovsky*, Kapitel 1 C, Rn. 30; *Rodríguez Montañéz*, Roxin-FS, 307, 326; ähnlich *Ransiek*, Unternehmensstrafrecht S. 70, der darauf abstellt, ob ein gemeinsamer *Handlungs*entschluss besteht und daraufhin gemeinsam gehandelt wird

vermag, um zu begründen, dass jeder an dem „Projekt“ Beteiligte alle Handlungen der anderen Beteiligten mitzuverantworten hat.[219] Außerdem ist der Begriff des Handlungsprojekts zu vieldeutig. Je nachdem wie viele miteinander koordinierte Verhaltensweisen zu einem Handlungsprojekt zusammengefasst werden, ist der Kreis der Mittäter, die sich gegenseitig ihre Handlungen zurechnen lassen müssen, größer oder kleiner.[220]

Andere verlangen eine Verbundenheit der fahrlässigen Mittäter durch eine „gemeinsame Sorgfaltspflicht“[221]. Eine solche gemeinsame Sorgfaltspflicht gibt es jedoch von Rechts wegen nicht. Jede Rechtspflicht kann und muss so formuliert werden, dass sie ein einzelnes Rechtssubjekt trifft. *„Jeder versagt für sich allein.“*[222] Alle Vorschläge, **den gemeinsamen Tatentschluss, eine Straftat zu begehen**, durch eine andere Gemeinsamkeit zu ersetzen, laufen letztlich darauf hinaus, mehrere Personen, deren Verantwortung als Einzelne nicht zu begründen ist, unter irgendeiner Bezeichnung als Kollektiv zusammenzufassen, um ihnen den Erfolg als Kollektivschuld zuzurechnen.[223]

Zudem würde die Anerkennung einer fahrlässigen Mittäterschaft zu einer schwer überschaubaren Haftungserweiterung führen.[224] Die Rechtsfigur der fahrlässigen Mittäterschaft ist aus den genannten Gründen abzulehnen.

Im Folgenden wird die Frage der **Kausalität zwischen dem Abstimmungsverhalten** des jeweiligen **für** den rechtswidrigen Beschluss stimmenden Vorstandsmitgliedes (im Ausgangsfall (s.o. S. 14 f.) bezüglich der Weiterproduktion und des Weitervertriebs des gesundheitsgefährdenden Produktes) **und des Schadenserfolgs** untersucht.

Sowohl in der Rechtsprechung als auch in der Literatur besteht weitgehend Einigkeit darüber, im Ergebnis die Strafbarkeit der für einen rechtswidrigen Beschluss stimmenden Gremiumsmitglieder auch bei „überbedingten Entscheidungen“ zu bejahen.[225] Uneinigkeit besteht jedoch über die dogmatische Begründung dieser Strafbarkeit im Einzelnen.

(Hervorhebung dort); nach *Jakobs* in Herzberg-FS, 395, 398, soll bereits genügen, dass eine *„gesellschaftliche Präformierung der Verhaltensbedeutung die Gemeinsamkeit herstellt“*.

219 *Herzberg*, S. 73 (zur Fahrlässigkeit); *Puppe*, GA 2004, 129, 131, 133.

220 *Puppe*, GA 2004, 129, 133.

221 *Weißer*, S. 156; *dieselbe* in JZ 1998, 230, 236.

222 *Puppe*, GA 2004, 129, 135.

223 NK-*Schild*, Vor § 25 Rn. 226; *Puppe*, GA 2004, 129, 135.

224 *Kuhlen*, BGH-FS 647, 670; *Puppe*, GA 2004, 129 f., 136 f.

225 BGHSt 37, 106, 132: *„Dass diese [Verneinung der Zurechnung] nicht rechtens sein kann, liegt auf der Hand.“*; zustimmend u.a.: *Hilgendorf*, NStZ 1994, 561, 562; *Krey/Esser*, AT, Rn. 306; *Kuhlen*, JZ 1994, 1142, 1146; *Roxin*, AT I, § 11 Rn. 19.

1. Äquivalenztheorie

Die strafrechtliche Praxis[226] und eine verbreitete Auffassung in der Literatur[227] wenden bei der Frage, ob eine Handlung Ursache eines Erfolges geworden ist, die **Conditio-sine-qua-non-Formel** an.

Nach dieser Äquivalenztheorie, auch Bedingungstheorie genannt, da sie von der Gleichwertigkeit aller Erfolgsbedingungen ausgeht, ist Ursache im Sinne des Strafrechts *„jede Bedingung eines Erfolges, die nicht hinweggedacht werden kann, ohne dass der Erfolg in seiner konkreten Gestalt entfiele“*[228].

Auf den vorliegend untersuchten Fall der Abstimmung im Gremium bezogen bedeutet dies, dass jedes votierende Vorstandsmitglied durch seine Stimmabgabe den Erfolg in seiner konkreten Gestalt, dass heißt die Gesundheitsschäden beim Endverbraucher des weiter vertriebenen Produkts, verursacht haben muss. Nur dann ist die Kausalität nach der Conditio-sine-qua-non-Formel zu bejahen.

Gesetzt den Fall, die Abstimmung der Vorstandsmitglieder in einem siebenköpfigen Gremium wäre mit vier zu drei Stimmen für den rechtswidrigen Beschluss erfolgt, so könnte die Kausalität mittels der Conditio-sine-qua-non-Formel problemlos festgestellt werden. Würde man hier nämlich das jeweilige Einzelvotum für den rechtswidrigen Beschluss hinweg denken, so entfiele mangels Mehrheit der rechtswidrige Beschluss und damit der durch diesen verursachte Erfolg.

Dies gilt jedoch nicht für den oben beschriebenen Ausgangsfall (S. 14 f.), in dem der Beschluss mit fünf Stimmen bei einer Enthaltung und einer Gegenstimme gefasst wurde.

Wird die Frage der Kausalität für jedes Vorstandsmitglied gesondert gestellt, so könnte *„ihre Beantwortung deshalb zweifelhaft sein, weil nicht auszuschließen ist, dass jeder Geschäftsführer*[229] *mit dem Versuch, die erforderliche Entscheidung herbeizuführen, am Widerstand der übrigen, den Rückruf ablehnenden Geschäftsführer gescheitert wäre“*[230].

---

226 RGSt 1, 373, 374; BGHSt 1, 332, 333; 2, 20, 24; 7, 112, 114; 24, 31, 34; 33, 332; 39, 195, 197 f.

227 *Baumann/Weber/Mitsch*, AT, § 14 Rn. 8 ff.; *Goll/Winkelbauer* in *Graf v. Westphalen*, § 47, Rn. 54, *Kühl*, AT, § 4 Rn. 7 ff.; *Krey/Esser*, AT, Rn. 306 ff.; *Schlüchter*, JuS 1976, 312 ff., 378 ff., 518 ff.; *Fischer*, StGB Vor § 13 Rn. 21; *Toepel*, JuS 1994, 1009, 1010 ff.; *Wessels/Beulke*, AT, Rn. 156, 168 a.

228 BGHSt 39, 195, 197; *Schönke/Schröder-Lenckner/Eisele*, Vor §§ 13 ff. Rn. 71; *Wessels/Beulke*, AT, Rn. 156.

229 Im „Lederspray-Urteil“ ging es, wie bereits eingangs erwähnt, um die Entscheidung von GmbH-Geschäftsführern und nicht wie in dem hier gebildeten Beispielfall um die Entscheidung von Vorstandsmitgliedern in einer Aktiengesellschaft.

230 BGHSt 37, 106, 129.

Die Conditio-sine-qua-non-Formel hilft hier nicht weiter. Jedes der fünf für den Beschluss stimmenden Vorstandsmitglieder könnte sich mit jener Formel verteidigen. Seine jeweilige Stimme könnte ohne weiteres hinweggedacht werden, ohne dass der Erfolg in seiner konkreten Gestalt entfiele. Übertragen auf den Ausgangsfall (S. 14 f.) könnte man die ursprüngliche überzählige Ja-Stimme sogar in eine Gegenstimme umwandeln. Der Beschluss wäre dann vier Ja-Stimmen, zwei Gegenstimmen und eine Enthaltung zustande gekommen. Letztlich bliebe das Ergebnis das Gleiche, nämlich ein mehrheitlich gefasster, rechtswidriger Beschluss. Hieraus resultiert, dass die jeweilige Einzelstimme nach der Bedingungstheorie in der Gestalt der Conditio-sine-qua-non-Formel nicht kausal für den Erfolg war.

Mit dieser Theorie lässt sich die Kausalität zwischen Abstimmung und tatbestandlichem Erfolg somit nicht begründen.

Die für den rechtswidrigen Beschluss Stimmenden wären folglich im Ergebnis straffrei. „*Dass dies nicht rechtens sein kann, liegt auf der Hand.*“[231]

2. Die Theorie von der gesetzmäßigen Bedingung

Diese auf *Engisch*[232] zurückgeführte Theorie bejaht die Kausalität in all jenen Fällen, in welchen das konkrete Verhalten aufgrund einer gesetzmäßigen Beziehung (also nicht nur zeitlich/zufällig) im konkreten Erfolg tatsächlich wirksam geworden ist.

Zu untersuchen ist demnach, ob das betreffende Abstimmungsverhalten eine hinreichende Mindestbedingung für den Erfolgseintritt war, so dass sie diesen zu erklären vermag.[233] Abgestellt wird also nicht wie bei der Äquivalenztheorie auf einen hypothetischen Geschehensablauf, sondern auf das tatsächliche Verhalten und die Frage, ob dieses zum Erfolg geführt hat.

Das zu untersuchende Verhalten ist hier die Zustimmung des einzelnen Vorstandsmitglieds zur Weiterproduktion und zum weiteren Vertrieb des gesundheitsgefährdenden Produktes. Dabei wird die Abstimmung jedes einzelnen Vorstandsmitgliedes als Bedingung für den mehrheitlich gefassten, rechtswidrigen Beschluss angesehen.

Zwar könnte von den insgesamt fünf Stimmen für die Weiterproduktion und die weitere Auslieferung des Produktes jede einzelne Stimme hinweggedacht werden, ohne dass der fragliche Mehrheitsbeschluss entfiele. Mit anderen Worten: Jedes einzelne Vorstandsmitglied, das an dem Mehrheitsbeschluss

231 So die Auffassung des BGH im Lederspray-Urteil zur Konsequenz der Straflosigkeit der Gremiumsmitglieder wegen fahrlässiger Körperverletzung; vgl. BGHSt 37, 106, 132.

232 *Engisch*, 21 ff.

233 *Beulke/Bachmann*, JuS 1992, 737, 744.

zustimmend beteiligt war, hätte **bei isolierter Betrachtung** durch Gegenstimme einen Produktions- und Auslieferungsstopp des Produktes nicht herbeiführen können. Doch sind dies rein hypothetische Erwägungen, die an der **tatsächlichen** Mitwirkung des einzelnen Vorstandmitglieds an dem Mehrheitsbeschluss nichts ändern.

„Statt durch Hinwegdenken einen Geschehensablauf zu konstruieren, der so gar nicht geschehen ist,[234] *wird die Ursächlichkeit der Handlung anhand des wirklichen Kausalverlaufs festgestellt und nicht anhand eines fiktiven.“*[235] Damit geht die Lehre von der gesetzmäßigen Bedingung nach Auffassung ihrer Anhänger im Vergleich zur Äquivalenztheorie von der präziseren Fragestellung aus. Jede Stimmabgabe **für** den weiteren Vertrieb ist nach dieser Auffassung ursächlich geworden.

Das soll nach *Schünemann* sogar für die Gegenstimme und die Enthaltung gelten, da auch diese Teil des für den Weitervertrieb ursächlichen Abstimmungsverhaltens gewesen seien.[236]

Die Kausalität der Einzelstimme **für** den Beschluss und den infolgedessen eingetretenen Verletzungserfolg wäre danach zu bejahen.[237]

Obwohl dieses Ergebnis und die zu ihm führende Begründung auf den ersten Blick plausibel erscheinen mögen

– allerdings entgegen *Schünemann* nur für zustimmende Voten, dagegen keineswegs für Nein-Stimmen oder Enthaltungen –,

ist die Lehre von der gesetzmäßigen Bedingung dennoch abzulehnen.

Der Begriff *„Erfolg in seiner ganz konkreten Gestalt“* ist mangels Klarheit und Abgrenzbarkeit ungeeignet, das vorliegende Kausalitätsproblem zu lösen. Die sich stellende Frage ist vielmehr, wie der konkrete Erfolg zu definieren ist.

Evident erscheint, dass nicht der Beschluss selbst den strafrechtlich relevanten Erfolg darstellt, sondern die durch ihn verursachte Rechtsgutsverletzung, in unserem Ausgangsfall (s.o. S. 14 f.) die eingetretenen Körperverletzungen bei den Verbrauchern/Verwendern des Erzeugnisses. Wird der Kausalitätsbegriff nun derart eng gefasst, dass es nur auf die tatbestandliche konkrete Form des Erfolges ankommt, so ist das Stimmverhältnis, welches zu dem Beschluss geführt hat, irrelevant. So lange wie eine erforderliche Mehrheit bestanden hätte, wäre auch die Verletzungshandlung eingetreten.[238] Die einzelne Ja-Stimme des Gremiumsmitgliedes hat auf den konkreten Körperverletzungserfolg, d.h. die einzelnen Symptome beim Produktanwender keinen Einfluss.

---

234 So wie es die Conditio-sine-qua-non-Formel beim Unterlassen handhabt.

235 *Puppe*, Roxin-FS, 287, 292.

236 *Schünemenann*, BGH-FS, 621, 633.

237 So auch *Roxin*, AT I, § 11 Rn. 19; *Hilgendorf*, NStZ 1994, 561, 565.

238 Ähnlich dargestellt allerdings im Hinblick auf das Unterlassungsdelikt von *Weißer*, S. 108 f.

Das Abstimmungsverhältnis ist daher nur dann relevant, wenn auch auf den **Kausalverlauf** Bezug genommen wird, der zu diesem Erfolg geführt hat. Nach *Jakobs*[239] kommt es nicht allein auf den Erfolg an, sondern auch *„auf den Weg dorthin*", wobei bloße Begleitumstände allerdings außer Acht zu lassen seien.[240] An dieser Stelle zeigt sich deutlich die Untauglichkeit der Lehre von der gesetzmäßigen Bedingung zur Begründung der Kausalität: Dieses Verfahren zur Kausalitätsfeststellung ist zirkelschlüssig, denn um zu wissen, welche (hinreichenden Mindest-) Bedingungen zum Erfolg in seiner ganz konkreten Gestalt gehören, müssen diese Umstände bekannt sein.

„Erscheint ein bestimmter Zusammenhang zwischen Handlung und Erfolg relativ sicher, lässt er sich aber in der Form einer Gesetzmäßigkeit nur schwer darstellen, so kommt die Gesetzmäßigkeitsformel eher in Begründungsschwierigkeiten als die pragmatische Conditio-sine-qua-non-Formel."[241]

Letztlich hängt alles von der Beschreibung des Erfolges ab. Sieht man als Erfolg etwa entsprechend dem Lederspray-Urteil die auf einem einstimmigen Beschluss basierenden Körperverletzungen, so wird dadurch jede Einzelstimme in die Erfolgsbeschreibung integriert. Ebenso könnte der konkrete Erfolg, überspitzt dargestellt, als die auf einem in einem grün gestrichenen Raum gefassten Beschluss beruhenden Körperverletzungen beschrieben werden.[242] In diesem Fall wäre die Räumlichkeit, in welcher der Beschluss gefasst wurde, ebenfalls Erfolgsursache. Diesem *argumentum ad absurdum* kann auch nicht mit der konkretisierenden Formel begegnet werden, eine Geschehensmodifizierung sei dort nicht kausal, wo sie für die Art und Weise sowie Zeit und Ort eines Tatbestandsmerkmals irrelevant sei.[243]

Auf den oben gebildeten Beispielfall (vgl. S. 14 f.) bezogen bedeutet dies, dass bei isolierter Betrachtung der für die erforderliche Mehrheit „zu viel" abgegebenen Stimme diese als irrelevanter Begleitumstand qualifiziert werden könnte.

Welche Umstände für die Erfolgsverursachung irrelevant sind, ist also nur durch eine Wertungsentscheidung feststellbar. Die **Lehre von der gesetzmäßigen Bedingung** weist mithin genau dieselbe Schwäche auf, die ihre Anhänger der Conditio-sine-qua-non-Formel vorwerfen. Jene Lehre ist daher nicht geeignet, die Frage der Kausalität im Allgemeinen und im Rahmen einer Kollegialentscheidung im Besonderen zu beantworten.

---

239 *Jakobs*, AT 7. Abschn., Rn.15.

240 *Jakobs*, AT 7. Abschn., Rn 16.

241 *Kühl*, AT, § 4, Rn. 23; vgl. auch *Puppe*, ZStW 1983, 287, 301.

242 Beispiel in Anlehnung an *Knauer*, S. 91 f.

243 *Roxin*, AT I, § 11 Rn. 21.

3. Die „zureichende Mindestbedingung“ nach Puppe

Puppe[244] erkennt die soeben aufgezeigte Schwäche der Lehre von der gesetzmäßigen Bedingung und modifiziert sie daher für die Fälle der Mehrfachkausalität wie folgt:

Zunächst ist ein Kausalverlauf nach den allgemeinen Gesetzen und Erfahrungssätzen zu rekonstruieren. Kommt in diesem Kausalverlauf ein menschliches Verhalten vor, so ist zu prüfen, ob die kausale Erklärung des Erfolgs nach allgemeinen Grundsätzen gültig bleibt, wenn man diese Tatsache aus ihr streicht, oder ob sie dann unschlüssig wird. Jede andere kausale Erklärung eines Erfolgs gibt wahre Tatsachen an, die dessen Eintritt vorausgehen und für diesen gemäß allgemeinen Gesetzen (Kausalgesetze, Erfahrungssätze) eine hinreichende Bedingung darstellen. Diese darf aber keine überflüssigen Tatsachen enthalten, sie muss also nach den anwendbaren allgemeinen Gesetzen und Erfahrungsregeln eine Mindestbedingung für den Eintritt des Erfolgs sein. Um die Kausalität der mehrfach vertretenen Ursachen aufzeigen zu können, sind also mehrere hinreichende Erfolgsbedingungen zu formulieren, in denen je nur eine dieser mehrfach vertretenen Ursachen vorkommt.[245]

Übertragen auf eine Gremienentscheidung, die mit einer größeren Mehrheit als erforderlich getroffen wird, bejaht *Puppe* die Kausalität jedes einzelnen für den Beschluss stimmenden Gremiumsmitglieds dann folgendermaßen:

Sie bildet eine Mindestbedingung für das Zustandekommen des Beschlusses, in der neben anderen Tatsachen auch die Abstimmung vorkommt, die Ja-Stimme des betreffenden Gremiumsmitglieds sowie die Abgabe von so vielen weiteren Ja-Stimmen, wie mindestens für das Zustandekommen des Beschlusses erforderlich sind. Gibt es mehr Stimmen als für das Zustandekommen des Beschlusses mindestens erforderlich sind, so sollen diese nicht erwähnt werden dürfen, da sonst keine Mindestbedingung formuliert würde.[246]

Für diese Konstruktion von *Puppe* spricht, dass man bei Beschlüssen, die mit mehr als der erforderlichen Mehrheit zustande gekommen sind, die Kausalität jedes einzelnen für den Beschluss stimmenden Gremiumsmitglieds bejahen kann, solange man dessen Ja-Stimme isoliert betrachtet.

Allerdings bestehen gegen die Konzeption von *Puppe* folgende Bedenken: Durch die von ihr angewandte Prüfmethode bewertet sie tatsächlich einen ande-

---

244 in GA 2004, 129, 138. Zustimmend *Sofos*, S. 107 ff.

245 in GA 2004, 129, 138 f; *dieselbe* in ZStW 1980, 863, 867 ff.; NK-*Puppe*, Vor § 13 Rn. 96 ff.; *Sofos*, S. 160 f.

246 in GA 2004, 129, 138 f; *dieselbe*; AT 1, § 2 Rn. 69; *dieselbe*; JR 1992, 30, 32; NK-*Puppe*, Vor § 13 Rn. 109.

ren, **hypothetischen** Fall. Dadurch, dass immer nur so viele Mindestbedingungen „herausgepickt“ werden, wie nötig sind um den Erfolg zu erklären, löst *Puppe* – übertragen auf das Beispiel der Gremienentscheidung – tatsächlich immer nur den Fall der Mehrheitsentscheidung, die mit der knappest denkbaren Anzahl an Stimmen zustande kommt. Dadurch werden *„unvollkommene Fallschilderungen“*[247] formuliert. *Puppe „wählt ihre Rahmenbedingungen insoweit frei. Der Jurist kann den Geschehensablauf allerdings nicht beliebig konstruieren, sondern muss ihn so hinnehmen wie er ihn vorfindet“*[248]. Und wenn nach dem konkreten Sachverhalt ein überbedingter Erfolg vorliegt, *„dann kann man eben nicht feststellen, dass das Erfülltsein der hinreichenden Mindestbedingung durch weitere Umstände die Ursache für den tatbestandlichen Erfolg ist“*[249]. Es muss sich folglich um eine für die Realität hinreichende Bedingung handeln. *Toepel*[250] stellt hier zutreffend fest, dass der Unterschied zwischen einer real ursächlichen Handlung und einer im Sinne von *Puppe* lediglich „hinreichenden Mindestbedingung“ nur getroffen werden könne, wenn gefordert werde, dass die Bedingung, entgegen *Puppe*, auch notwendig für die bestimmte Veränderung im Einzelfall sei. Damit sei man der Sache nach wieder bei den von der Conditio-sine-qua-non-Formel angewandten Voraussetzungen angelangt.[251]

Im Unterschied zur Conditio-sine-qua-non-Formel besteht bei der von *Puppe* bevorzugten Formel allerdings die Schwierigkeit, die „Mindestbedingung“ für den Erfolg in der erforderlichen Präzision anhand allgemeiner Gesetze wirklich zu formulieren.[252]

Darüber hinaus kritisiert *Puppe*[253] die Erfolgskonkretisierung der Äquivalenztheorie mit der Begründung, es sei unmöglich anzugeben, welche Tatsachen zum Erfolg in seiner konkreten Gestalt gehörten. Die Annahme, dass Tatsachen in ihrer konkreten Bestimmtheit vorgegeben seien, sei falsch. Vielmehr sei es in das freie Belieben des Betrachters gestellt, wie genau er einen Erfolg beschreibe.

Mit dieser Argumentation entzieht *Puppe* der von ihr vertretenen Theorie von der hinreichenden Mindestbedingung selbst den Boden. Sie erklärt, dass es unmöglich sei, die genauen Tatsachen anzugeben, die zum konkreten Erfolg gehören. Konsequenterweise ist es dann auch nicht möglich, die hinreichende

247 *Dencker*, S. 113; Vgl. auch *Knauer*, S. 122, der kritisiert, dass *Puppe* Bestandteile des Einzelbedingungsbündels einfach für relevant erkläre, während sie andere für der Prüfung entzogen ansehe.

248 *Toepel*, JuS 1994, 1009, 1012.

249 *Toepel*, JuS 1994, 1009, 1012.

250 in JuS 1994, 1009, 1012; ebenso *Dencker*, S. 112 f.

251 Zu diesem Ergebnis kommt auch *Dencker*, S. 112, Fn. 226.

252 Überzeugend insoweit *Dencker*, S. 113 f.; vgl. auch *Schaal*, S. 90.

253 In ZStW 1980, 863, 870 ff.; 873; *dieselbe*, ZStW 1987, 595, 597 f.; *dieselbe*; GA 1994, 297, 299 ff.; NK-*Puppe*, Vor § 13 Rn 67 ff.; zustimmend *Sofos*, S. 69 ff.

Mindestbedingung für den Erfolg anzugeben: Auch die Theorie von der hinreichenden Mindestbedingung setzt voraus, dass die genauen zum Erfolg gehörenden Tatsachen beschrieben werden. Letztlich muss auch *Puppe* ein Werturteil fällen, wenn sie die Umstände bestimmen will, die für den Erfolg kausal waren.[254]

Schließlich bedarf es der Konstruktion der zureichenden Mindestbedingung nicht, denn wie *Puppe* zutreffend feststellt, handelt es sich bei der Gremienentscheidung um einen Fall der alternativen Kausalität[255]; dieser kann mit der für diese Fallgruppe **abgewandelten** Conditio-sine-qua-non-Formel gelöst werden, worauf zurückzukommen ist[256].

Die Formel von der zureichenden Mindestbedingung ist aus den genannten Gründen abzulehnen.

4. Kumulative Kausalität

Des Weiteren ist zu untersuchen, ob die Fälle überbedingter Kausalität mit der Formel von der kumulativen Kausalität gelöst werden können.

Kumulative Kausalität ist gegeben, wenn der Erfolg durch die Kumulation von mehreren Handlungen, die **jeweils für sich nicht ausreichend wären**, herbeigeführt wird.[257] Entscheidend ist also, dass jede Handlung für sich genommen nicht geeignet ist, den Erfolg herbeizuführen. Das Schulbeispiel der kumulativen Kausalität ist der Fall, dass zwei Personen dem Opfer unabhängig voneinander Gift verabreichen, wobei jede Giftmenge für sich genommen nicht genügt hätte, den Tod des Opfers zu verursachen, sondern nur das Zusammenwirken der Giftmengen den Todeserfolg herbeiführen konnte.[258]

Im bereits mehrfach erwähnten Lederspray-Urteil ging der BGH auf die Frage der Kausalität der Einzelstimme für den Verletzungserfolg beim Vorsatzdelikt nicht näher ein, sondern umging jene Frage, indem er Mittäterschaft der

---

254 Die Kausalitätsprüfung setzt somit, entsprechend der Äquivalenztheorie, eine Wertentscheidung voraus. *Hilgendorf*, NStZ 1994, 561, 566, stellt insoweit zutreffend fest, dass die Kausalitätsprüfung dadurch keine rein logische, quasi mechanisch ablaufenden Operation sei, sondern eigene Wertungen des Rechtsanwenders voraussetze und sich nicht allein auf die Fassung des gesetzlichen Tatbestandes stützen könne. Ebenso, *Roxin*, AT I, § 11, Rn. 18.

255 In ZStW 1980, 863, 877; *dieselbe*, GA 2004, 129, 137, wobei diese von ihr als Mehrfachkausalität bezeichnet wird. *Puppe* erkennt die Richtigkeit der Formel von der alternativen Kausalität an, kritisiert jedoch, dass sie einen Bruch mit dem Erfordernis der notwendigen Bedingung darstelle.

256 S.u. Erster Teil, A. V. 5.

257 *Schönke/Schröder-Lenckner/Eisele*, Vor §§ 13 ff. Rn. 83; BGHSt 37, 106, 131; *Otto*, Jura 1992, 96. *Baumann/Weber/Mitsch*, AT, § 14 Rn. 37 erweitert die Definition um den Zusatz, dass die Ingangsetzung der allein nicht hinreichenden Verläufe nicht verabredet ist, da andernfalls ohnehin Zurechnung kraft Mittäterschaft vorläge.

258 Vgl. beispielsweise *Schönke/Schröder-Lenckner/Eisele*, Vor §§ 13 ff., Rn. 83.

Geschäftsführer annahm. Im Rahmen des Fahrlässigkeitsdeliktes kam der BGH dagegen nicht umhin, die Kausalität des Einzelverhaltens zu diskutieren – wobei diese vom Gericht dann auch bejaht wurde –, denn der BGH lehnt mit der herrschenden und zutreffenden Meinung die Figur der fahrlässigen Mittäterschaft nach wie vor ab.[259]

Im besagten Lederspray-Urteil zieht der 2. Strafsenat für den Fall fahrlässigen Handelns der Gremiumsmitglieder die Parallele zur kumulativen Kausalität:

„Im Bereich der strafrechtlichen Handlungsverantwortlichkeit ist nicht zweifelhaft, dass, wo mehrere Beteiligte unabhängig den tatbestandsmäßigen Erfolg erst durch die Gesamtheit ihrer Handlungsbeiträge herbeiführen können, jeder einzelne Beitrag im haftungsrechtlichen Sinne ursächlich ist.“[260]

In seinem Politbüro-Urteil verfährt der BGH ähnlich, indem er die Kausalität der Gremiumsmitglieder für das Unterlassungsdelikt dadurch begründet, dass alle ihre Tatbeiträge zu einem Kausalfaktor zusammenfasst werden, der dann nicht hinweggedacht werden kann, ohne dass der Erfolg entfiele („*kumulatives Unterlassen*“).[261]

Auch in der Literatur treten einige Autoren für die Anwendung der kumulativen Kausalität im Zusammenhang mit „überbedingten“ Gremienentscheidungen ein.[262] Jedes Gremiumsmitglied, das mit seiner Ja-Stimme an einem rechtswidrigen Beschluss mitgewirkt habe, sei für den konkret eingetretenen Erfolg, den mit **dieser** Mehrheit gefassten Beschluss, ursächlich.[263]

Dieser Argumentation ist im Ergebnis nicht zuzustimmen. Übertragen auf den Fall der Gremienentscheidung kommt die Annahme kumulativer Kausalität allenfalls in den Fällen der knappest denkbaren Mehrheit in Betracht, da hier jede einzelne Stimme für das Zustandekommen des Beschlusses notwendig

259 S.o. Erster Teil, A. V. im Text.

260 BGHSt 37, 106, 131.

261 BGHSt 48, 77, 94.

262 *Baumann/Weber/Mitsch*, AT, § 14 Rn. 37; *Roxin*, AT I § 11, Rn. 19; *Schönke/Schröder-Cramer/Sternberg-Lieben*, § 15 Rn. 223 b, welche die überbedingte Mehrheitsentscheidung als Sonderfall der kumulativen Kausalität bezeichnen.
Die Terminologie der alternativen und kumulativen Kausalität wird nicht immer einheitlich verwendet. *Boch*, S. 79 beispielsweise spricht von kumulativer Kausalität, beschreibt dann aber Fälle die vorwiegend (wie auch in der vorliegenden Untersuchung) als solche alternativer Kausalität behandelt werden. *Knauer*, S. 93, Fn. 420, wirft *Meier* in NJW 1992, 3193, 3197 vor, den Begriff der „kumulativen Kausalität“ bei Gremienentscheidungen (allerdings bezogen auf das Unterlassungsdelikt) zu verwenden, den Begriff dann aber mit solchen Fällen, die gemeinhin unter den Begriff der alternativen Kausalität erörtert werden, zu umschreiben. Dies ist jedoch unzutreffend, da *Meier* gerade die Annahme kumulativer Kausalität ablehnt und sich erst danach der Erörterung der alternativen Kausalität (von ihm als „Doppelkausalität“ bezeichnet) zuwendet, um diese im Falle von Gremienentscheidungen im Ergebnis auch zu bejahen (vgl. NJW 1992, 3193, 3198).

263 *Baumann/Weber/Mitsch*, AT, § 14 Rn. 37; *Jakobs*, Miyazawa-FS, 419, 427, 435; *Schaal*, S. 28 f.

ist.[264] In diesem Fall liegt Kausalität allerdings schon nach der Conditio-sine-qua-non-Formel vor, da kein Tatbeitrag hinweggedacht werden könnte, ohne dass der Erfolgt entfiele.

Dies gilt jedoch nicht bei den Abstimmungsfällen, in denen mehr Ja-Stimmen, als für die Mehrheit nötig, abgegeben werden. Denkt man sich hier das Einzelvotum weg, entfällt der Erfolg gerade nicht. Das ist nur bei der denkbar knappsten Mehrheit (etwa bei vier zu drei Stimmen für den rechtswidrigen Beschluss) der Fall. Die einzelne Stimme ist für das **Zustandekommen des Beschlusses mit größerer Mehrheit als nötig** gerade nicht notwendig.[265] In der Sache wird demnach auf das Erfordernis verzichtet, dass das Verhalten des Einzelnen eine **notwendige** Bedingung für den Eintritt des tatbestandlichen Erfolges ist. Die Fälle überbedingter Kausalität können mit der Formel der kumulativen Kausalität folglich nicht gelöst werden.

Als weiteres Argument gegen die Lösung der Kausalitätsfrage bei Gremienentscheidungen mit Hilfe der kumulativen Kausalität wird vorgebracht, dass die Einzelbeiträge bei der Mehrheitsentscheidung nicht unabhängig voneinander, sondern mit dem Ziel einer Mehrheitsentscheidung erbracht würden. Deshalb liege im Fall der Kollegialentscheidung ein viel engerer Zusammenhang vor, als bei der kumulativen Kausalität, bei welcher die einzelnen Täter keine Kenntnis von dem Tatbeitrag des jeweils anderen haben. Es sei daher keine Vergleichbarkeit der Fälle anzunehmen und ein Fall der kumulativen Kausalität sei aus diesem Grunde nicht gegeben.[266] Dieses Argument ist jedoch nicht überzeugend, denn allein damit ist noch nicht dargelegt, warum die Gremienentscheidung nicht als neue Fallgruppe der kumulativen Kausalität betrachtet werden könnte.

Gleichwohl ist der Vergleich der Mehrheitsentscheidung mit den Fällen der kumulativen Kausalität logisch, zumindest aber **teleologisch** falsch. Der Fall der überbedingten Gremienentscheidung ist gerade nicht mit demjenigen vergleichbar, in dem mehrere positiv Handelnde zusammenwirken müssen, um den Erfolg zu verwirklichen.[267] Bei der kumulativen Kausalität wird der Erfolg erst durch das Zusammenwirken herbeigeführt, während er in den hier erörterten Fallgruppe der überbedingten Kausalität gerade auch **ohne** das Einwirken des jeweils in den Blick genommenen einzelnen Beitrags (d.h. der einzelnen Stimmabgabe) in gleicher Weise bewirkt worden wäre.

---

264 So vertreten unter anderem von *Kindhäuser*, AT, § 10 Rn. 40; *derselbe*, STGB Vor § 13, Rn. 93; *Wessels/Beulke*, AT Rn. 158 a.

265 *Jakobs*, Miyazawa-FS, 419, 421; *Kindhäuser* AT, § 10 Rn. 42; *derselbe*, StGB Vor § 13, Rn. 95; *Knauer*, S. 93 f.

266 *Weißer*, S.112; *Knauer*, S. 95.

267 *Jäger*, AT Rn. 366, Fn. 87. So im Ergebnis auch, allerdings für das Unterlassungsdelikt, *Puppe*, JR 1992, 30, 32; *Hilgendorf*, NStZ 1994, 561, 563.

Anders ausgedrückt: Sind fünf (oder mehr) Täter involviert und hätten bereits die Tatbeiträge von vieren dieser Täter zur Erfolgsherbeiführung ausgereicht, liegt ein Fall kumulativer Kausalität nicht mehr vor. Die Bestrafung der Beteiligten wegen der ansonsten gleichen Tat und gleichen Tatbeiträgen wäre also von der Zahl der Täter abhängig, im hier gebildeten Beispiel demnach davon, ob es sich in um vier oder fünf Täter handelt.[268] Das dieses Ergebnis nicht sachgerecht ist, liegt auf der Hand.

Die Lehre von der kumulativen Kausalität ist schließlich in Wirklichkeit kein Kausalitäts-, sondern ein Zurechnungsinstrument, denn zweifelhaft ist nicht die Feststellung der Kausalität, sondern die objektive Zurechnung des Verletzungserfolges für die unabhängig voneinander handelnden Täter.[269] Aus diesem Grunde untersucht die h.M. ob der Kumulationseffekt für den Täter vorhersehbar war oder vorhergesehen wurde.[270] In dem hier untersuchten Ausgangsfall (s.o. S. 14 f.) werden die Einzelbeiträge jedoch nicht unabhängig voneinander, sondern gerade mit dem Ziel geleistet, eine Mehrheitsentscheidung herbeizuführen.

Ergebnis: Aus den genannten Gründen kann die Kausalität bei überbedingten Mehrheitsentscheidungen nicht mit Hilfe der Formel von der kumulativen Kausalität bejaht werden.

5. Alternative Kausalität („Mehrfachkausalität“)

Viele Autoren[271] begründen die Kausalität in den Fällen überbedingter Kausalität mit Hilfe der Formel von der alternativen Kausalität.[272]

---

268 *Beulke/Bachmann*, JuS 1992, 737, 743.

269 *Weißer*, S. 110. Das Zurechnungsproblem stellt sich dann hinsichtlich der Frage, ob der Erfolg den Tätern, z.B. im Vergiftungsfall, wenn nur die von beiden Tätern insgesamt verabreichte Giftmenge tödlich ist (nicht jedoch jede einzelne Giftmenge für sich), nur als Versuch zugerechnet werden kann.

270 *Schönke/Schröder-Lenckner/Eisele*, Vor §§ 13 ff. Rn. 83.

271 So vertreten unter anderem von *Dreher*, JuS 2004 17, 18 (allerdings ohne nähere Begründung); *Goll/Winkelbauer* in *Graf v. Westphalen*, § 47, Rn. 55; *Krey/Esser*, AT, Rn. 323 f.; *Kindhäuser*, StGB, Vor § 13 Rn. 95; *derselbe* AT, § 10 Rn. 38 ff.; *Kühl*, StGB Vor § 13 Rn. 11; *derselbe*, AT § 4 Rn. 20 b; *Meier*, NJW 1992, 3193, 3198; *Puppe*, JR 1992, 30, 32; *Röckrath*, NStZ 2003, 641, 644 f.; *Rothenfußer*, S.110; *Schaal*, S. 31 ff. (allerdings nur für aktives Tun, ablehnend insoweit für Unterlassen, vgl. S. 114 ff.); *Wessels/Beulke*, AT Rn. 158 a. Auch der BGH in NJW 1993, 1723 m.w.N. stimmt den Literaturmeinungen, die diese Formel verwenden im Ergebnis zu. Allerdings stützt er sich nicht primär auf diese Formel, sondern begründet seine Entscheidung mit dem in ständiger Rechtsprechung vertretenen Grundsatz, es sei gleichgültig, ob neben der haftungsbegründenden Ursache noch andere Umstände zur Herbeiführung des Erfolgs mitgewirkt haben. *Graf/Jäger/Wittig-Merz*, Vor §§ 13 ff., Rn. 19 vertritt die Auffassung, dass in solchen Fällen eine Kombination aus kumulativer und alternativer Kausalität gegeben sei: Soweit die not-

Diese Formel stellt eine **Modifizierung der Conditio-sine-qua-non-Formel** dar, die auf *Träger*[273] zurückgeht und lautet:

„*Ferner muss, von zwei oder mehreren Umständen, trotzdem sie einzeln weggedacht den juristisch relevanten Erfolg zwar gänzlich unverändert lassen, jeder Umstand als Bedingung im Rechtssinne gelten, wenn die beiden oder die mehreren Umstände selbständig entscheidende Bedingungen im Verhältnis zueinander sind, wenn sie also insgesamt nicht weggedacht werden können, ohne dass der juristisch bedeutsame Erfolg entfiele.*"

Anders ausgedrückt: Von mehreren Bedingungen, die zwar alternativ, nicht aber kumulativ hinweggedacht werden können, ohne dass der Erfolg entfiele, ist jede erfolgsursächlich.[274]

a) Die dogmatische Begründung der alternativen Kausalität

Fraglich ist zunächst, wie die Formel von der alternativen Kausalität strafrechtsdogmatisch zu begründen ist. Diese Formel erlaubt die Bejahung von Kausalität; damit ist sie aber noch nicht als systemkonform und strafrechtsdogmatisch stringent erwiesen.

i) Die Ansätze von *Traeger* und *Tarnowski*

Traeger liefert tatsächlich keine nähere dogmatische Begründung für die von ihm entwickelte Modifizierung der Äquivalenztheorie. Grundlage seines Ansatzes ist der „*juristisch bedeutsame Erfolg*"[275], das heißt dass er von allen Einzelheiten, die in juristischer Beziehung bedeutungslos sind, absehen möchte, was vor allem für solche Nebenumstände gelte, die für den juristischen Effekt überhaupt nicht relevant sein könnten. *Traeger*[276] erkennt, dass der Erfolg so für die juristische

---

wendige Mehrheit betroffen sei, liege kumulative Kausalität vor, für die über die erforderliche Stimmzahl hinausgehenden Stimmen sei alternative Kausalität gegeben.

Toepel, JuS 1994, 1009, 1012, lehnt die Formel von der alternativen Kausalität ab und will die hierunter gefassten Fallkonstellationen allein „*durch konsequente Anwendung der Conditio-sine-qua-non-Formel*" lösen.

272 Die Terminologie ist uneinheitlich und so wird die alternative Kausalität auch als Doppelkausalität (so etwa *Krey/Esser*, AT, Rn. 324) und Mehrfachkausalität (vgl. *Dencker*, S. 50 ff; NK-*Puppe*, Vor § 13 Rn. 88, 108 ff.; *Wessels/Beulke*, AT Rn. 157) und sogar als „kumulative Kausalität" (so *Puppe* in Roxin-FS, 287, 290) bezeichnet.

273 *Traeger*, S. 47 f.

274 So u.a. *Heinrich*, AT 1 Rn. 229; *Krey/Esser*, AT Rn. 317; *Kühl*, AT § 4 Rn. 19; *Toepel*, JuS 1994, 1009, 1010; *Wessels/Beulke*, AT Rn. 157 m.w.N.

275 S. 41 ff.

276 S. 42.

Würdigung anders gestaltet wird, mit der Folge, dass „*der Boden rein kausaler Betrachtung verlassen*“ wird, „*indem ein juristisches Werturteil eingeschoben wird. Aber dieses Verfahren ist unvermeidbar*“.

Als Argument für die Abwandlung der Conditio-sine-qua-non-Formel für Fälle der alternativen Kausalität argumentiert *Traeger* schlicht mit der „*Klarheit und Einfachheit*“ des Verfahrens.

Es ist allerdings zweifelhaft, ob diese beiden Attribute als dogmatische Begründung ausreichend sind.[277]

Basierend auf den Ausführungen von *Traeger* versucht *Tarnowski*[278], eine tragfähige Begründung für die Formel der alternativen Kausalität zu erarbeiten. Seiner Auffassung nach folgt die von *Träger* formulierte Modifizierung der Äquivalenztheorie aus der abstrakten Erfolgsbetrachtung.[279] Da der Erfolg abstrakt sei, gebe es auch eine Mannigfaltigkeit von Bedingungskombinationen, die ihn auslösen könnten. Ein Glied a, das zusammen mit einem bestimmten Komplex (b+c+d+...) die Kausalkette bilde, die den abstrakten Erfolg W herbeiführe, könne durch eine Reihe anderer Umstände (a', a''...) erklärt werden, ohne dass der Erfolg dadurch ein anderer werde.[280] Die sämtlich sich gegenseitig vertretenden Umstände a, a', a'', usw. bildeten die abstrakte Bedingungskategorie A. Es sei jeweils nur der Hinzutritt eines der zur Kategorie A gehörenden Umstände zu dem übrigen Bedingungskomplex (b+c+d+...) erforderlich, damit die Kausalkette K sich schließe und der Erfolg eintrete. Seien aber zugleich zwei oder mehrere dieser Umstände nebeneinander verwirklicht, so sei das für den Bedingungscharakter des einzelnen Umstandes ohne jede Bedeutung. Es komme für die Erklärung des abstrakten Erfolges nur darauf an, dass zu dem konstanten Komplex die abstrakte Kategorie A hinzutrete, gleichgültig wie viele einzelne Umstände a, a', a'' verwirklicht seien.[281]

Tarnowski versucht das Problem alternativer Kausalität also im Ergebnis durch – abstrakte – Erfolgskonkretisierung zu lösen. Damit hängt das Bestehen einer Alternativproblematik jeweils davon ab, wie genau der Erfolg geschildert

277 Vgl. hierzu die kritischen Ausführungen von *Dencker*, S. 63 ff., der die „*Evidenz des Ergebnisses*“ für nicht als ausreichend erachtet.
Eine Begründung aus dem reinen Rechtsempfinden heraus gibt auch *Jakobs*, Lackner-FS, S. 57 und 67, wenn er argumentiert, dass es nach dem Zweck strafrechtlicher Zurechnung nicht zulässig sei, „*überbedingte Erfolge überhaupt niemandem zuzurechnen*“, denn es sei völlig unverständlich, wenn als Ergebnis für den Schadensverlauf niemand für „zuständig“ erklärt würde, obgleich sich alle falsch verhalten hätten und obgleich bei allseits korrektem Verhalten der Erfolg auch ausgeblieben wäre.

278 Vgl. S. 34 ff., 44 ff.

279 *Tarnowski*, S. 45.

280 *Tarnowski*, S. 46 f.

281 *Tarnowski*, S. 47.

und wie detailliert die wertende Erfolgsbeschreibung betrieben wird.[282] Es gibt allerdings Fälle, in denen die Konstellation alternativer Kausalität nicht durch Erfolgskonkretisierung gelöst werden kann. Hierbei handelt es sich um solche Fallgestaltungen, bei denen nicht feststellbar ist, welche Handlung der Personen sich im konkreten Fall niedergeschlagen hat.[283]

Letztlich bleibt auch *Tarnowski* den Nachweis schuldig, mit welcher Begründung ein auf der von ihm vertretenen abstrakten Fassung der Erfolgsbeschreibung beruhendes Problem durch Modifizierung der Äquivalenztheorie gelöst werden kann.

ii) Kausalität als Rechtsbegriff

Zum Teil wird die Ansicht vertreten, dass die Kausalität ein Rechtsbegriff ist und die Rechtsordnung bestimmt, welche Bedingungen als ursächlich anzusehen sind.[284] Kausalität im Rechtssinne kann daher eine natürliche Kausalität sein, muss dies aber nicht. „*Dies eröffnet die Möglichkeit, klare Ausnahmen von der Conditio-sine-qua-non-Formel zu machen oder sie für die Fälle der Doppelkausalität dahingehend zu modifizieren, dass ursächlich jede Bedingung ist, die zwar alternativ, nicht aber kumulativ hinweggedacht werden kann, ohne dass der Erfolg entfiele.*“[285]

Dieser Ansatz ist zutreffend, doch als alleinige Begründung für die Richtigkeit der Formel von der alternativen Kausalität nicht zufriedenstellend.

iii) Grundsatz der Irrelevanz von Reserveursachen und hypothetischen Kausalverläufen als Grundlage der alternativen Kausalitätsformel

Die Richtigkeit der Formel von der alternativen Kausalität folgt meines Erachtens letztlich aus dem im Strafrecht vorherrschenden Grundsatz, dass ein Rechtsgut nicht deshalb schutzlos gestellt werden kann, weil es bereits „dem Untergang geweiht“ war.[286]

---

282 *Schaal*, S. 36.

283 Beispiel nach *Schaal*, S. 36: O steht auf einem Schrottplatz unter einem schweren Schrottpaket, das von einem großen Elektromagneten gehalten wird. In der Stromversorgungsleitung sind zwei Schalter an verschiedenen Stellen derart „in Reihe“ angebracht, dass beim Betätigen jedes Schalters der Stromkreis unterbrochen und die Wirkung des Magneten aufgehoben wird. Unabhängig voneinander betätigen A und B gleichzeitig die beiden Schalter, so dass das Schrottpaket herabfällt und den O tötet.

284 *Baumann/Weber/Mitsch*, AT, § 14 Rn. 6 f., m.w.N.

285 *Baumann/Weber/Mitsch*, AT, § 14 Rn. 41.

286 Vgl. insoweit die h.M. zur Fallgruppe der hypothetischen Kausalverläufe im Rahmen der objektiven Zurechnung. Auch hier wirkt sich der hypothetische Kausalverlauf nicht zugunsten

Reserveursachen und hypothetische Kausalverläufe sind
– zumindest im Rahmen der Kausalitätsprüfung –
nicht zu berücksichtigen.[287] Diese Auffassung wird von dem Gedanken getragen, dass es im Strafrecht keine wertlosen Rechtsgüter gibt. Ein Rechtsgut ist nicht deshalb schutzlos dem Angriff des Täters ausgesetzt, weil seine **Verletzung von anderer Seite** nicht mehr abwendbar ist.[288] Dieser Gedanke liegt auch der Formel der alternativen Kausalität zugrunde:

Das **Schulbeispiel alternativer Kausalität** ist der Fall, dass zwei Täter dem Opfer unabhängig voneinander Gift eingeflößt haben und jeder Tatbeitrag alleine ausreichend war, den Tod des Opfers herbeizuführen.[289] Jeder der beiden Täter hat eine tatsächliche Ursache für den Erfolg gesetzt, die diesen tatsächlich erklärt. Das Rechtsgut war bereits von anderer Seite dem Untergang geweiht, aber noch nicht untergegangen. Folglich ist die Rechtsgutsverletzung beiden Tätern auf der Kausalitätsebene zuzurechnen. Wie die zutreffende Analyse von *Schaal*[290] und *Dencker*[291] zeigt, können die Fälle alternativer Kausalität nun auf der Grundlage der Unterscheidung von Ursache und Reserveursache als *„Grenzfall dieser Differenzierung verstanden werden“*. Die beiden ganz oder teilweise verschiedenen Ursachenkomplexe sind beide wahr und fallen in einem Zeitpunkt zusammen, sind also nicht mehr nach Ursache und Reserveursache differenzierbar. Je nach Betrachtungsweise, erscheinen die Handlungen beider Täter als Ursache bezie-

---

des Täters aus: *Baumann/Weber/Mitsch*, AT, § 14 Rn. 17 f.; *Fischer*, Vor § 13 Rn. 31; *Schönke/Schröder-Lenckner-Eisele*, Vor § 13 Rn. 97; SK-StGB, *Rudolphi*, Vor § 1 Rn. 60; *Stratenwerth/Kuhlen*, AT, § 8 Rn. 42.

Differenzierend: *Dencker*, S. 74 ff., 114 ff.; *Kühl*, AT, § 4 Rn. 79 ff.; *Roxin*, AT I, § 11, Rn. 59; SK-*Rudolphi*, Vor § 1 Rn. 59 f.; die den hypothetischen Kausalverlauf jedenfalls dann als irrelevant betrachten, wenn die Ersatzursache in der rechtswidrigen Handlung eines Dritten besteht.

287 *Baumann/Weber/Mitsch*, AT, § 14 Rn. 17 f.; *Fischer*, Vor § 13 Rn. 31; *Heinrich*, AT 1, Rn. 233; *Kühl*, AT, § 4 Rn. 12; *derselbe*, StGB Vor § 13, Rn. 10; *Roxin*, AT I, § 11, Rn. 22; *Schönke/Schröder-Lenckner/Eisele*, Vor § 13 Rn. 80; SK-*Rudolphi*, Vor § 1 Rn. 45; *Wessels/Beulke*, AT Rn. 161.

288 *Schaal*, S. 93 f.

289 *Traeger*, S. 45 f.; Dieser Fall wird mittlerweile von zahlreichen Autoren als Beispiel für einen Fall alternativer Kausalität herangezogen. Vgl. *Heinrich*, AT 1 Rn. 228; *Kühl*, AT, § 4 Rn. 19; *Beulke/Bachmann*, JuS 1992, 737, 743; *Wessels/Beulke*, AT Rn 157. Vgl. zu einer ähnlichen Konstellation auch das Beispiel bei *Baumann/Weber/Mitsch*, AT § 14 Rn. 42, in dem alle Soldaten eines Erschießungskommandos das Opfer zur gleichen Zeit tödlich treffen. Haben allerdings nicht alle gleichzeitig geschossen, *„so muss beweisrechtlich zugunsten eines jeden angenommen werden, dass er es nicht war. Ergebnis: Alle sind nur wegen versuchter Tötung strafbar.“* Im Ergebnis ebenso *Heinrich*, AT 1 Rn. 230.

290 S. 94 f.

291 S. 67 ff.

hungsweise Reserveursache, da sie jeweils geeignet waren, die Rechtsgutsverletzung herbeizuführen.

Schaal[292] erweitert den Grundsatz, das ein Rechtsgut nicht dadurch schutzlos werden dürfe, dass es zeitgleich oder später durch einen nicht verwirklichten Verlauf untergegangen wäre (Reserveursache), dahingehend, dass auch ein Rechtsgut, welches gleichzeitig von dritter Seite real verletzt würde (alternative Ursache) einem aktuellen Angreifer gegenüber vollen Schutz genießen müsse. Beim zeitlichen Zusammentreffen von Ursache und Reserveursache seien beide wie Ursachen zu behandeln, weil sie real gegeben (wahr) seien und auf ein taugliches Tatobjekt träfen.

Somit bleibt festzuhalten, dass der Grundsatz der Irrelevanz von Reserveursachen und hypothetischen Kausalverläufen eine überzeugende dogmatische Begründung für die Formel der alternativen Kausalität darstellt.

b) Anwendung der alternativen Kausalität auf die überbedingte Gremienentscheidung

Bei genauer Betrachtung des dargelegten Schulbeispiels alternativer Kausalität (Vergiftungsfall)[293] lässt sich eine Parallelität mit der vorliegend untersuchten Gremiumsproblematik erkennen. Denn auch bei dem Gremiumsbeschluss, der mit mehr als der erforderlichen Mehrheit der Stimmen zustande gekommen ist, besteht zwischen den Stimmen ein Alternativverhältnis. Das gesundheitsgefährdende Produkt wäre nicht weiter produziert und vertrieben worden, wenn alle Mitglieder des verantwortlichen Kontrollorgans gegen die weitere Produktion und des weiteren Vertrieb des Produkts gestimmt hätten.[294]

Allerdings zeigt sich auch ein Unterschied zwischen dem „klassischen“ Fall alternativer Kausalität, dem Vergiftungsfall, und dem der Gremienentscheidung: Im erstgenannten Beispiel kann einer der beiden Täter den Erfolg alleine herbeiführen, denn die von ihm verwendete Menge Gift genügte bereits, um den Tod des Opfers zu bewirken. Dies gilt so nicht für den Fall der Gremienentscheidung. Hier kann das einzelne Mitglied den Beschluss und den auf diesem beruhenden Erfolg gerade nicht ohne Zutun einer bestimmten Anzahl der übrigen Gremiumsmitglieder bewirken.[295] Auf den Ausgangsfall (s.o. S. 14 f.) bezogen bedeutet dies, dass die fünfte, im Hinblick auf die für die Beschlussfassung erforderliche Mehr-

---

292 S. 95 f.

293 S.o. Erster Teil, A. V. 5. a) iii) im Text.

294 *Bock*, Produktkriminalität, S. 79, die die alternative Kausalität allerdings als kumulative Kausalität bezeichnet.

295 Vgl. auch *Franke*, JZ 1982, 579, 582; *derselbe* in Blau-FS, S. 227, 241 und insbesondere Fn. 75; *Schaal*, S. 32; *Weißer*, S. 106 ff.

heit (vier Stimmen) zu viel abgegebene Stimme den Erfolg unter keinen Umständen hätte **alleine** bedingen können.

Schaal bezeichnet diese Fälle als „*Alternativität kumulativer Kausalbeiträge*“[296], wobei einer der kumulativ erforderlichen Umstände (mindestens für den Mehrheitsbeschluss notwendige Stimmen) mehrfach (alternativ) durch die weitere Stimme gegeben ist.

Diese Fallgestaltung ist aufgrund des Äquivalenzprinzips ebenso zu behandeln wie die klassische Konstellation alternativer Kausalität. Jede Einzelbedingung (Stimmabgabe) ist **Teil der Gesamtursache** (rechtswidriger Beschluss), die zum eingetretenen Erfolg geführt hat. Mit anderen Worten: Die von verschiedenen Personen gesetzten Umstände lassen sich so ergänzen, dass sie in ihrem Zusammentreffen den Erfolg begründen.[297]

Durch die Formel der alternativen Kausalität ist es somit möglich, im Rahmen der überbedingten Gremienentscheidung die Kausalität des Einzelvotums für den tatbestandsmäßigen Erfolg zu begründen. Die Voten der mit „Ja“ stimmenden Gremienmitglieder können zwar alternativ, nicht aber kumulativ hinweggedacht werden, ohne dass der Erfolg[298] entfiele. Jede Stimme im Verbund mit so vielen anderen Stimmen, wie für eine Mehrheitsentscheidung notwendig sind, ist geeignet, das Zustandekommen des Beschlusses zu erklären. Diese Erklärungskraft geht auch nicht dadurch verloren, dass das Zustandekommen des Beschlusses auch durch andere Stimmenkonstellationen erklärt werden kann.[299] Da keine einzelne Stimme „überholt“ wird, verliert auch keine Stimme ihre kausale Bedeutsamkeit dadurch, dass im Ergebnis ein Überschuss erzielt wird.[300] Wer also für die Weiterproduktion und den weiteren Vertrieb des gesundheitsgefährdenden Produkts gestimmt hat, ist (alternativ) kausal geworden und kann nicht einwenden, auch eine andere Stimme habe zum Erfolg geführt.[301]

---

296 So bezeichnet von *Schaal*, S. 96 f., der auch von der „*Alternativität kumulierender Kausalbeiträge*“ spricht.

297 *Schaal*, S. 97.

298 Auf den oben genannten Ausgangsfall (S. 14 f.) bezogen also aufgrund des rechtswidrigen Beschlusses eingetretene Körperverletzung bei den Produktanwendern.

299 *Kindhäuser*, StGB Vor § 13 Rn. 95; *derselbe*, AT § 10 Rn. 41. Im Ergebnis ebenso *Puppe*, JR 1992, 30, 32 „*Als Einzelursache muss ein Verhalten vielmehr bereits dann genügen, wenn es ein notwendiger Bestandteil einer von möglicherweise mehreren erfüllten nach allgemeinen Regeln hinreichenden Erfolgsbedingungen ist.*“ Zustimmend auch *Jakobs*, Miyazawa-FS, 419, 427: „*Wer für ein rechtswidriges Geschäftsverhalten stimmt, haftet für dieses Geschäftsverhalten, wenn seine Stimme mitgezählt wird und eine – selbst unnötig hohe – Mehrheit zustande kommt, wobei gleichgültig ist, wann er seine Stimme abgegeben hat.*“

300 *Boch*, S. 79; *Kindhäuser*, AT § 10 Rn. 41; *Kühl*, AT § 4 Rn 20 b; *derselbe*, StGB, Vor § 13 Rn. 11 m.w.N.

301 *Wessels/Beulke*, AT Rn. 158 a.

Gegen das hier favorisierte Abstellen auf alternative Kausalität werden im Wesentlichen zwei Argumente vorgebracht: Zum einen sei keine Kongruenz der Fallgruppen gegeben, zum anderen enthalte die Definition alternativer Kausalität die Voraussetzung, dass die Täter unabhängig voneinander handeln, was in Gremienfällen typischerweise nicht gegeben sei.[302]

Gegen das erste Argument ist zu sagen, dass die den Gremienentscheidungen zugrunde liegende Sachverhaltskonstellation gerade ein Beispiel für die Tauglichkeit der Formel von der alternativen Kausalität zur Begründung der Ursächlichkeit ist.[303] Statt von mangelnder Kongruenz der Fallgruppen zu sprechen, ist hervorzuheben, dass die alternative Kausalität in der Lage ist, **auch** die Fallgruppe der Gremienentscheidungen zu lösen. Die Sachverhaltskonstellationen der überbedingten Gremienentscheidung können daher als neue Fallgruppe der alternativen Kausalität eingeordnet werden.[304]

Das Erfordernis des **unabhängigen Handelns der Täter** ist nicht zwingende Voraussetzung der Formel der alternativen Kausalität.[305] Die Frage, ob die Täter unabhängig voneinander oder gemeinsam gehandelt haben, um den tatbestandsmäßigen Erfolg herbeizuführen, ist vielmehr nur Gegenstand der Frage, ob sie mittäterschaftlich, d.h. auf der Grundlage eines gemeinsamen Tatplanes, agiert haben oder nicht.

Knauer[306] bringt als weiteres Argument gegen die Anwendung der Formel der alternativen Kausalität auf die hier untersuchten Fälle der Gremienentscheidungen vor, dass diese Modifizierung ebenso untauglich sei wie die Conditio-sine-qua-non-Formel selbst, weil auch sie das hypothetische Eliminationsverfahren und damit Fehler und Probleme der Grundformel nicht vermeide. *Knauer*[307] begründet dies damit, dass bei konsequenter Anwendung der Formel auch die Gegenstimmen und Enthaltungen, mit denen der Beschluss ergangen ist, kausal für diesen geworden seien. Würden bei einem Beschluss alle ergangenen Voten, einschließlich der Gegenstimmen und der Enthaltungen hinweggedacht, so entfiele der durch den rechtswidrigen Beschluss eingetretene Körperverletzungserfolg. Bei dieser Sichtweise würden auch die Gegenstimme und die Enthaltung zur Bedingung des Erfolges gemacht.

302 Vgl. *Weißer*, S.112; *Knauer*, S. 95.

303 So auch *Meier* in NJW 1992, 3193, 3198.

304 *Kindhäuser*, AT § 10 Rn. 41; *derselbe*, StGB Vor § 13, Rn. 95; spricht insoweit von *„einem speziellen Fall der alternativen Kausalität"*.

305 So hat der BGH in BGHSt 39, 195 auf das Erfordernis unabhängigen Handelns verzichtet.

306 S. 96.

307 S. 96.

Knauer[308] selbst räumt an dieser Stelle allerdings ein, dass dieses Ergebnis über eine Wertungsentscheidung vermieden werden könne, indem man feststelle: Die Gegenstimmen und Enthaltungen hätten mangels Relevanz für den Mehrheitsbeschluss im Gremium zum Erfolg nichts beigetragen und seien deshalb nicht als relevante Bedingungen anzusehen.

Zudem verkennt *Knauer*, dass auch nach der Formel von der alternativen Kausalität grundsätzlich nur solches Verhalten betrachtet werden darf, dass geeignet ist, den Erfolg herbeizuführen. Enthaltung und Gegenstimme fehlt grundsätzlich die Befähigung, den rechtswidrigen Beschluss herbeizuführen.[309] Diese Eignung wohnt lediglich den Ja-Stimmen inne.

Weiterhin ist zu beachten, dass mit Bejahung der Kausalität noch nichts über die Zurechenbarkeit des Erfolges oder gar die Strafbarkeit an sich ausgesagt ist. Kausalität und objektive Zurechnung sind vielmehr strikt zu trennen und gesondert zu beurteilen.

Somit ist im Rahmen der Gremienentscheidung jede Stimme, die einen rechtswidrigen Beschluss unterstützt, kausal für diesen Beschluss und seine Folgen, und zwar unabhängig davon, ob die erforderliche Mehrheit gerade eben erreicht oder überschritten wird. Dieses Ergebnis ergibt sich aus der wertenden Modifikation der Conditio-sine-qua-non-Formel, wie sie für die Fälle alternativer Kausalität angewendet wird.[310]

Ob es weitere Sachargumente für die vorliegend untersuchte Annahme von Kausalität gibt, wird im Anschluss an die nun nachfolgende Erörterung der Mittäterschaft zu klären sein.[311]

6. Kausalitätsbegründung durch mittäterschaftliche Zurechnung

Im Folgenden bleibt zu erörtern, inwieweit die Kausalität bei Gremienentscheidungen darüber hinaus auch mit Hilfe der Rechtsfigur der Mittäterschaft nach § 25 II StGB begründet werden kann. Wie bereits erwähnt, hat der BGH im Lederspray-Urteil hinsichtlich der gefährlichen Körperverletzung durch Unterlassen Mittäterschaft der Geschäftsführer angenommen, ohne näher auf die Kausalitätsfrage einzugehen.[312] Insoweit scheint der BGH bei Kollektiventscheidungen auf die Kausalität des Einzelnen verzichten zu wollten.

---

308 S. 96.

309 Auf die Frage, wie Enthaltung und Gegenstimme zu bewerten sind, wenn durch die Teilnahme des derart abstimmenden Gremiumsmitglieds erst die Beschlussfähigkeit hergestellt wird, wird später ausführlich eingegangen. S.u. Zweiter und Dritter Teil der Untersuchung.

310 *Schaal*, S. 98.

311 S.u. Erster Teil, A. V. 7. und 8.

312 BGHSt 37, 106, 129.

Muss daher die Frage der Einzelkausalität bei Vorliegen einer mittäterschaftlichen Tatbegehung gar nicht mehr geprüft werden, da die Mittäterschaft den Rückschluss auf das Vorliegen der Ursächlichkeit zwischen Abstimmung und Verletzungserfolg impliziert? Oder ist diese Kausalität umgekehrt Voraussetzung für die Bejahung von Mittäterschaft?

Das Verhältnis von Kausalität und Mittäterschaft ist ein viel diskutiertes, aber wenig geklärtes Problem, das insbesondere in der hier untersuchten Fallkonstellation der Kollegialentscheidung zum Tragen kommt. Die insoweit vertretenen Standpunkte sollen hier zunächst dargestellt werden:

a) Kausalität als Voraussetzung für die Annahme von Mittäterschaft

Die Vorschrift des § 25 II StGB wird allgemein als Zurechnungsnorm angesehen.[313] Die Frage der Zurechenbarkeit des Erfolgs nun ist grundsätzlich erst **im Anschluss** an die Feststellung der Kausalität der Tathandlung für den Erfolg zu prüfen.[314] Grundlage dieser Auffassung ist der extensiv verstandene Täterbegriff, wonach die Kausalität zwischen Handlung und Erfolg den maßgeblichen Anknüpfungspunkt für die Strafbarkeit beim Erfolgsdelikt darstellt. Teilnahme ist nach dieser Anschauung nur eine privilegierte Form der Erfolgsverursachung, die ohne die Regelungen der §§ 26 und 27 StGB ebenso gut als Täterschaft erfasst werden könnte. Das Gesetz differenziert aber durch die Sonderregelungen für Anstiftung und Beihilfe zwischen verschiedenen Beteiligungsformen. Daher muss innerhalb des weiten, durch den extensiven Kausalitätsbegriff der Äquivalenztheorie festgestellten Rahmen unterschieden werden, ob ein bestimmter Beitrag Täterschaft begründet, oder als privilegierte Tatbestandverwirklichung den Teilnahmeregelungen unterliegt.[315]

Daher meint eine verbreitete Auffassung in der Literatur, dass Mittäterschaft einen kausalen Beitrag zur Tatbestandsverwirklichung voraussetzt:[316]

Nach Ansicht von *Puppe*[317] ist die Kausalität der Handlung des einzelnen Mittäters

– neben dem gemeinsamen Tatplan und dem Vorsatz –

313 *KreyEsser*, AT, Rn. 807.

314 Statt aller vgl. *Wessels/Beulke* AT Rn. 179.

315 BGHSt 3, 4, 5; *Baumann/Weber/Mitsch*, AT, § 28 Rn. 26ff.; weitere Nachweise bei *Schaal*, S. 173, Fn. 24.

316 *Hoyer*, GA 1996, 160, 173; *Neudecker*, S.209 und S. 220; *Puppe*, JR 1992, 30, 32; *dieselbe*, GA 2004, 129, 131; *Sofos*, S. 157; *Weißer*, S. 155, die diese Auffassung allerdings in JZ 1998, 230, 238 „weiterentwickelt", d.h. im Ergebnis aufgegeben hat.

317 in GA 2004, 129, 131; NK-*Puppe*, Vor § 13, Rn. 108.

eine wesentliche Voraussetzung mittäterschaftlicher Zurechnung. Nur ausnahmsweise sei von diesem Grundsatz eine Ausnahme zu machen, und zwar dann, wenn nach dem Tatplan im Voraus nicht feststehe, durch welche von mehreren zur Herbeiführung und Sicherung des Erfolgs planmäßig vorgesehenen Handlungen dieser schließlich verursacht werde (sog. „additive Mittäterschaft")[318].

Puppe[319] bezeichnet daher den generellen Verzicht auf das Kausalitätserfordernisses im Rahmen der Mittäterschaft als „*zirkelschlüssig*". Sie stützt die Notwendigkeit eines kausalen Beitrages eines jeden Mittäters darauf, dass mit dem vom BGH im Lederspray-Urteil angewandten Argumentationsmuster die Kausalität eines jeden Unbeteiligten für einen Erfolg begründet werden könne, indem man zunächst Mittäterschaft behaupte und sein Verhalten dann nur gemeinsam mit dem kausalen Verhalten eines anderen Beteiligten prüfe. Auf diese Weise gelange man zu dem Ergebnis, dass er gemeinsam mit dem anderen Mittäter kausal für den Erfolg geworden sei, wobei man dieses Ergebnis womöglich noch als Bestätigung der vorausgesetzten Mittäterschaft verwende (Zirkelschluss).

Dieser Argumentation von *Puppe* ist entgegenzuhalten, dass sie insoweit nicht zutreffend ist, als sie geltend macht, dass mit der BGH-Argumentation die Kausalität **eines „jeden Unbeteiligten"** für den Erfolg begründet werden könne. Die Mittäterschaft nach § 25 II StGB erfordert jedoch nach ganz herrschender Meinung einen gemeinsamen Tatentschluss, d.h. vorausgesetzt wird, dass die Täter ihre Tatbeiträge in wechselseitigem Einverständnis leisten.[320] Ganz einhellig wird unter Mittäterschaft das bewusste und gewollte Zusammenwirken mehrerer Personen verstanden.[321]

Dadurch kann gerade nicht die Kausalität eines jeden Unbeteiligten für den Erfolg konstruiert werden, sondern allein desjenigen Beteiligten, der seinen Beitrag zur Tat im Einverständnis mit den anderen an der Tat Beteiligten erbringt.

Auch *Hoyer*[322] ist der Auffassung, dass Täterschaft die Kausalität nicht zu ersetzten vermag, sondern zu ihr hinzutreten muss, damit ein Tatbestand des Besonderen Teils verwirklicht ist. Hierzu argumentiert er, dass nur dann ein wesentlicher Tatbeitrag im Sinne der Mittäterschaft vorliegen könne, wenn das Verhalten auch kausal für den betreffenden Taterfolg sei. Kausalität sei Mindest-

318 Auf die Rechtsfigur der additiven Mittäterschaft wird im Rahmen dieser Arbeit an anderer Stelle ausführlich eingegangen werden, s.u. Erster Teil, A. V. 6. c) im Text.

319 in JR 1992, 30, 32; zustimmend ihr Schüler *Sofos*, S. 157; ebenso *Bock*, S. 78 f.

320 Statt aller *Krey/Esser* AT, Rn. 808 m.w.N.

321 *Fischer*, StGB § 25 Rn. 11.

322 in GA 1996, 160, 173; ähnlich argumentiert auch *Neudecker*, S. 209 und S. 220.

voraussetzung schon für jede Teilnahmehaftung, und sei erst recht für die Täterhaftung unentbehrlich.[323]

Nach *Seher*[324] muss jeder Mittäter grundsätzlich einen kausalen Tatbeitrag leisten. Dieses Erfordernis ergebe sich aus der Kausalität als ungeschriebenes Merkmal aller Erfolgstatbestände. Allerdings erkennt *Seher* zwei Fallkonstellationen an, in denen sich aus jenem Erfordernis zufällige und unbillige Strafbarkeitslücken ergäben, nämlich erstens dann „*wenn ungeklärt bleibt, wessen Tatbeitrag für den Erfolgseintritt kausal geworden ist*"[325], und zweitens „*bei überbedingten Handlungsverläufen*"[326]. Nach Auffassung von *Seher* könne hier allein unter Verzicht auf die Kausalität des Einzelbeitrags und mit dem Abstellen darauf, dass die *Gesamttat* der Mittäter den Erfolg verursacht hätte, verhindert werden, dass der einzelne Beteiligte sich unter Verweis auf die unbeweisbare Kausalität aus der kollektiv übernommenen Verantwortung stehle.[327]

b) Verzicht auf die Individualkausalität bei Mittäterschaft

Im Gegensatz dazu ist nach Auffassung zahlreicher Stimmen in der Literatur[328] die Kausalität des einzelnen Tatbeitrags für den Erfolg bei Vorliegen von Mittäterschaft generell entbehrlich:

Herzberg,[329] der das Bewusstsein für die Problematik des Kausalitätserfordernisses bei der Mittäterschaft geweckt hat, rechnet jedem am gemeinsamen Tatplan und an der gemeinsamen Ausführung Beteiligten die Vollendung zu, und zwar auch ohne Vollendungskausalität des Beitragenden, also selbst dann, **wenn sein Hinzutritt an dem zur Vollendung führenden Geschehen, von diesem**

323 *Hoyer*, GA 1996, 160, 173.

324 in JuS 2009, 304, 307.

325 Vgl. den vom Schweizerischen Bundesgericht (BGE 113, 1987, 58 ff.) entschiedenen Fall der beiden Bergwanderer, die beide jeweils einen großen Felsbrocken einen Abhang hinunterrollen ließen. Durch einen der Steine wurde ein Mensch getötet, wobei sich im nachhinein nicht mehr feststellen ließ, wer von den beiden Männern den zum Tode führenden Stein gerollt hatte. Siehe dazu auch *Dencker*, S. 178, Fn. 148; *Puppe*, GA 2004, 129; *Seher*, JuS 2009, 304, 307, Fn. 28; *Weißer*, S. 154 f.; *dieselbe*, JZ 1998, 230, 234.

326 *Seher*, JuS 2009, 304, 307; wobei er die letztgenannte Fallgruppe am Beispiel der Gremienentscheidung erörtert.

327 *Seher*, JuS 2009, 304, 307.

328 *Baumann/Weber/Mitsch*, AT, § 14 Rn. 37; *Beulke/Bachmann*, JuS 1992, 737, 743; *Dencker*, 162 ff., 164; *Deutscher/Körner*, wistra 1996, 327, 333; *Fischer*, § 25 Rn. 11; *Herzberg*, S. 56 ff; *derselbe* in ZStW 1987, 49, 54 f.; *Jakobs*, Herzberg-FS, 395, 400 ff., 402 (jedenfalls für die Fälle der Chancen- und Risikoaddition); *Kühl,* StGB, § 25 Rn. 11; *Roxin* AT II, § 25 Rn. 211 ff., 213, 241; *Schlüchter*, JuS 1976, 518, 520; *Schumann* in StV 1994, 106, 110.

329 S. 56 ff.; *derselbe* in ZStW 1987, 49, 54 f.

Hinzutreten als solchem abgesehen, nichts ändert: Die Anerkennung von Mittäterschaft überwinde den Mangel an Kausalität.[330]

Auch nach *Roxin*[331] ist für die Mittäterschaft eine Kausalität des einzelnen Mittäters für den Erfolg nicht unbedingt erforderlich. Es genügt, dass das gemeinsame Verhalten als solches den Erfolg verursacht hat[332] und dass es auf den Beitrag des Einzelnen bei der Betrachtung *ex ante* hätte ankommen können.

Beulke/Bachmann[333] verneinen ebenfalls die Frage, ob Mittäterschaft Kausalität erfordere, mit der Begründung, dass Mittäterschaft zwar einen

– wie auch immer beschaffenen –

Tatbeitrag voraussetze; dieser müsse aber für sich genommen nicht notwendig kausal sein. Es sei gerade eine der wichtigsten Funktionen der Rechtsfigur der Mittäterschaft, in Fällen zweifelhafter Kausalität aller einzelnen Tatbeiträge der Mittäter dem Richter das „Auseinanderdividieren" dieser Einzelbeiträge zu ersparen.

Beulke/Bachman[334] räumen ein, dass durch diesen „Trick" zwar die „reine" Kausalitätsfrage umgangen werde; doch würden dadurch Ergebnis und Begründung nicht unrichtig.

In diesem Sinne ist auch *Ransiek*[335] zu verstehen, wenn er darlegt, dass jeder, der an einer Tat tatsächlich beteiligt ist, sich nicht darauf berufen kann, alles wäre ohne sein Zutun im Ergebnis genauso ausgegangen. Entscheidend sei nach dieser Auffassung allein die Bedeutung des erbrachten Tatbeitrages für das **tatsächliche Geschehen**, nicht die Beantwortung der hypothetischen Frage, ob der Erfolg ohne die Mitwirkung ebenso eingetreten wäre.

Nach Auffassung von *Dencker*[336] ist Anknüpfungspunkt ein „*Gesamttatbestand*" (etwa: „*diejenigen, welche gemeinschaftlich töten*"[337]), und Mittäter soll sein, wer für die Verwirklichung dieses Gesamttatbestands durch eine „*wesentli-*

---

330 *Herzberg*, S. 61, verweist insoweit offen auf die „*archaische*" Rechtsregel „*Mitgegangen – mitgehangen*".

331 *Roxin* AT II, § 25 Rn. 211 ff., 213, 241; auch *Schumann* in StV 1994, 106, 110 spricht sich gegen das Erfordernis eines kausalen Tatbeitrages eines jeden Mittäters aus und lässt ein arbeitsteiliges Handeln aufgrund des gemeinsamen Tatplanes genügen. *Baumann/Weber/Mitsch*, AT, § 14 Rn. 37 und *Schlüchter*, JuS 1976, 518, 520, gehen davon aus, dass bei der Verabredung der Handlungen die Kausalitätsfrage nicht auftrete, da dann Zurechnung kraft Mittäterschaft erfolge. Damit verzichten sie im Ergebnis bei Vorliegen von Mittäterschaft auf einen kausalen Beitrag des Einzelnen.

332 *Roxin*, AT II, § 25 Rn. 213; ebenso *Hilgendorf*, NStZ 1994, 561, 563; *Knauer*, S. 83 ff., 133 ff.; *Schönke/Schröder-Heine*, § 25 Rn. 76 b; *Wessels/Beulke*, AT, Rn. 165.

333 in JuS 1992, 737, 743; ebenso *Deutscher/Körner*, wistra 1996, 327, 333.

334 in JuS 1992, 737, 743.

335 in Unternehmensstrafrecht, S. 61.

336 S. 162 ff., 164.

337 *Dencker*, S. 140.

che Handlung" ursächlich wird. Dieser Ansatz wurde von *Dencker* hauptsächlich für Fälle der „*Redundanz der Erfolgsbedingungen*"[338] entwickelt.

Ähnlich wie *Dencker* bestimmt auch *Jakobs*[339] die Mittäterschaft

– jedenfalls in den Fällen der Chancen- und Risikoaddition –

unabhängig davon ob kausales Einzelverhalten vorliegt danach, „*ob ein Beitrag Teil des gemeinsamen Unternehmens ‚Tatbestandsverwirklichung' ist, also an andere Beiträge mit diesem Sinn anknüpft oder solche vorbereitet, und wenn das Unternehmen als Ausführungs**sequenz** durchgeführt wird, aber eben **ein** Unternehmen bleibt*". Wird dies bejaht, so "*ist jeder für einen Abschnitt der Sequenz Zuständige regelmäßig (und Vorsatz unterstellt) auch für die Vollendung zuständig, so sie eintritt*". *Jakobs*[340] hebt hervor, dass ein nicht allein Ausführender den Taterfolg nie wie ein restlos Selbst-Begehender, sondern immer *sinnvermittelt* ausführe, was heißt: Das

– im durchaus traditionellen Verständnis kausale –

Ausführungsverhalten werde den anderen Beteiligten nach dem *Sinn* ihrer Verbindung mit dem Ausführenden zugerechnet. Dabei sei der Beitrag eines nicht selbst verursachenden Beteiligten in juristisch relevanter Sicht nicht gesetzmäßige Bedingung einer Vollendung sondern Grund, ihm deren Herbeiführung zuzurechnen, wobei der Grund, die Vermittlung durch Sinn, verengend oder erweiternd wirken könne.[341] Nach Auffassung von *Jakobs*[342] werden die Beteiligten wie eine Person behandelt, und wie bei dieser nicht gefragt werden müsse, mit welchem Angriff von einigen einheitlich vollzogenen Angriffen die Vollendung erreicht wurde, es vielmehr hinreichend sei zu wissen, dass sie sich als das Ergebnis einer einheitlichen Tat einstellte, so könne im Falle von Beteiligung der genaue Kausierungsvorgang als beteiligungsintern behandelt werden, was heißt: dahingestellt bleiben, wenn nur feststehe, dass es um Beteiligung gehe.

c) Stellungnahme

Zunächst ist festzuhalten, dass in vielen Fallkonstellationen ein kausaler Tatbeitrag jedes einzelnen Mittäters gegeben sein wird. In solchen Fällen kommt es auf die Frage der Notwendigkeit des kausalen Einzelbeitrages bei der Mittäterschaft nicht an.

---

338 Vgl. S. 164; Vorliegend wird die Bezeichnung der „*überbedingten Erfolgsherbeiführung*" bevorzugt.

339 in Herzberg-FS, 395, 400 ff., 402.

340 in Herzberg-FS, 395, 401; Hervorhebungen dort.

341 *Jakobs*, Herzberg-FS, 395, 402 f.

342 in Herzberg-FS, 395, 409.

Dies sei an den folgenden beiden Beispielen[343] dargestellt:

(1) A und B schlagen aufgrund eines gemeinsamen Tatentschlusses den O. Beide haben jeder für sich bereits den Tatbestand des § 223 StGB erfüllt, d.h. ein kausaler Tatbeitrag liegt vor und sowohl A als auch B wären bereits ohne die Regelung des § 25 II StGB strafbar.

(2) Daneben gibt es die Fälle der echten arbeitsteiligen Tatbegehung, wie etwa beim Raub nach § 249 StGB, bei welchem A das Opfer gemäß dem gemeinsamen Tatplan mit einer Pistole in Schach hält, während B dem Opfer die Brieftasche wegnimmt. Hier droht A, und B nimmt weg. Jeder hat einen kausalen Tatbeitrag geleistet, der dem jeweils anderen über § 25 II StGB zugerechnet wird.

Darüber hinaus gibt es allerdings auch solche Sachverhalte, in denen der Einzelne keinen im Sinne der Conditio-sine-qua-non-Formel kausalen Beitrag geleistet hat, eine Mittäterschaft aber dennoch überwiegend angenommen wird. Die Rede ist von den beiden Fallgruppen, die unter den Begriffen der **„additiven Mittäterschaft“**[344] einerseits und der *„alternativen Mittäterschaft“*[345] andererseits diskutiert werden. Auf letztere soll hier nicht weiter eingegangen werden, da sie im Bereich von Gremienentscheidungen, soweit ersichtlich, nicht bedeutsam wird.

Schulbeispiele für die additive Mittäterschaft sind die so genannten **„Attentat-Fälle“**[346], in denen beispielsweise zwanzig Verschwörer gleichzeitig auf ihr Opfer

343 aus *Krey/Esser*, AT, Rn. 803. Diese erörtern anhand der genannten Beispiele, ob § 25 II StGB strafbegründend ist.

344 *Herzberg*, S. 56ff.; *Knauer*, S. 139ff., 157f.; *Maurach/Gössel/Zipf*, AT 2, § 49 II Rn. 37ff.; *Rodríguez Montañéz*, Roxin-FS, 307, 321; *Roxin*, AT II, § 25 Rn. 229f.; *Weißer*, S. 93ff.; Auch *Neudecker* (S. 221f.), die grundsätzlich einen kausalen Tatbeitrag als Voraussetzung der Mittäterschaft fordert, macht eine Ausnahme für die Form der sog. additiven Mittäterschaft für die auch sie anerkennt, dass die Mittäterschaft kausalitätsersetzend ist. Im Ergebnis lehnt sie dann jedoch eine Übertragbarkeit der additiven Mittäterschaft auf die Kollegialentscheidung ab (s.u. Erster Teil A. V. 6. d) ii), S. 84).

345 *Schaal*, S. 177, definiert alternative Mittäterschaft als Sachverhaltsgestaltung, in der die Mittäter *„sich dadurch ergänzen, dass sie an verschiedenen Tatorten gleichzeitig zur Tatbestandsverwirklichung bereitstehen, weil sie wissen, dass so die Chance, das Opfer anzutreffen und angreifen zu können, erhöht wird“*.
Schulbeispiel für die alternative Mittäterschaft ist der Fall, in welchem zwei Täter ihrem Opfer an zwei verschiedenen Wegen auflauern, bei denen sicher ist, dass das Opfer einen von ihnen nehmen muss und einer der Täter von ihnen das Opfer dann erschießt. Hier ist nach richtiger Auffassung Mittäterschaft zu bejahen. Vgl. *Roxin*, AT II, § 25 Rn. 231ff.; ebenso *Dencker*, S. 129f.; *Knauer*, S. 158; LK-StGB, *Schünemann*, § 25 Rn. 191ff.; *Maurach/Gössel/Zipf*, § 49, Rn. 41; *Schaal*, S. 177. Auch im Fall alternativer Mittäterschaft lässt sich die Mittäterschaft des nicht „zum Zuge“ kommenden Mittäters nicht begründen, wenn man Kausalität seines Tatbeitrags für den Erfolg verlangt.

346 In Anlehnung an *Herzberg*, S. 56; aufgegriffen u.a. von *Maurach/Gössel/Zipf*, AT 2, § 49 II Rn. 38; *Roxin*, AT II, § 25 Rn. 229. *Baumann/Weber/Mitsch* AT, § 14 Rn. 42, ordnen dieses

schießen, um das Gelingen des Attentats wahrscheinlicher zu machen, das Opfer auch von mehreren Kugeln tödlich getroffen wird, sich aber im Nachhinein nicht mehr feststellen lässt, von welchem Schützen die tödlichen Kugeln stammen. Nur die Annahme von Mittäterschaft gestattet in einem solchen Fall die Bestrafung aller wegen vorsätzlichen Mordes (anstatt wegen bloßen Versuchs), obwohl die Kausalität der einzelnen Schüsse nicht nachweisbar ist.[347]

Die Mittäter erbringen demnach „gleichartige“ und „gleichgewichtige“ Tatbeiträge[348], die vorsorglich gebündelt werden, damit eine höhere Chance der Erfolgsverwirklichung erreicht wird.[349]

Mittäterschaft setzt **Tatherrschaft** voraus, wobei Tatherrschaft hier „Mitherrschaft“, d.h. funktionale Tatherrschaft durch arbeitsteiliges Zusammenwirken bedeutet.[350] Funktionelle Tatherrschaft erfordert danach grundsätzlich, dass „*der Ausfall des Einzelnen auch für die anderen den Plan zum Scheitern bringt*“[351]. Da mit diesem Ansatz die Fälle der Chancen- und Risikoaddition nicht erfasst werden, wurde der Begriff der funktionalen Tatherrschaft wie folgt erweitert: Von jedem, der das Gelingen der Tat wahrscheinlicher mache, könne der Erfolgseintritt abhängen.[352] Folglich erfordert Tatherrschaft **nicht**, dass der Mittäter durch sein eigenes Verhalten den Deliktserfolg verhindern kann, oder ohne seinen Tatbeitrag die Verwirklichung des Straftatbestandes nicht erfolgt.[353]

Beispiel den Fällen der Doppelkausalität (alternativen Kausalität) zu.

347 *Roxin*, AT II, § 25 Rn. 229.

348 *Herzberg*, S. 68 ff.

349 *Maurach/Gössel/Zipf*, AT 2, § 49 II Rn. 37; und *Schaal*, S. 175, gehen zusätzlich davon aus, dass die einzelnen Tatbeiträge bei additiver Mittäterschaft jeweils allein geeignet waren, den Erfolg zu bewirken.

350 *Krey/Esser*, AT Rn 863 ff.; *Roxin*, AT II, § 25 Rn. 188 ff.; Im Gegensatz zu der in der Literatur vertretenen Tatherrschaftslehre stellt die Rechtsprechung für die Beurteilung des täterschaftlichen Gewichts des Tatbeitrags auf den **Täterwillen** als tragendes Kriterium ab (vgl. RGSt, 74, 84, 85, 86; BGHSt 37, 289, 291). Vgl. Übersicht über die Tatherrschaftslehre und die Ansicht der Rechtsprechung bei *Roxin*, AT II, § 25 Rn. 211 ff.; 215 ff. und bei *Seher*, JuS 2009, 1, 3 f.; 304, 307 f.

351 *Rodríguez Montañéz*, Roxin-FS, 307, 321; *Roxin*, AT II, § 25 Rn. 229 f.; *derselbe* in TuT, S. 733 ff.; LK-StGB, *Schünemann*, § 25 Rn. 193.

352 *Kühl*, StGB, § 25 Rn. 11; LK-StGB, *Schünemann*, § 25 Rn. 194; *Roxin*, TuT, S. 734. Kritisch hierzu *Jakobs*, Herzberg-FS, 395, 399, nach dessen Auffassung diese Erweiterung zu kurz greife, da eine das erlaubte Risiko übersteigende Erhöhung der Erfolgswahrscheinlichkeit durch eine Ausführungshandlung *per se* deren *Versuchs*charakter begründe (der Versuch werde beherrscht, gestaltet), ohne – abermals: *per se* – für die Zurechnung der Vollendung etwas herzugeben. Der Ansatz gewinne aber an Plausibilität wenn das von den Beteiligten konkret gestaltete Geschehen als eine nicht zerlegbare Einheit begriffen werde.

353 *Ransiek*, Unternehmensstrafrecht, S. 61 f.

Bei einer Betrachtung *ex ante*,[354] d.h. aus der Perspektive der Tatzeit gesehen, hat jeder Schütze bei der Ausführung der Tat eine wichtige Funktion, denn jeder einzelne Schuss macht das Gelingen sicherer und kann für den Erfolg entscheidend sein. Jeder der Schüsse stellt einen wesentlichen Tatbeitrag dar, da jeder von ihnen den Tod des Opfers herbeiführen konnte und den Erfolg „wahrscheinlicher" gemacht hat. Darüber hinaus ist der Tatbeitrag jedes Schützen gleichrangig, denn jeder Tatbeitrag weist ein gleich intensives Einwirkungsverhalten jedes einzelnen Schützen auf.

Roxin[355] bringt dies auf folgende Formel: „*Bei der additiven Mittäterschaft greifen die einzelnen Tatbeiträge nicht ineinander, sondern verstärken durch die Kumulierung nebeneinander herlaufender Handlungen die Erfolgsaussichten der Tat. Auch dies ist noch eine Form der funktionalen Tatherrschaft.*"

In Fällen der additiven Mittäterschaft wirkt die Mittäterschaft somit **kausalitätsersetzend**.

Dies ist entgegen *Puppe*[356] auch nicht zirkelschlüssig. Nach dem Wortlaut des § 25 II StGB sind Mittäter diejenigen, die eine Tat „*gemeinschaftlich*" begehen. Das bedeutet, dass der Mittäter nicht alle objektiven Tatbestandsmerkmale des Besonderen Teils in eigener Person verwirklichen muss. Vielmehr werden dem Mittäter, der nicht alle Tatbestandsmerkmale in eigener Person erfüllt hat, die Handlungen der übrigen Mittäter zugerechnet. Als Bindeglied zwischen Handlung und Erfolg ist die Kausalität aber **ebenso wie Handlung und Erfolg** selbst ein objektives Tatbestandsmerkmal.[357] Es ist folglich kein Grund ersichtlich,

354 Die strafrechtliche Beurteilung, ob es auf einen Tatbeitrag ankam hat *ex ante* und nicht *ex post* zu erfolgen. Dies beruht darauf, dass § 25 II StGB einen gemeinsamen Tatplan erfordert. Nur aufgrund dieses Tatplans lässt sich beurteilen, ob der einzelne Tatbeitrag von den Beteiligten als wesentlich erachtet werden kann. Vgl. eingehend dazu *Knauer*, S. 149 ff., S. 157 f.; *Krey/Esser*, AT, Rn. 809; *Roxin*, AT II, § 25 Rn. 212, 230.

355 in AT II § 25 Rn. 230; ebenso *Knauer*, S. 139 ff., 157 f; *Rodríguez Montañéz*, Roxin-FS, 307, 321.

356 in JR 1992, 30, 32. Allerdings erkennt auch *Puppe* (GA 2004, 129, 131) im Fall der additiven Mittäterschaft eine Ausnahme des Erfordernisses des kausalen Beitrags jedes Mittäters an (ebenso *Neudecker*, S. 220 ff.).
Zutreffend argumentiert *Schaal*, S. 176, Fn. 39: Kann aber das Erfordernis der Kausalität des Tatbeitrags jedes Mittäters nicht ohne Ausnahmen durchgehalten werden, so steht es einer extensiven Interpretation der strafrechtlichen Verantwortlichkeit im Bereich der Mittäterschaft nicht zwingend entgegen. Wird bei additiver Mittäterschaft auf das Kausalitätserfordernis verzichtet, so ist nicht ersichtlich, wieso diese Ausnahme nicht auch auf die Alternativproblematik (Rechtsproblem der Gremiumsentscheidung) übertragen werden sollte. Wenn die Mittäterschaft wechselseitige Zurechnung ohne Kausalität des Mittäterbeitrags ermöglicht, so können Kausalitätsfragen insoweit dahinstehen.

357 *LK-StGB*, *Walter*, Vor § 13, Rn. 72.

warum die Kausalität nicht ebenso wie Handlung und Erfolg den übrigen Mittätern zugerechnet werden kann.[358]

Darüber hinaus besteht das von § 25 II StGB vorausgesetzte Element der Gemeinschaftlichkeit der Tatbegehung nach allgemeiner Meinung darin, dass die Mittäter entsprechend einem gemeinsam gefassten Tatentschluss bei der Verwirklichung der Tat arbeitsteilig vorgehen.

Dieses **arbeitsteilige Vorgehen** kann auch **nicht erfolgskausale** Handlungen der Mittäter erfassen, wie das folgende Beispiel[359] belegen soll:

Bei einem Einbruchsdiebstahl steht einer der Beteiligten Schmiere, wobei der Tatplan vorsieht, dass er einen eventuell vorbeikommenden Wachmann niederschlagen soll, um das Gelingen der Tat sicherzustellen. Die Tat wird jedoch vollendet, ohne dass der „Schmieresteher" zum Einsatz kommt. Dennoch kann er Mittäter sein, auch wenn er keine erfolgskausale Handlung vorgenommen hat.[360]

Maßgebliches Element für die kausalitätsersetzende Wirkung der Mittäterschaft ist also das subjektive Element, d.h. der Tatplan. Auf der Grundlage dieses Tatplans hat der „Schmieresteher" das Gelingen der Tat wahrscheinlicher gemacht, da es auf seinen Tatbeitrag **hätte ankommen können**. Er ist folglich Mittäter im Sinne des § 25 II StGB und die (kausalen) Tatbeiträge der übrigen Täter sind ihm zurechenbar.

Daraus folgt, dass die Rechtsfigur der Mittäterschaft kausalitätsersetzende Wirkung haben kann.

d) Übertragbarkeit der gewonnen Erkenntnisse auf die Fälle der Kollegialentscheidung

Fraglich ist nun, ob sich die soeben erörterten Grundsätze auch auf den hier untersuchten Fall der Kollegialentscheidung übertragen lassen.

Dazu müssen zunächst die speziellen zurechnungsbegründenden **Voraussetzungen des § 25 II StGB** erfüllt sein. Die Mittäterschaft beruht auf dem Prinzip arbeitsteiligen Handelns und funktioneller Rollenverteilung. Jeder Beteiligte ist hier als „*gleichberechtigter Partner*" Mitträger des gemeinsamen Tatentschlus-

358 So auch *Knauer*, S. 168.

359 In Anlehnung an das Beispiel von *Knauer*, S. 149; in ähnlicher Weise argumentiert *Schumann*, StV 1994, S. 106, 110. Auch nach *Roxin*, AT II, § 25 Rn. 212 kommt im Fall des „Schmierestehers" Mittäterschaft in Betracht.

360 Der auf Grundlage des Tatplans zu erbringende Tatbeitrag des Schmierestehers soll im hier gebildeten Beispielfall sowohl den Erfordernissen der subjektiven Theorie des BGH als auch der von der Literatur vertretenen Tatherrschaftslehre für die Annahme einer gemeinschaftlichen Tatbegehung i.S.d. des § 25 II StGB genügen. Vgl. *Krey/Esser*, AT, Rn. 814 ff zur Darstellung jener Theorien.

ses (**gemeinsamer Tatplan**) und der gemeinschaftlichen Tatbestandsverwirklichung (**gemeinsame Tatausführung**), so dass die einzelnen Tatbeiträge sich zu einem einheitlichen Ganzen vervollständigen und der Gesamterfolg jedem Mitwirkenden vollumfänglich zuzurechnen ist.[361]

i) Gemeinsamer Tatentschluss

Grundlage der Mittäterschaft ist, wie bereits mehrfach erwähnt, ein **gemeinsamer Tatentschluss**.

Nicht zutreffend ist insoweit die Auffassung von *Dannecker*, wonach ein gemeinsamer Tatentschluss im Fall der Gremienentscheidung entbehrlich sei; dazu führt er aus:[362]

„*Kommt bei der Teilnahme an einer Abstimmung ein Beschluss mit der Stimme einer Person zustande, so wurde das jeweilige Delikt nach den Regeln der mittäterschaftlichen Zurechnung – trotz fehlendem gemeinsamen Tatentschluss – zumindest mitverursacht – und dies selbst dann, wenn die Stimme für eine Mehrheit nicht erforderlich gewesen ist oder das Verlangen eine andere Entscheidung zu treffen, am Widerstand der anderen gescheitert wäre. Auf den gemeinsamen Tatentschluss wurde verzichtet, weil die Beteiligten ein und demselben Unternehmen angehören.*“

Diese Begründung, wonach der gemeinsamen Tatenschluss entbehrlich sei, da die Beteiligten demselben Unternehmen angehörten, ist abzulehnen, weil *Dannecker* verkennt, dass das „*gemeinschaftliche Begehen einer Tat*“ i.S.d. § 25 II StGB neben der bloßen objektiven Komponente ein subjektives Element enthält. Dieses subjektive Element findet sich auch in der gängigen Umschreibung der Mittäterschaft als „*bewusstes und gewolltes Zusammenwirken*“[363]. Es wird im Einklang mit der herrschenden Meinung als „gemeinsamer Tatenschluss“ oder

---

361 *Wessels/Beulke* AT Rn. 526 m.w.N.; *Roxin*, AT II, § 25 Rn. 189, 211 ff. fordert als dritte Voraussetzung der Mittäterschaft darüber hinaus die Erheblichkeit des Tatbeitrags im Ausführungsstadium. Dabei legt er eine *ex-ante*-Betrachtung zugrunde, d.h. es genügt, ob es auf den Beitrag des Einzelnen hätte ankommen können, auch wenn sich seine Mitwirkung im nachhinein als nicht notwendig herausgestellt (vgl. Rn. 212).

362 In *Wabnitz/Janovsky*, Kapitel 1 C, Rn. 30. Auch *Jakobs*, AT 21. Abschn. Rn. 43, bezweifelt er die Notwendigkeit eines gemeinsamen Tatentschlusses und empfiehlt stattdessen einen „*Einpassungsbeschluss genügen zu lassen, mit dem der nicht unmittelbar ausführende, aber gestaltend mitwirkende Beteiligte seinen Beitrag mit dem Tun des Ausführenden verbindet*“. Noch weitergehend zwei seiner Schüler: *Derksen*, GA 1993, 163, 173 f. und *Lesch* ZStW 1993, 271, 291 ff.; *derselbe* in JA 2000, 73, 77 f. Diese beiden Autoren halten einen gemeinsamen Tatentschluss generell für entbehrlich und glauben mit den Kriterien der objektiven Zurechnung auszukommen.

363 Vgl. BGHSt 6, 248, 249; 24, 286, 288; *Baumann/Weber/Mitsch*, AT, § 29 Rn. 82; *Krey/Esser*, AT, Rn. 808; *Wessels/Beulke*, AT Rn. 524.

„gemeinsamer Tatplan" definiert[364] und ist unabdingbare Voraussetzung der Mittäterschaft.[365] Auch die Literatur, auf die *Dannecker*[366] zur Unterstützung seiner Aussage verweist, trägt seine These nicht. Die zitierte Literatur trifft lediglich eine Aussage darüber, dass die Mittäterschaft im Fall der Gremienentscheidung kausalitätsersetzend ist; auf das Vorliegen eines gemeinsamen Tatentschlusses wird dagegen nicht verzichtet.

Nachdem dargelegt wurde, dass es eines gemeinsamen Tatenschlusses auch für die Annahme eines mittäterschaftlichen Zusammenwirkens von Gremiumsmitgliedern bedarf, lautet nun die Frage: Worin ist bei einer Kollegialentscheidung der gemeinsame Tatentschluss zu sehen?

In dem bereits mehrfach zitierten Lederspray-Urteil hat der BGH beim Unterlassungsdelikt wie folgt argumentiert: Anknüpfungspunkt sei die einstimmige Entscheidung, die gemeinsame Schadensabwendungspflicht nicht zu erfüllen, d.h. von einem Rückruf abzusehen.[367] Maßgeblich ist demzufolge der Mehrheitsbeschluss als solcher.

Übertragen auf den hier gebildeten Ausgangsfall (S. 14 f.) ist zu also untersuchen, ob der gefasste Beschluss als Tatplan gewertet werden kann.

Konsequenz dieser Betrachtungsweise wäre, jedenfalls bei einer **geheimen Abstimmung**[368], dass **Tatentschluss und Tatausführung in einem Akt zusammenfielen**, da der hier untersuchte Beschluss mit dem Inhalt der Weiterproduktion und weiteren Auslieferung des gesundheitsschädlichen Produktes keiner weiteren Ausführung bedarf.[369] Ob Tatentschluss und Tatausführung allerdings derart zusammenfallen dürfen, wird in der Literatur unterschiedlich bewertet. *Beulke/Bachmann*[370] machen Bedenken gegen das Zusammenfallen des gemeinsamen Tatentschlusses und der Tatausführung in einem Akt, dem Beschluss, geltend. Sie fordern vielmehr einen dem Beschluss vorausgehenden Tatplan, etwa in Form einer Absprache über das Abstimmverhalten.

Einer derartigen zusätzlichen Absprache bedarf es jedoch nicht. Der gemeinsam gefasste Beschluss kann bereits den Tatplan bei Gremienentscheidungen darstellen:

---

364 So die h.M. und ständige Rechtsprechung seit RGSt 58, 279 ff.; vgl. auch *Baumann/Weber/Mitsch*, AT, § 29 Rn. 82; *Krey/Esser*, AT, Rn. 808; *Roxin*, AT II § 25 Rn. 190 ff.; *Wessels/Beulke*, AT Rn. 526; a.A. *Lesch*, ZStW 1993, 271, 291 ff.

365 BGHSt 6, 248, 249 f.; BGH GR Strafsachen 41–50, § 25 Rn. 14; *Roxin*, AT II, § 25 Rn. 190; *Seher*, JuS 2009, 304.

366 In *Wabnitz/Janovsky*, Kapitel 1 C, Fn. 117.

367 BGHSt 37, 106, 129.

368 Bei welcher sich die an der Abstimmung teilnehmenden Personen vor ihrer Stimmabgabe nicht gesondert absprechen.

369 Vgl. hierzu oben Erster Teil, A. vor I.

370 in JuS 1992, 737, 743, Fn. 81; so auch *Hassemer*, Produktverantwortung, S. 68 f.

Allgemein anerkannt ist nämlich, dass für die Mittäterschaft nicht erforderlich ist, dass die Täter die Tat ausdrücklich vor ihrer Begehung besprechen. Es ist daher nicht notwendig, dass der Tatplan vor Tatbeginn gemeinsam erarbeitet und beschlossen wird.[371] Vielmehr genügt auch ein erst während der Tat entstandenes wechselseitiges Einverständnis.[372] Der zur Mittäterschaft erforderliche Tatentschluss kann dabei durch ausdrückliche oder auch konkludente Handlungen gefasst werden.[373]

Puppe[374] fordert allerdings, dass kurz vor oder während der Tat eine Kommunikation stattfindet, wobei diese auch nonverbal sein kann. Im Fall der Gremienentscheidung sei dieses Erfordernis nicht erfüllt, denn während der geheimen Abstimmung finde keine Kommunikation oder gegenseitige Beeinflussung der Votierenden statt; es bleibe nur das innere Einverständnis des Abstimmenden mit der gleichen Abstimmung anderer übrig.

Zutreffend ist, dass es einer gewissen „*kommunikativ bestätigten Willensübereinstimmung*"[375] bedarf. An jene Kommunikation sind allerdings keine übersteigerten Anforderungen zu stellen.

Nicht ausreichend ist insoweit, wenn jeder Votierende nur für sich den Vorsatz fasst, in einer bestimmten Art und Weise abzustimmen.[376] Auch seine bloße Kenntnis des Vorhabens der anderen genügt als solches noch nicht. Vielmehr bedarf es des Bewusstseins aller Beteiligten, gemeinsam mit den anderen eine bestimmte Tat begehen zu wollen, für unsere Problematik: **gemeinschaftlich einen rechtswidrigen Beschluss zu fassen**.

Jeder Mittäter muss Kenntnis vom Tatbeitrag des anderen haben und im Sinne eines zumindest konkludent gefassten gemeinsamen Entschlusses seine eigene

371 *Knauer*, S. 161 f.; *Rodríguez Montañéz*, Roxin-FS, 307, 327; *Roxin*, AT II, § 25 Rn. 192.

372 BGHSt 37, 106, 130; *Kühl*, StGB, § 25 Rn. 10; *Puppe*, GA 2004, 129, 133; *Roxin*, AT II, § 25 Rn. 192.

373 BGHSt 37, 289, 292; *Fischer*, § 25 Rn. 17, 19; *Kühl*, StGB, § 25 Rn. 10. *Seher*, JuS 2009, 304, 305, Fn. 12, stimmt zwar mit dem BGH insoweit überein, als er eine konkludente Kommunikation zwischen den Tätern genügen lässt. Er kritisiert die Einschätzung des BGH in BGHSt 37, 289 jedoch als zu weit, da das Gericht die schlichte Anwesenheit eines eingriffsbereiten, aber – unwilligen Komplizen für eine fortdauernde Willensübereinstimmung ausreichen lassen will.

374 *Puppe*, GA 2004, 129, 133 f.

375 *Seher*, JuS 2009, 304, 305.

376 Unzutreffend insoweit *Neudecker*, S. 214, die offenbar als Argument für das Vorliegen eines Tatentschlusses, den *vor* der Stimmabgabe gefassten Vorsatz des Einzelnen, gerade so und nicht anders zu votieren, sieht. Dieser einseitige Entschluss genügt jedoch nicht, sondern es bedarf eines übereinstimmenden Einverständnisses der Beteiligten. Dies erkennt auch *Neudecker*, S. 214, da sie ein zumindest konkludentes Einverständnis der Gremiumsmitglieder über den Abstimmungs**vorgang** voraussetzt.

Tätigkeit durch die Handlung des anderen ergänzen lassen wollen.[377] Nicht erforderlich ist dabei, dass die Beteiligten wissen, wer genau mit ihnen für den rechtswidrigen Beschluss stimmt. Für die Annahme von Mittäterschaft ist nicht nötig, dass die Mittäter einander kennen, sondern es genügt, dass *„sich jeder bewusst ist, dass neben ihm noch ein anderer oder andere mitwirken und diese von dem gleichen Bewusstsein erfüllt sind*"[378]. Auch dann wirken alle bewusst und gewollt zusammen.

Im Fall der Gremienentscheidung erfolgt die Abstimmung des Einzelnen in dem Bewusstsein: Wenn genügend andere Mitglieder des Gremiums in gleicher Weise abstimmen, kommt der gewünschte Beschluss zustande. Anders ausgedrückt: Jeder weiß, dass bei ausreichender Mehrheit der Beschluss gefasst und, wenn nötig, ausgeführt wird, und deswegen stimmt er zu.[379] Die Besonderheit der Gremienentscheidung liegt gerade darin, dass der Abstimmende mit all jenen zusammenwirken will, die in gleicher Weise wie er votieren. Er gibt gewissermaßen ein Angebot an die übrigen Gremiumsmitglieder ab, mit ihm zu stimmen, und nimmt dadurch gleichzeitig auch die gleich lautenden Angebote der anderen Mitglieder an.[380]

Es ist insoweit unerheblich, dass das jeweilige Gremiumsmitglied im Falle der geheimen Abstimmung nicht genau weiß, welches andere Mitglied in gleicher Weise abstimmt. Auch bei der geheimen Abstimmung liegt damit bewusstes und gewolltes Zusammenwirken im Sinne einer Willensübereinstimmung der Gremiumsmitglieder vor. Folglich kann der Beschluss den gemeinsamen Tatplan darstellen.

Fraglich ist darüber hinaus, ob Voraussetzung einer mittäterschaftlichen Zurechnung nach § 25 II StGB ist, dass der **Tatplan der Ausführung zeitlich vorgelagert** sein muss.

Das ist zu verneinen: Tatplan und Tatausführung können zeitlich zusammenfallen. Das Gegenteil lässt sich dem subjektiven Element der Mittäterschaft, dem gemeinsamen Tatentschluss, nicht entnehmen.

---

377 *Fischer*, StGB § 25 Rn. 17, 19; *Maurach/Gössel/Zipf*, AT 2, § 49 II Rn. 51; *Schönke/Schröder-Heine*, § 25 Rn. 71; SK-StGB, *Hoyer*, § 25 Rn. 129; ebenso *Jakobs*, Herzberg-FS, 395, 406, nach dessen Auffassung es nicht ausreicht, dass jedes Verhalten für sich ein unerlaubtes Risiko schaffe, vielmehr müsse das erste Verhalten einen Zweck verfolgen, der auch dem zweiten unterlegt wird, etc.

378 RGSt 58, 279; BGH GA, 1969, 214; *Maurach/Gössel/Zipf*, AT 2, § 49 II Rn. 51; *Roxin*, AT II, § 25 Rn. 192.

379 *Knauer*, S. 161; *Neudecker*, S. 214 f.; *Ransiek*, Unternehmensstrafrecht, S. 73; *Schaal*, S. 195; *Schönke/Schröder-Heine*, § 25 Rn. 76 b; SK-StGB, *Hoyer*, § 25 Rn. 129.

380 *Schaal*, S. 195; *Knauer*, S. 161 vergleicht die Gremienentscheidung insoweit mit dem Fall, in dem sich die Täter „*blind verstehen*" und spontan und gleichzeitig eine zu einer Straftat entschließen und diese gemeinsam durchführen, indem z.B. jugendliche „Rowdies" ohne vorherige ausdrückliche Verabredung über ein unschuldiges Opfer herfallen und es verprügeln.

Der Wortlaut des § 25 II StGB fordert **keine besondere zeitliche Komponente** für das Vorliegen des Tatentschlusses, sondern lediglich einen gemeinsamen, sei es auch nur konkludent gefassten Entschlusses im Sinne eines „Gesamtvorsatzes“ aller Mittäter.

Dies gilt auch bei der Fassung von Beschlüssen, die keiner weiteren Vollziehung durch die Gremienmitglieder bedürfen, da die Abstimmenden sich als *„gleichberechtigte Partner für den Gemeinschaftsbeschluss entscheiden und dadurch die Tatausführung prägen“*[381]. Durch den **Abstimmungsvorgang** wird die einzelne Stimmabgabe nach außen hin manifestiert; er ist es, der den gemeinsamen Tatplan komplettiert.[382]

Diese Einsicht entkräftet auch das weitere Argument gegen einen gemeinsamen Tatplan, nämlich dass in den Fällen einer **offenen Abstimmung** die Gremienmitglieder aufgrund der **gleichzeitigen Stimmabgabe** oft erst nach der Abstimmung erkennen können, welche Mitglieder des Kollegiums ebenfalls für den rechtswidrigen Beschluss gestimmt haben.

Nach Auffassung der Rechtsprechung und eines Teils der Literatur kann Mittäterschaft auch dann vorliegen, wenn der eine mit der Tat beginnt und sich jedenfalls vor deren Vollendung ein anderer in gegenseitigem Einverständnis, d.h. bei gegenseitiger Kenntnis und Billigung des Geschehenen, durch Förderung der Tat anschließt (sog. „**sukzessive Mittäterschaft**“ in der unproblematischen Version einer solchen Mittäterschaft **vor Vollendung der Tat**).[383] Mit anderen Worten: Solange die Ausführung der Tat nicht abgeschlossen ist, kann

---

381 *Schönke/Schröder-Heine*, § 25 Rn. 76 b.

382 SK-StGB, *Hoyer*, § 25 Rn. 129; In diesem Sinne ist auch *Jakobs* in Miyazawa-FS, S. 419, 427 zu verstehen wenn er folgendes festhält: Wer für ein rechtswidriges Geschäftsverhalten stimmt, haftet für dieses Geschäftsverhalten, wenn seine Stimme mitgezählt wird und eine – selbst unnötig hohe –
Mehrheit zustande kommt, wobei gleichgültig ist, wann er seine Stimme abgegeben hat.

383 BGHSt 2, 344, 346; NStZ 1985, 70, 71; 1997, 272; 1998,565 f.; *Dencker*, S. 251; *Fischer*, StGB § 25 Rn. 21; *Jakobs*, Herzberg-FS, 395, 407; *Krey/Esser*, AT, Rn. 1197 ff.; *Lackner/Kühl*, StGB, § 25 Rn. 12; *derselbe*, AT § 20, Rn. 126 ff; *Maurach/Gössel/Zipf*, AT 2, § 49 III Rn. 64 ff.; *Roxin*, AT II, § 25 Rn. 192, 219; *Schönke/Schröder-Heine*, § 25, Rn 91; *Wessels/Beulke*, AT, Rn. 527; Gegen die sukzessive Mittäterschaft, u.a. SK-StGB, *Hoyer*, § 25 Rn. 123 f.
Auf die Streitfrage, bis zu welchem Stadium der Deliktsverwirklichung (Vollendung oder Beendigung) sukzessive Mittäterschaft möglich ist, soll hier nicht näher eingegangen werden, da dies für die vorliegende Argumentation nicht bedeutsam ist. In den hier untersuchten Fällen liegen die Voraussetzungen der Mittäterschaft bis zum Zeitpunkt der Vollendung der Tat vor; vgl. dazu *Krey/Esser*, AT, Rn. 1197 ff. m.w.N.;
Zur Frage der Zurechnung von Erschwerungsgründen, die bei Hinzutreten des sukzessiven Mittäters bereits abgeschlossen vorlagen, vgl. *Roxin*, AT II, § 25 Rn. 224 ff.

das Geschehene noch in eine gemeinsame Tat integriert werden.[384] In diesen Fällen verändert sich der Tatplan dynamisch im Laufe der Tatbegehung.

Das trifft auch auf die Fälle der Gremienentscheidung zu. Die Tat dauert hier zumindest so lange an, bis das **endgültige Abstimmungsergebnis** festgestellt wurde. Dieses manifestiert den gemeinsamen Tatplan. Wenn aber die Mittäterschaft keine Mitwirkung bei der Entstehung des Tatplanes verlangt, so kann erst recht Mittäter sein, wer bei seiner Entstehung mitwirkt, auch wenn erst nach der Abstimmung feststeht, wer Mittäter ist und wer nicht. Das Ausführungsstadium endet erst, wenn der Beschluss ausgeführt wird.

Fallen aber wie im Beispielsfall Tatplan und Ausführung zusammen, so ist die Mittäterschaft dennoch bis zur Feststellung des Abstimmungsergebnisses möglich, da bis zu diesem Zeitpunkt die Tat noch nicht vollendet ist.

Somit liegt ein gemeinsamer Tatentschluss aller für den rechtswidrigen Beschluss Votierenden vor.

ii) Gemeinschaftliche Tatbegehung

Darüber hinaus muss auch die weitere Voraussetzung der Mittäterschaft erfüllt sein, nämlich die **gemeinschaftliche Tatbegehung**. Die Notwendigkeit der arbeitsteiligen Mitwirkung im Ausführungsstadium der Tat als Voraussetzung der Mittäterschaft ergibt sich aus dem Prinzip der Tatherrschaft. Tatherrschaft bedeutet dabei „Mitherrschaft“, d.h. funktionale Tatherrschaft“ durch arbeitsteiliges Zusammenwirken.[385]

Die eigentliche Tatausführungshandlung stellt in Fällen wie dem hier gebildeten Ausgangsfall, dessen Gegenstand ein nicht ausführungsbedürftiger Beschluss ist, die **Stimmabgabe** des einzelnen Vorstandsmitglieds dar. Jedes

---

384 *Jakobs*, Herzberg-FS, 395, 407; *Maurach/Gössel/Zipf*, AT 2, § 49 III Rn. 75.
Der BGH hat in seinem Lederspray-Urteil (BGHSt 37, 106, 109, 129) sogar die Mittäterschaft der beiden an der Sondersitzung nicht teilnehmenden Geschäftsführer bejaht, da sich diese *„die in der Sitzung getroffene Entscheidung jeweils für ihren Verantwortungsbereich zu eigen“* machten. *Ransiek*, Unternehmensstrafrecht S. 64, stimmt dem BGH mit der Begründung zu, dass indem sie sich der Entscheidung anschlossen, sie den ihnen als Geschäftsführern der Gesellschaft zukommenden und zugewiesenen Beitrag zur Herbeiführung des Schadens beigesteuert hätten. Es könne dabei keinen Unterschied machen, ob sie bei der tatsächlich entscheidenden Sitzung anwesend gewesen seinen oder nicht. Zustimmend auch *Foerste* in *Graf v. Westphalen* § 25 Rn. 239.
Demnach kann der Tatbeitrag sogar noch weit nach Sitzungsende erfolgen (zumindest für den ausführungsbedürftigen Beschluss).

385 *Krey/Esser*, AT Rn. 809; *Roxin*, AT II, § 25 Rn. 198 ff.

Mitglied müsste bei der Tatausführung durch die Stimmabgabe eine „*mitgestaltende Rolle*“[386] gespielt haben.

Samson[387] verneint das Vorliegen von Mittäterschaft bei Gremienentscheidungen damit, dass der Einzelne nicht über das „ob“ und „wie“ der Tatausführung entscheiden könne.

Dies ist unzutreffend. *Samson* verkennt nämlich, dass die Frage, ob der Tatbeitrag des einzelnen wesentlich war, aufgrund einer *ex-ante*-Betrachtung[388] zu erfolgen hat.

Bei einer solchen Betrachtung *ex ante* hat jede einzelne Stimme den Eintritt des Erfolges „wahrscheinlicher“ gemacht hat. Die Tatsache, dass es beim überbedingten Mehrheitsbeschluss auf die für das Erreichen der Mehrheit nicht erforderliche Stimme im Ergebnis tatsächlich nicht ankam, ist für das Vorliegen eines wesentlichen Tatbeitrags jedes für den Beschluss Votierenden unerheblich. Maßgeblich für die Beurteilung ist, dass es auf diese jeweilige Stimme **hätte ankommen können**.[389]

Zudem hatte jedes Vorstandsmitglied bei der Beschlussfassung eine gleichrangige, d.h. gleichermaßen wichtige Funktion, denn jede Stimme stellte für den rechtswidrigen Beschluss einen wesentlichen Tatbeitrag dar. Der Tatbeitrag jedes Gremiumsmitgliedes ist gleichwertig, denn jeder Tatbeitrag weist ein gleich intensives Einwirkungsverhalten auf.[390]

Folglich liegt auch das Erfordernis gemeinschaftlicher Tatbegehung vor; die Voraussetzungen der Mittäterschaft nach § 25 II StGB sind also erfüllt.

Fraglich ist schließlich, ob es sich bei der Gremienentscheidung um einen Fall „**additiver Mittäterschaft**“ handelt.[391] Wird die wechselseitige Zurechnung der

386 *Roxin*, AT II, § 25 Rn. 198.

387 in StV 1991, 182, 184.

388 *Roxin*, AT II, § 25 Rn. 212.

389 Ähnlich dem Fall des „Schmierestehers“ der letztlich nicht zum Einsatz kam. Auch hier wird Mittäterschaft bejaht; vgl. oben Erster Teil, A. V. 6. c) im Text. So auch *Rodríguez Montañéz*, Roxin-FS, 307, 321 f.; *Weißer*, S. 95 f.

390 Auf den Meinungsstreit ob der jeweils erbrachte Tatbeitrag den Erfordernissen der Tatherrschaftslehre der Literatur oder der vom BGH vertretenen subjektiven Theorie genügt, soll hier nicht eingegangen werden, da die Vorstandsmitglieder nach beiden Ansichten als (Mit-) Täter und nicht lediglich als Gehilfen zu betrachten sind. Meines Erachtens verdient die Tatherrschaftslehre den Vorzug, da die subjektive Theorie das geltende Recht (§ 25 I und II StGB i.V.m. den Straftatbeständen des Besonderen Teils) ebenso wie das Bestimmtheitsgebot und die Rechtssicherheit vernachlässigt. Vgl. zur Darstellung der Theorien die ausführliche Erörterung in *Krey/Esser*, AT, Rn. 814 ff. und insbesondere Rn. 844 ff.

391 So *Dencker* in *Amelung*, Individuelle Verantwortung, S. 63, 68; ebenso *Franke*, Blau-FS, 227, 229, der die Formel von der alternativen (und der kumulativen) Kausalität ablehnt und lediglich die Figur der additiven Mittäterschaft akzeptiert. Sofern Mittäterschaft nach § 25 II StGB nicht vorliegt, lehnt *Franke* eine Zurechnung ab.

Tatbeiträge in den Fällen additiver Mittäterschaft befürwortet, so könnte hierin ein Lösungsansatz für die parallel gelagerte Gremiumsproblematik liegen. Wie bereits erläutert[392] ist Kennzeichen der additiven Mittäterschaft nicht das Ineinandergreifen einzelner Tatbeiträge, sondern lediglich das Verstärken der Erfolgsaussichten der Tat durch die Kumulierung nebeneinander herlaufender Handlungen.[393]

Neudecker[394] erkennt zwar an, dass die Mittäterschaft in den Fällen der additiven Mittäterschaft kausalitätsersetzend wirkt, lehnt die Anwendung der additiven Mittäterschaft auf die Fälle der Kollegialentscheidung allerdings im Ergebnis ab. Sie begründet dies damit, dass es bei den Fällen der additiven Mittäterschaft darum gehe, dass aus tatsächlichen Gründen nicht feststellbar sei, wer den Erfolg verursacht habe. Bei der Kollegialentscheidung sei dagegen sicher, dass das zustimmende Mitglied des Gremiums gemeinsam mit den anderen (rechtswidrigen) Ja-Stimmen zur Erfolgsverwirklichung beigetragen habe. Fraglich sei allein, ob und mit welcher dogmatischen Begründung dies auch rechtlich als Kausalität einzuordnen sei.[395]

Das Argument fehlender Vergleichbarkeit der Fälle vermag jedoch nicht zu überzeugen. Richtig ist, dass bei additiver Mittäterschaft aus tatsächlichen Gründen nicht feststellbar ist, wer den Erfolg verursacht hat. Die Parallele zur additiven Mittäterschaft liegt nun in der Tat nicht an der fehlenden Feststellbarkeit der Verantwortlichen im Fall der überbedingten Mehrheitsentscheidung bei Kollegialorganen (z.B. Vorstand), sondern in folgender Überlegung:

Im Ausgangsfall (s.o. S. 14 f.) ist sicher, dass von den sieben Vorstandsmitgliedern fünf einem rechtswidrigen Beschluss zugestimmt haben, wobei nur vier Stimmen nötig gewesen wären. Diese eine zu viel abgegebene Stimme ändert aber nichts daran, dass der Mehrheitsbeschluss den Erfolg herbeigeführt hat, also die zustimmenden Mitglieder verantwortlich sind.

Bei der additiven Mittäterschaft steht die Kausalität der „Kollektivs" (alle Mittäter) fest, und daher ist es im Attentatsfall[396] gleichgültig, ob der Schuss eines Mittäters nicht tödlich getroffen hat.

Entsprechend ist es bei der überbedingten Gremienentscheidungen irrelevant, ob ein Mehrheitsbeschluss mit einer Stimme mehr als nötig gefasst wurde. Alle Voten waren gleichwertig und haben den Erfolg wahrscheinlicher gemacht.

---

392 S.o. Erster Teil, A, V, 6. c).

393 *Roxin*, AT II § 25 Rn. 230.

394 S. 221 f.; ebenso *Puppe*, GA 2004, 129, 131, welche die Möglichkeit, dass im Fall der Kollegialentscheidung additive Mittäterschaft vorliegen kann, überhaupt nicht erörtert.

395 *Neudecker*, S. 222; zustimmend *Bock*, S. 79.

396 S.o. Erster Teil, A, V, 6. c).

Daher kann bei einer Gremienentscheidung durchaus ein Fall der additiven Mittäterschaft gegeben sein.[397]

e) Zwischenergebnis

Aus alledem folgt, dass die Kausalität beim Vorsatzdelikt mit Hilfe der Rechtsfigur der Mittäterschaft begründet werden kann. Die Mitverursachung im Sinne der Ursächlichkeit des Kollektivs ist ein Fall **normativer Kausalität**, weil jeder sich das Verhalten der übrigen, für den Beschluss Stimmenden Mitgliedern, wie eigenes zurechnen lassen muss.

7. Begründung der Strafbarkeit unter Verzicht auf die Annahme einer Individualkausalität

Einige Stimmen in der Literatur begründen die Kausalität der Kollektiventscheidung für den Verletzungserfolg unter Verzicht der Individualkausalität des Einzelnen damit, dass es im **Wesen der Kollegialentscheidung** liege, dass alle an ihr positiv Mitwirkenden für den Eintritt des Erfolges ursächlich seien.[398] Es wird argumentiert, dass die Besonderheit der Kollegialentscheidung es mit sich bringe, dass man praktisch nie eine positive Kausalitätsfeststellung treffen könne, denn kennzeichnend für die Kollegialentscheidung sei, dass unter Berücksichtigung des Grundsatzes *in dubio pro reo* die Einzelstimme sich in Fällen des überbedingten Mehrheitsbeschlusses immer wegdenken ließe, ohne dass der Erfolg in seiner konkreten Gestalt entfiele.

Zutreffend an dieser Sichtweise ist, dass es bei Kollegialentscheidungen einen wichtigen Unterschied zu solchen „üblichen" Fällen der Beteiligung mehrerer Personen an einem Delikt gibt, in denen bei gemeinschaftlicher Begehung auch ohne § 25 II StGB für jeden der einzelnen Täter die Zurechnung des Erfolges individuell möglich wäre

– z.B. bei einer durch mehrere Täter gemeinschaftlich begangenen Körperverletzung, bei der jeder der Täter eigenhändig zuschlägt –:

---

397 Im Ergebnis ebenso, allerdings ohne nähere Begründung, *Dencker* in *Amelung*, Individuelle Verantwortung, S. 63, 68; *Franke*, JZ 1982, 579, 582. *Knauer*, S. 158 ff. nimmt zwar Bezug auf die „additive Mittäterschaft" um darzulegen, dass die Rechtsfigur der Mittäterschaft kausalitätsersetzend sein kann, diskutiert dann allerdings nicht, ob die Gremienentscheidung als Fall der „additiven Mittäterschaft" zu werten ist.

398 *Tiedemann*, Wirtschaftsstrafrecht, Rn.177 unter Verweis auf OLG Stuttgart JZ 1980, 774 ff; zustimmend *Schmidt-Salzer* Rn. 1.279 hinsichtlich der für die rechtswidrige Entscheidung Votierenden.

Bei Mehrheitsbeschlüssen (*per definitionem* gemeinschaftliche Handlungsweise des Kollegialorgans) haben nämlich die einzelnen Mitglieder, als Individuen betrachtet, weder Kompetenz noch Handlungsfähigkeit; nur das Kollektiv als solches kann die fraglichen Kollegialentscheidungen treffen.[399]

Allerdings kann der **Bejahung der Strafbarkeit** der Gremiumsmitglieder unter Verzicht auf die Kausalitätsfeststellung allein mit dem Verweis auf das Wesen der Kollegialentscheidung nicht gefolgt werden, da sie strafrechtlichen Grundprinzipien widerspricht. Das deutsche Strafrecht kennt keine Kollektivverantwortung, da diese mit dem Schuldprinzip nicht vereinbar wäre. Anknüpfungspunkt für die Schuld ist die rechtswidrige Tat, d.h. die Unrechtshandlung. Handlungsfähiger Täter kann aber wie bereits dargelegt nur die natürliche Person, nicht aber das Kollektiv als Ganzes sein.[400]

Insbesondere der BGH begründet sein Ergebnis im Lederspray-Urteil mit dem ***argumentum ad absurdum***, dass nur das Einstehenmüssen jedes Geschäftsführers für das Unterbleiben des Rückrufs und die dadurch verursachten Schadensfolgen der gemeinsamen und gleichstufigen Verantwortung der Geschäftsführer gerecht werde; ein anderes Ergebnis würde bedeuten, dass sich jeder Geschäftsführer von seiner Haftung allein durch den Hinweis auf die gleichartige und ebenso pflichtwidrige Untätigkeit der anderen freizeichnen könne; *„das dies nicht Rechtens sein kann, liegt auf der Hand“*[401].

Wie bereits erwähnt, wird diese Feststellung soweit ersichtlich von allen Stimmen in der Literatur mitgetragen. Allerdings kann ein solches kriminalpolitische Argument alleine nicht genügen, um die Strafbarkeit der Gremiumsmitglieder zu begründen, wenn eine strafrechtsdogmatische Argumentationsgrundlage fehlt. Das erwähnte Argument des BGH (*argumentum ad absurdum*) kann jedoch durchaus hinzugezogen werden, um das mit Hilfe der Rechtsfiguren der alternativen Kausalität und der Mittäterschaft gefundene Ergebnis zu bekräftigen.

8. Ursächlichkeit des Vorstandsmitglieds aus gesellschaftsrechtlicher Sicht

In Anbetracht des Prinzips der Einheitlichkeit der Rechtsordnung soll schließlich untersucht werden, ob das mithilfe strafrechtlicher Prinzipien gefundene Ergebnis auch von den im Gesellschaftsrecht geltenden Grundsätzen getragen wird.

---

399 *Rodríguez Montañéz*, Roxin-FS, 307, 309.

400 Vgl. oben Einführung, C. III; Aus denselben Gründen, aus denen eine juristische Person nicht strafbar ist, ist auch ein Kollektiv wie etwa der Vorstand einer Aktiengesellschaft nicht als solches strafbar.

401 BGHSt 37, 106, 132.

Mit anderen Worten: Liegt Kausalität des Einzelvotums für das Zustandekommen des rechtswidrigen Beschlusses auch aus gesellschaftsrechtlicher Sicht vor?

Im Gesellschaftsrecht gilt der Grundsatz, dass die Willensbildung der Verbände durch ihre Willensbildungsorgane erfolgt. Soweit diese Organe Kollektivorgane sind
– was die Regel ist –,
entscheiden sie durch Beschluss.[402] Der Beschluss ist **das** Mittel kollektiver Willensbildung. Diese Art der Willensbildung ist für den Vorstand in § 77 I 1 AktG geregelt, wonach grundsätzlich Einstimmigkeit der Vorstandsmitglieder gefordert wird.[403] Vom Einstimmigkeitsprinzip kann allerdings in der Satzung der AG oder der Geschäftsordnung des Vorstands abgewichen werden.[404]

a) Kausalität der Einzelstimme bei Geltung des Einstimmigkeitsprinzips

Beim Einstimmigkeitsprinzip ist die Frage nach der Ursächlichkeit des einzelnen Vorstandsmitglieds für den zustande gekommenen Beschluss gesellschaftsrechtlich unproblematisch zu bejahen, denn schon durch die Gegenstimme eines Mitglieds kann die Geschäftsführungsmaßnahme verhindert werden.[405] Folglich sind alle an der Beschlussfassung Beteiligten ursächlich für den Entscheid.

Zu dem gleichen Ergebnis gelangt man bei Anwendung der strafrechtlichen Conditio-sine-qua-non-Formel, wonach „*jede Bedingung eines Erfolges, die nicht hinweggedacht werden kann, ohne dass der Erfolg in seiner konkreten Gestalt entfiele*“, ursächlich für diesen Erfolg ist. Bei Geltung des gesellschaftsrechtlichen Einstimmigkeitsprinzips kann keine Ja-Stimme hinweggedacht werden, ohne dass der rechtswidrige Beschluss entfiele. Folglich gelangen sowohl das Gesellschaftsrecht, als auch das Strafrecht zu dem Resultat, dass bei Anwendung des Einstimmigkeitsgrundsatzes jedes zustimmende Votum kausal für den Verletzungserfolg ist.[406]

b) Kausalität der Ja-Stimme bei Geltung des Mehrheitsprinzips

Das Einstimmigkeitsprinzip macht das Handeln des Vorstands unbeweglich; daher wird in der Praxis regelmäßig von der Möglichkeit Gebrauch gemacht, von diesem Prinzip abzuweichen und zu bestimmen, dass das Mehrheitsprinzip

402 *K. Schmidt*, GesR, § 15 I, S. 434.
403 Anders im Vereinsrecht, wo gemäß § 28 I i.V.m. 32 I 3 BGB für die Vorstandsmitglieder des Vereins das Mehrheitsprinzip gilt.
404 Vgl. § 77 I 2 AktG.
405 MüKo AktG, *Spindler*, § 77 Rn. 11.
406 S.o. Erster Teil, A. V. 1. im Text.

Anwendung finden soll (so wie im Ausgangsfall, s.o. S. 14 f.). Die Feststellung der Kausalität der Einzelstimme nach gesellschaftsrechtlichen Grundsätzen gestaltet sich hier (ebenso wie im bei strafrechtlicher Betrachtung) schwieriger als bei Anwendung des Einstimmigkeitsprinzips.

Zu dieser Problematik wird, soweit ersichtlich, im Gesellschaftsrecht nicht explizit Stellung genommen. Wortsinn und Funktion des Mehrheitsprinzips lässt sich allerdings entnehmen, dass der Beschluss aus gesellschaftsrechtlicher Sicht als das Werk zumindest der für den Beschluss verantwortlichen Mehrheit angesehen werden kann. Jede Ja-Stimme der Vorstandsmitglieder ist Teil der Mehrheit. Daher hat jeder dieser Mehrheit Angehörende die zustande gekommene Entscheidung mitverursacht. Auch aus gesellschaftsrechtlicher Sicht ist folglich jedes mit „Ja" votierende Gremiumsmitglied als ursächlich für die Mehrheitsentscheidung anzusehen.

Diese Interpretation wird auch durch eine weitere für das Mehrheitsprinzip geltenden Regel getragen: Bei Stimmgleichheit ist der Beschluss nicht zustande gekommen.[407]

Der Beschluss ist also das Resultat kollektiver Willensbildung. Der kollektive Wille des Vorstands wird dadurch bestimmt, welcher Wille überwiegt, d.h. welchen Willen die Mehrheit hat. Dieser kollektive Wille ist im Ausgangsfall (s.o. S. 14 f.) durch die für den rechtswidrigen Mehrheitsbeschluss Stimmenden zustande gekommen. Somit sind die der Mehrheit angehörenden Gremiumsmitglieder für das Zustandekommen des Beschlusses ursächlich.

Soweit ersichtlich unterscheidet das Gesellschaftsrecht nicht zwischen den Fällen, in denen eine „einfache" Mehrheit, d.h. genau so viele Stimmen wie zur Bildung der Mehrheit notwendig[408], gegeben ist, und den in der vorliegenden Untersuchung als „*überbedingte*" Mehrheit bezeichneten Sachverhaltskonstellationen[409]. Unterschieden wird lediglich zwischen den der Mehrheit angehörenden und den überstimmten Vorstandsmitgliedern.[410]

Vereinfacht formuliert: Bei einem Mehrheitsbeschluss hat **jedes Gremiumsmitglied**, das für den Beschluss gestimmt hat, diesen herbeigeführt. Es gehört der Mehrheit an, unabhängig davon, ob es sich um eine überbedingte oder „ein-

407 Kölner Kommentar, *Mertens*, § 77 Rn. 9; MüKo AktG, *Spindler*, §77 Rn. 14.

408 Dieser Fall ist auch mit der Conditio-sine-qua-non-Formel unproblematisch lösbar (s.o. Erster Teil, A. V. 1. im Text).

409 Diese Sachverhaltskonstellationen sind im Strafrecht problematischer, lassen sich aber wie oben aufgeführt mithilfe der Formel von der alternativen Kausalität lösen (s.o. Erster Teil, A. V. 5. b) im Text).

410 Darüber hinaus wird kurz erörtert, welche Rechte und Pflichten das überstimmte Organ hat (vgl. dazu Zweiter Teil, X.).

fache“ Mehrheit handelt. Damit ist das Vorstandsmitglied für diesen Beschluss aus gesellschaftsrechtlicher Sicht kausal.

Ob der Beschluss auch den übrigen, überstimmten Teilnehmern der Vorstandssitzung zugerechnet werden kann, wenn er einen rechtswidrigen Inhalt hat, wird später ausführlich erörtert werden.[411]

9. Ergebnis hinsichtlich der Kausalität

Im Falle „überbedingter“ Mehrheit im Rahmen von Vorstandsbeschlüssen kann die Kausalität jedes zustimmenden Mitglieds mit Hilfe von vier verschiedenen Argumentationsmustern begründet werden.

Dabei ist die Bejahung der Kausalität mit der Formel der **alternativen Kausalität** die überzeugendste und weitreichendste Argumentation, da sie für vorsätzliche **und** fahrlässige Begehung anwendbar ist.

Die Kausalitätsbegründung über die Rechtsfigur der **Mittäterschaft** ist zwar im Bereich der Vorsatzdelikte ebenso tauglich wie diejenige über die alternative Kausalität; ihre Schwäche zeigt sich jedoch im Bereich der Fahrlässigkeitsdelikte, denn hier ist Mittäterschaft nach herrschender und zutreffender Meinung nicht möglich.[412] Die Formel der alternativen Kausalität vermag jedoch auch diese Fälle zu lösen.

Die dogmatisch schwächste Begründung ist das kriminalpolitische Argument des BGH (***argumentum ad absurdum***)[413], welches allerdings das mit Hilfe der Formel der alternativen Kausalität gefundene Ergebnis immerhin bestärkt.

Letztlich kann Kausalität auch mithilfe **gesellschaftsrechtlicher Grundsätze** bejaht werden, die mit den der alternativen Kausalität zugrunde liegenden Gesichtspunkten vergleichbar sind und so das anhand jener Rechtsfigur ausgearbeitete Resultat bestätigen.

---

411 S.u. Zweiter Teil zur Strafbarkeit des sich Enthaltenden Gremiumsmitglieds und Dritter Teil zur Strafbarkeit des Dissentierenden.

412 BGHSt 37, 106, 111, 114, 130 f.; *Baumann/Weber/Mitsch*, AT, § 29 Rn. 90; *Jescheck/Weigend*, AT § 63, I 3 a; *Kindhäuser*, StGB, Vor § 25 Rn. 45 ff.; *Krey/Esser*, AT, Rn. 323 f.; *Maurach/Gössel/Zipf*, § 47 Rn. 103; *Puppe*, GA 2004, 131 f., 135 f.; *Schönke/Schröder-Heine*, Vor § 25 Rn. 116; *Fischer*, StGB § 25 Rn. 26; zu den wesentlichen Argumenten der h. M. s.o. Erster Teil A. V. im Text.
a.A. u.a.: *Dencker*, S. 176 ff.; *derselbe* in *Amelung*, Individuelle Verantwortung, S. 63, 67 f.; *Knauer*, S. 133 ff, 181 ff.; *Ransiek*, Unternehmensstrafrecht, S. 66 ff.; *Rodríguez Montañéz*, Roxin-FS, 307, 326; *Roxin*, AT II § 25 Rn. 242 m.w.N.; *Schaal*, S. 21, 209 ff.; *Stratenwerth/Kuhlen*, § 16, Rn. 7 a.E.; *Weißer*, S. 136 ff.; *dieselbe* in JZ 1998, 230 ff.; *Wessels/Beulke*, Rn. 507, 659 m.w.N.

413 BGHSt 37, 106, 132; vgl. dazu Erster Teil A. V. 7. im Text.

VI. Die objektive Zurechenbarkeit des eingetretenen Verletzungserfolges

Im Anschluss an die Darlegungen zur Kausalität ist festzustellen, ob der eingetretene kausale Erfolg dem einzelnen Vorstandsmitglied auch objektiv als sein Werk zurechenbar ist.

Aufgrund der „uferlosen Weite“ der Bedingungstheorie bedarf es nach einhelliger Auffassung eines haftungseinschränkenden Korrektivs.[414] Umstritten ist jedoch, auf welchem dogmatischen Wege die gebotene Haftungsbegrenzung durchzuführen ist. Die folgende Darstellung ist auf die Lehre von der objektiven Zurechnung beschränkt,[415] die im heutigen Schrifttum dominiert, in der Rechtsprechung allerdings noch keine (ausdrückliche) Anerkennung gefunden hat.[416]

1. Die Lehre von der objektiven Zurechnung

Nach dieser Lehre ist ein durch menschliches Verhalten verursachter Erfolg dem Täter nur dann objektiv zurechenbar, wenn er durch seine **ursächliche Handlung** entgegen der dem Schutz des betreffenden Rechtsgutes dienenden Verhaltensnorm und damit **verbotswidrig ein entsprechendes Erfolgsrisiko geschaffen,** beziehungsweise ein solches erhöht und gerade diese **rechtlich verbotenen Gefahr** sich in dem **konkret eingetretenen tatbestandlichen Erfolg verwirklicht** hat.[417]

Übertragen auf den vorliegenden Fall der Kollegialentscheidung bedeutet dies Folgendes:

Das für den Verletzungserfolg ursächliche Verhalten ist die Stimmabgabe des einzelnen Vorstandsmitgliedes für die pflichtwidrige Weiterproduktion und weitere Auslieferung der von den Opfern verwendeten Produkte. Abzustellen ist nicht etwa auf den Beschluss, da dieser nicht das für den Verletzungserfolg ursächliche **Verhalten des Einzelnen**, sondern die Summe der pflichtwidrigen

---

414 *Krey/Esser*, AT, Rn. 325; *Wessels/Beulke*, AT Rn. 178.

415 Bedeutung kommt der Frage der objektiven Zurechenbarkeit des Erfolges in der Praxis vor allem bei fahrlässigen Erfolgsdelikten zu.

416 Vgl. *Krey/Esser*, AT, Rn. 326 m.w.N. Die Lehre von der objektiven Zurechnung wird daher auch im Lederspray-Urteil nicht angesprochen. Erwähnung findet lediglich die Risikoerhöhungslehre, welcher der BGH dort erneut eine Absage erteilt (BGHSt 37, 106, 127).

417 So oder ähnlich formuliert die allgemein anerkannte Definition, vgl. *Schönke/Schröder-Lenckner/Eisele*, Vor §§ 13 ff. Rn. 92; *Fischer*, StGB Vor § 13 Rn. 25. *Krey/Esser*, AT, Rn. 333 bevorzugen ein negatives Prüfungsverfahren mittels der Feststellung, ob eine der Konstellationen vorliege, welche die Annahme ausschlösse, *„der tatbestandsmäßige Erfolg sei dem Täter als sein Werk objektiv zuzurechnen“*. Beide Prüfmethoden dürften allerdings bezüglich der objektiven Zurechnung zu den gleichen Ergebnissen führen.

Verhaltensweisen der für den rechtwidrigen Beschluss abstimmenden Vorstandmitglieder darstellt.

Zudem ist Voraussetzung für eine objektive Zurechnung des Verletzungserfolges für jedes an der Abstimmung teilnehmende Vorstandsmitglied, dass das jeweilige Abstimmungsverhalten dieses Vorstandsmitgliedes eine rechtlich verbotene Gefahr geschaffen oder den Eintritt dieser Gefahr erhöht und diese sich in dem Körperverletzungserfolg bei den Verwendern des Produktes verwirklicht hat.

Zu beachten ist, dass es bei der verbotenen Gefahrschaffung als Voraussetzung der Erfolgszurechnung lediglich um die Gefährlichkeit der Handlung geht (die sog. *Erfolgsgefahr*), nicht aber um den Eintritt einer konkreten Gefahr als *Gefahrerfolg*.[418] Die Bestimmung dieser Gefahrschaffung erfolgt nach h.M. daher auch mit Hilfe einer *ex- ante*-Betrachtung.[419] Danach sind dem Zurechnungsurteil alle Umstände zu Grunde zu legen, die **zur Zeit und am Ort** der Tat bekannt oder objektiv erkennbar waren und die ein einsichtiger Mensch in der Rolle des Täters voraussehen konnte, wobei ein darüber hinausgehendes Sonderwissen des Täters mit zu berücksichtigen ist.

Überträgt man dies auf den hier diskutierten Fall der Gremienentscheidung, so ist die objektive Zurechenbarkeit des Verletzungserfolges für das jeweilige Vorstandsmitglied grundsätzlich gegeben:

Jedes einzelne für die rechtswidrige Entscheidung abstimmende Vorstandsmitglied hat durch sein Abstimmungsverhalten den Eintritt der rechtlich verbotenen Körperverletzungsgefahr durch seine Zustimmung zur weiteren Auslieferung und zur weiteren Produktion des gesundheitsschädlichen Produktes zumindest erhöht. Anders formuliert: Jedes Vorstandsmitglied, das für die Weiterproduktion und die weitere Auslieferung des Produktes votierte, hat das Erreichen der für den Beschluss erforderlichen Mehrheit wahrscheinlicher gemacht. Daher ist ihm der aufgrund des rechtswidrigen Beschlusses eingetretene Verletzungserfolg grundsätzlich objektiv zurechenbar.

Die Lehre von der objektiven Zurechnung bedient sich bei der Beantwortung der Frage, ob eine **rechtlich relevante Gefahr** geschaffen worden ist, mehrerer **Fallgruppen**, über deren Beurteilung weitgehend Konsens besteht.[420] Im Zusammenhang mit der hier untersuchten Problematik der überbedingten Mehrheitsentscheidung wird im Folgenden die Fallgruppe des fehlenden Pflichtwidrigkeitszusammenhangs diskutiert:

418 *Schönke/Schröder-Lenckner/Eisele*, Vor §§ 13 ff. Rn. 92.

419 *Schönke/Schröder-Lenckner/Eisele*, Vor §§ 13 ff. Rn. 92 m.w.N.

420 *Krey/Esser*, AT, Rn. 1345 ff.; *Fischer*, StGB Vor § 13 Rn. 27 ff.; *Wessels/Beulke*, AT Rn. 179 ff.

2. Wegfall der objektiven Zurechenbarkeit des eingetretenen Verletzungserfolgs mangels Pflichtwidrigkeitszusammenhangs – Auseinandersetzung mit *Weißer* –

Bei der Fallgruppe des fehlenden Pflichtwidrigkeitszusammenhangs wird darauf abgestellt, dass der Erfolg zwar durch ein pflichtwidriges Verhalten des Täters verursacht wurde, aber auch pflichtgemäßes Verhalten (mit an Sicherheit grenzender Wahrscheinlichkeit) zum selben Erfolg geführt hätte.[421] Das bedeutet: Der Erfolg wäre auch bei einem (gedachten) **rechtmäßigen Alternativverhalten** des Täters eingetreten. Grundsätzlich wird davon ausgegangen, dass dieser Fallgruppe praktische Bedeutung nur bei Fahrlässigkeitstaten zukommt.[422] Dennoch wird eine Anwendung auch auf das vorsätzliche Begehungsdelikt nicht ausgeschlossen.[423]

Das Schulbeispiel für jene Fallgruppe ist das seinen Tod verursachende Überholen eines **Radfahrers** mit zu geringem Seitenabstand, wenn der Radfahrer infolge seiner Trunkenheit auch bei Einhaltung des gebotenen Abstandes tödlich überfahren worden wäre.[424]

Die Fallgruppe des rechtmäßigen Alternativverhaltens könnte praktische Bedeutung im Rahmen von Vorsatztaten in den Fällen von Gremienentscheidungen erlangen, in denen der rechtswidrige Beschluss mit mehr als den für die Mehrheit erforderlichen Stimmen zustande gekommen ist (wie im eingangs beschriebenen Ausgangsfall, s.o. S. 14 f.).

a) Die Konzeption Weißer's[425]

Weißer[426] ist der Auffassung, dass bei überbedingten Gremienentscheidungen die Fallgruppe des fehlenden Pflichtwidrigkeitszusammenhangs Anwendung findet und damit die objektive Zurechenbarkeit des Erfolgs entfällt.

Zu diesem Ergebnis gelangt *Weisser* mit folgender Begründung: Aus dem pflichtwidrigen Verhalten des Einzelnen (ohne Hinzurechnung der Beiträge der Geschäftsleitungskollegen) ergebe sich keine Steigerung des Erfolgsunwerts

421 *Fischer*, StGB Vor § 13 Rn. 29.

422 *Jeschek/Weigend*, AT § 28 IV 5; *LK-StGB, Walter* Vor § 13 Rn. 99; *Schönke/Schröder-Lenckner/Eisele*, Vor §§ 13 ff. Rn. 99.

423 *Schönke/Schröder-Lenckner/Eisele*, Vor §§ 13 ff. Rn. 99.

424 BGHSt 11, 1 ff. „Radfahrerfall“; *Schönke/Schröder-Lenckner/Eisele*, Vor §§ 13 ff. Rn. 99.

425 S. 121 ff.

426 S. 123. Um die Straflosigkeit der Gremiumsmitglieder im Ergebnis zu vermeiden, greift *Weißer* (S. 128) im Rahmen der Prüfung der objektiven Zurechenbarkeit des Erfolges auf die Rechtsfigur der Mittäterschaft nach § 25 II StGB zurück und gelangt so im Ergebnis doch zur Bejahung der objektiven Zurechenbarkeit des Verletzungserfolges an die Mittäter.

Körperverletzung; vielmehr hätte der Erfolg auch bei pflichtgemäßem Alternativverhalten in genau der gleichen Weise eintreten können, sodass der Pflichtwidrigkeitszusammenhang zwischen dem (Einzel-) Verhalten der Angeklagten und dem Verletzungserfolg verneint werden müsse.

Auf den hier untersuchten Ausgangsfall bezogen soll dies darauf beruhen, dass der rechtswidrige Beschluss auch dann zustande gekommen wäre, wenn dasjenige Vorstandsmitglied, welches die fünfte und damit für die erforderliche Mehrheit „überflüssige“ rechtswidrige Stimme abgegeben hat, rechtmäßig abgestimmt hätte. Danach wäre bei einem rechtmäßigen Alternativverhalten des in Blick genommenen Vorstandsmitgliedes

– Abstimmen **gegen**[427] die weitere Produktion und Auslieferung des Produktes –

der rechtswidrige Beschluss und der darauf beruhende Taterfolg dennoch eingetreten. Für die „zu viel“ abgegebene rechtswidrige Stimme könnte bei dieser Betrachtungsweise der Pflichtwidrigkeitszusammenhang fehlen.

b) Stellungnahme

Zwar ist es zutreffend, dass der objektive Tatbestand der Erfolgsdelikte zusätzlich zur Kausalität noch die objektive Zurechenbarkeit in dem Sinne verlangt, dass man feststellen kann: Der Erfolg ist dem Täter als sein Werk objektiv zuzurechnen. Weiterhin ist zutreffend, dass die objektive Zurechnung unter dem Gesichtspunkt mangelnder Risikoverwirklichung entfallen kann.[428] Gleichwohl ist die Argumentation von *Weißer* abzulehnen:

Es ist nicht einleuchtend, warum im Rahmen der Kausalität argumentiert wird, das jeweilige Abstimmungsverhalten habe sich als Teil des Abstimmungsergebnisses in dem eingetretenen Verletzungserfolg niedergeschlagen, während dies bei der objektiven Zurechnung verneint werden soll. Wie bereits erwähnt ist objektiv zurechenbar ein durch menschliches Verhalten verursachter Unrechtserfolg dann, wenn dieses Verhalten eine rechtlich missbilligende Gefahr des Erfolgseintritts geschaffen und diese Gefahr sich tatsächlich in dem konkreten erfolgsverursachenden Geschehen verwirklicht hat.[429] Auch im Fall „überbedingter“ Gremiumsbeschlüsse ist zu berücksichtigen, dass sich das rechtswidrige Abstimmungsverhalten als Teil des Mehrheitsbeschlusses im Taterfolg verwirklicht hat. Es kommt bei der verbotenen Gefahrschaffung als Voraussetzung der Erfolgszurechnung lediglich auf die Gefährlichkeit der

427 Auf die Frage, ob auch eine Stimmenthaltung des Gremiumsmitglieds ein rechtmäßiges Alternativverhalten darstellt, wird noch zurückzukommen sein (s.u. Zweiter Teil, A. I. 3.).

428 *Krey/Esser*, AT, Rn 343; *Roxin*, AT I, § 11, Rn. 63; *Schönke/Schröder-Lenckner/Eisele*, Vor §§ 13 ff. Rn. 63 f.; SK-StGB, *Rudolphi*, Vor § 1 Rn. 63.

429 SK-StGB, *Rudolphi*, Vor § 1 Rn. 57.

Handlung (die sog. **Erfolgsgefahr**) und nicht auf den Eintritt einer konkreten Gefahr als **Gefahrerfolg** an.[430] Die Gefährlichkeit der Handlung ist aber zu bejahen; denn das Abstimmen für den rechtswidrigen Beschluss stellt eine gefährliche Handlung in dem Sinne dar, dass die Gefahr des Zustandekommens einer Mehrheit und damit eines rechtswidrigen Beschlusses und darauf beruhend die Gefahr der Körperverletzungen beim Verbraucher des Produkts erhöht wird.

Darüber hinaus kann der Tatbeitrag der anderen Gremiumsmitglieder nicht vollständig ausgeblendet werden, da der Erfolg ohne das „Dazwischentreten" des Mehrheitsbeschlusses gar nicht hätte eintreten können. Vielmehr ist im Rahmen der Untersuchung der objektiven Zurechenbarkeit des Erfolges für das einzelne Vorstandsmitglied das Verhalten der übrigen, rechtwidrig abstimmenden Vorstandsmitglieder ebenfalls zu berücksichtigen.

Auch im Rahmen der Zurechenbarkeit kann es nicht rechtens sein, dass sich der Einzelne mit der Begründung, auf seine Stimme sei es letztlich nicht angekommen, einer Strafbarkeit entziehen könnte. Der „glückliche Zufall", dass mehr rechtswidrige Stimmen als für den Mehrheitsbeschluss erforderlich abgegeben wurden, kann dem Einzelnen, der ebenso rechtswidrig handelt wie die übrigen für den Beschluss stimmenden Gremiumsmitglieder, nicht zum Vorteil gereichen. Zudem könnte man praktisch nicht entscheiden, welche der fünf rechtswidrig abgegebenen Stimmen unberücksichtigt bleiben müsse. Dies gilt vor allem dann, wenn alle Vorstandmitglieder gleichzeitig abgestimmt haben.

Die Erfolgszurechnung entfällt auch dann nicht mangels Risikozusammenhangs, wenn die übrigen zustimmend Votierenden als **Dritte** angesehen werden, die vorsätzlich in den Kausalverlauf eingreifen.[431] Ein Ausschluss der Zurechenbarkeit wegen Eingreifens Dritter kommt nur dann in Betracht, wenn das Anknüpfen des Dritten an eine vom Täter verursachte Gefahrenlage nicht vorhersehbar war, wenn in seiner Ausnutzung des Verhaltens des Täters keine Realisierung des von diesem geschaffenen Risikos zu sehen ist.[432] Im Fall der Abstimmung für eine rechtswidrige Mehrheitsentscheidung stellt das Eingreifen eines Dritten – hier der übrigen zustimmenden Gremiumsmitglieder –

und das daraus resultierende Zustandekommen des rechtswidrigen Mehrheitsbeschlusses **keine** unvorhersehbare Gefahrenlage dar. Der Mehrheitsentscheid,

430 Vgl. oben S. 46; *Schönke/Schröder-Lenckner/Eisele*, Vor §§ 13 ff. Rn. 92.

431 BGH NStZ 2001, 29 ff.; *Krey/Esser*, AT, Rn. 353 f.; *Schönke/Schröder-Lenckner/Eisele*, Vor §§ 13 ff. Rn. 98; SK-StGB, *Rudolphi*, Vor § 1 Rn. 60. Besteht die Reserveursache allerdings in einem rechtmäßigen Handeln eines Dritten, verneint *Rudolphi* die Zurechenbarkeit des Erfolges.

432 *Krey/Esser*, AT, Rn. 353; *Kühl*, AT, § 4 Rn. 49 ff., 78 a, 98; SK-StGB, *Rudolphi*, Vor § 1 Rn. 72; *Schönke/Schröder-Lenckner/Eisele*, Vor §§ 13 ff. Rn. 102; *Wessels/Beulke*, AT Rn. 192.

als Folge der zustimmenden Voten auch der übrigen Vorstandmitglieder, bedeutet vielmehr die Realisierung des typischen Risikos: Der Täter, der für einen rechtswidrigen Beschluss stimmt, trägt das Risiko, dass auch andere Mitglieder des Gremiums, welchem der Täter angehört, für den rechtswidrigen Beschluss stimmen und dieser mit der notwendigen Mehrheit zustande kommt. Ein unvorhersehbares Eingreifen Dritter in den Kausalverlauf, welches die objektive Zurechenbarkeit entfallen ließe, ist mithin zu verneinen.

Ein weiteres Argument gegen den Wegfall der objektiven Zurechenbarkeit des eingetretenen Erfolges mangels Pflichtwidrigkeitszusammenhangs besagt, dass das Strafrecht einem Rechtsgut seinen Schutz nicht deshalb entzieht, weil dieses Gut bereits in einer aussichtslosen Lage ist. Auch hier kann noch eine verbotene Gefahr geschaffen oder gesteigert werden, ebenso wie es die bereitstehenden Reserveursachen nicht ausschließen, dass sich gerade jene Gefahr in dem eingetretenen Erfolg tatsächlich ausgewirkt hat. Schließlich kann hier auch der Erfolgsunwert nicht verneint werden.[433]

Im Fall der überbedingten Mehrheitsentscheidung hat sich ein typisches Risiko verwirklicht. Der zustande gekommene Mehrheitsbeschluss wird von allen zustimmenden Gremiumsmitgliedern mitgetragen. Die Stimme jedes einzelnen Vorstandsmitglieds für die Weiterproduktion und -auslieferung des Produktes erhöht die Gefahr für das Zustandekommen des rechtswidrigen Beschlusses und der darauf beruhenden Körperverletzungen beim Produktanwender. Daher ist die objektive Zurechenbarkeit des Erfolges auch für die „zu viel" abgegeben rechtswidrige Stimme eines Vorstandsmitgliedes zu bejahen. Keine Ja-Stimme bei einer überbedingten Mehrheitsentscheidung verliert ihre Relevanz dadurch, dass im Ergebnis ein „Überschuss" an Ja-Stimmen erzielt wird.[434]

c) Zwischenergebnis

Es bleibt festzuhalten, dass die Fallgruppe des fehlenden Pflichtwidrigkeitszusammenhangs vorliegend keine Anwendung findet. Der eingetretene Körperverletzungserfolg ist dem einzelnen Vorstandsmitglied zuzurechnen.

3. Freiverantwortliche Selbstschädigung oder -gefährdung des Opfers

Eine weitere Fallgruppe, derer sich die Lehre von der objektiven Zurechnung bei der Beantwortung der Frage bedient, ob eine rechtlich relevante Gefahr

433 *Schönke/Schröder-Lenckner/Eisele*, Vor §§ 13ff. Rn. 97; *Stratenwerth/Kuhlen*, AT, § 8, Rn. 42.

434 *Kindhäuser*, StGB, Vor § 13 Rn. 95.

geschaffen worden sei, ist die der freiverantwortlichen Selbstschädigung oder -gefährdung des Opfers. Das Prinzip der Eigenverantwortlichkeit, welches dieser Fallgruppe zugrunde liegt, geht davon aus, dass jeder Bürger grundsätzlich nur für sein eigenes Verhalten verantwortlich ist, und soll ermöglichen, anhand der Rechtsfigur der objektiven Zurechnung die verschiedenen Verantwortungsbereiche abzugrenzen.[435]

Die Frage der Anwendbarkeit jenes Prinzips auf den hier untersuchten Fall der strafrechtlichen Produkthaftung von Gremienmitgliedern stellt sich deswegen, weil das jeweilige Vorstandsmitglied die Körperverletzung bei dem Opfer nicht selbst ausführt, sondern das Opfer sich durch die Verwendung des besagten Produktes selbst verletzt. Dies könnte unter Umständen dazu führen, dass der Erfolg dem Täter nicht zurechenbar ist.

Eine Zurechnung ist nach h.L. und Rechtsprechung dann zu verneinen, wenn sich in dem Erfolg gerade das mit einer freiverantwortlichen Selbstgefährdung vom Opfer bewusst eingegangene Risiko realisiert.[436] Denn der Schutzbereich einer Norm die, wie etwa §§ 222, 223, 229 StGB, den Rechtsgutsinhaber vor Eingriffen Dritter bewahren soll, endet dort, wo der eigene Verantwortungsbereich des Betroffenen beginnt.[437] Allerdings ist der Verantwortungsbereich eines Beteiligten an der Selbstgefährdung anderer dann eröffnet, wenn seine Risikoerkenntnis über die des Opfers hinausgeht (**überlegenes Wissen**).[438]

Übertragen auf unseren Ausgangsfall (s.o. S. 14 f.), bedeutet dies im Ergebnis, dass die objektive Zurechnung des Erfolges nicht aufgrund der Fallgruppe der freiverantwortlichen Selbstschädigung des Opfers entfällt. Kennzeichnend für diese Fallgruppe ist, dass der eingetretene Erfolg die Folge einer bewussten, eigenverantwortlich gewollten und verwirklichten Selbstschädigung oder -gefährdung darstellt. In dem dieser Arbeit zugrunde liegenden Ausgangsfall kennt das Opfer die Gefahr, die von dem von ihm verwendeten Produkt für seine Gesundheit ausgeht, nicht. Zwar wendet es das Produkt eigenverantwortlich an, doch hat es nicht dieselbe Risikokenntnis, wie sie die Gremiumsmitglieder aufgrund ihrer Eigenschaft als Vorstandsmitglieder der das Produkt herstellenden und vertreibenden Gesellschaft haben. Aufgrund dieses überlegenen Wissens des jeweiligen Vorstandsmitgliedes ist eine eigenverantwortliche Selbstschädigung des Opfers abzulehnen. Der eingetretene Erfolg ist dem jeweiligen Vorstandmitglied vielmehr objektiv zurechenbar.

---

435 *Schönke/Schröder-Lenckner/Eisele*, Vor §§ 13 ff. Rn. 100; *Wessels/Beulke*, AT Rn. 185.

436 *Jescheck/Weigend*, AT § 28 IV 4; *Fischer*, StGB Vor § 13 Rn. 30 m.w.N.

437 *Wessels/Beulke*, AT Rn. 186.

438 *Wessels/Beulke*, AT Rn. 187.

Die Rechtslage kann allerdings anders zu beurteilen sein, wenn das Opfer das Produkt missbräuchlich, d.h. vorsätzlich bestimmungswidrig,[439] oder fehlerhaft verwendet und es aufgrund dieser fälschlichen Verwendung zu Gesundheitsschäden kommt (z.B. bei Verwendung eines Haarsprays bei offener Flamme obwohl entsprechende Warnhinweise auf der Verpackung des Produktes angebracht wurden). Dann kann eine freiverantwortliche Selbstschädigung oder -gefährdung des Opfers bejaht werden.

Darüber hinaus kann die Zurechnung des Erfolges gegebenenfalls entfallen, wenn das Opfer bereits Kenntnis eines das Produkt betreffenden Rückrufes hat, das fragliche Produkt dennoch weiterverwendet und infolge dieser Verwendung eine Gesundheitsschädigung erleidet. Auch hier kann gegebenenfalls ein Fall der eigenverantwortlichen Selbstgefährdung oder Selbstschädigung des Opfers angenommen werden.

Wenn eine solche Ausnahme nicht vorliegt, ist das Entfallen der objektive Zurechnung des tatbestandlichen Erfolges wegen einer freiverantwortlichen Selbstgefährdung oder -schädigung des Produktanwenders zu verneinen. Bezogen auf den hier erörterten Ausgangsfall (s.o. S. 14 f.) ist der eingetretene Verletzungserfolg jedem einzelnen, für den rechtswidrigen Beschluss stimmenden Vorstandsmitglied objektiv als sein Werk zuzurechnen.

4. Überprüfung des Ergebnisses anhand gesellschaftsrechtlicher Grundsätze

Wie bereits dargelegt[440] ist der Beschluss aus gesellschaftsrechtlicher Sicht das Werk der Mehrheit: Jede Ja-Stimme aus dem Kreis der Vorstandsmitglieder ist Teil der Mehrheit. Daher ist die zustande gekommene Entscheidung jedem dieser Mehrheit Angehörenden als sein Werk zurechenbar. Die insoweit im Rahmen der Untersuchung der Kausalität des einzelnen Gremiumsmitglieds dargelegten Grundsätze sind auch im Rahmen der objektiven Zurechenbarkeit anwendbar. Auch aus gesellschaftsrechtlicher Sicht ist die Mehrheitsentscheidung folglich jedem mit „Ja“ votierenden Gremiumsmitglied objektiv zuzurechnen.

5. Ergebnis hinsichtlich der objektiven Zurechnung

Nach der Lehre von der objektiven Zurechnung ist der Körperverletzungserfolg beim Endverbraucher des gesundheitsschädlichen Produktes dem jeweiligen für den rechtswidrigen Beschluss stimmenden Vorstandsmitglied objektiv zuzu-

---

439 Vgl. das sog. „Sniffing-Urteil“ des BGH in NJW 1981, 2514 ff. als Beispiel eines „eklatanten Produktmissbrauchs“; *Goll/Winkelbauer* in *Graf v. Westphalen*, § 47 Rn. 63.

440 S.o. Erster Teil, A. V. 8. im Text.

rechnen. Weder die Fallgruppe des fehlenden Pflichtwidrigkeitszusammenhangs noch die der freiverantwortlichen Selbstschädigung lassen die Zurechenbarkeit entfallen. Dieses Ergebnis wird durch die gesellschaftsrechtlichen Grundsätze zur Gremienentscheidung zusätzlich bekräftigt.

VII. Der subjektive Tatbestand

Im Anschluss an die Bejahung der objektiven Tatbestandsmerkmale ist zu prüfen, ob das jeweilige für den rechtswidrigen Beschluss stimmende Vorstandsmitglied im Ausgangsfall (s.o. S. 14 f.) den subjektiven Tatbestand der Körperverletzung (§§ 223 I, 224 StGB) erfüllt hat.

1. Vorsätzliches Handeln

Vorsatz bedeutet nach einer gängigen Kurzformel Handeln mit Wissen und Wollen der Tatbestandsverwirklichung.[441] Dabei genügt es, soweit gesetzlich nicht anders bestimmt, dass der Täter mit Eventualvorsatz (*dolus eventualis*) handelt. Das gilt auch für den Tatbestand des § 223 I StGB.[442]

Gemäß der soeben erwähnten Kurzformel fordern Rechtsprechung und h.L. für den *dolus eventualis* ein Wissens- und ein Wollenselement:

Nach der von der Rechtsprechung vertretenen Einwilligungs- beziehungsweise Billigungstheorie wird für das Wissenselement verlangt, dass der Täter den Erfolgseintritt als „*möglich und nicht ganz fern liegend erkennt*"[443]. Bezüglich des Wollenselements findet sich in der Rechtsprechung des BGH die missverständliche Formulierung, der Täter müsse „*den Erfolg billigend in Kauf nehmen*"; sie stellt der BGH aber mit den Worten klar, der Täter müsse sich mit dem Erfolgseintritt abfinden.[444]

Die h.L.[445] fordert für das Wissenselement, der Täter müsse den Erfolgseintritt „*ernstlich für möglich halten*"; zum Teil wird noch enger verlangt, der Täter müsse mit dem Erfolg „*ernstlich rechnen*"[446]. Beim Wollenselement vermeidet die h.L. die Formulierung vom „*billigend in Kauf Nehmen*" und stellt, wie letztlich auch der BGH, darauf ab, der Täter müsse sich „*mit dem Erfolgseintritt abfinden*".

441 Vgl. beispielsweise *Stratenwerth/Kuhlen*, AT, § 8 Rn. 61; *Fischer*, StGB § 15 Rn. 3.
442 *Fischer*, StGB § 223 Rn. 20.
443 BGHSt 7, 363, 368 (Lederriemen-Fall).
444 BGHSt 7, 363, 369 f.; 36, 1, 9, 10; BGH NStZ 1994, 483, 484, 584; 1999, 507, 508.
445 *Jescheck/Weigend*, § 29 III 3 a (m.w.N.); *Kühl*, AT, § 5 Rn. 85; *Wessels/Beulke*, AT Rn 214.
446 *Wessels/Beulke*, AT Rn. 216; *Roxin*, AT I, § 12 Rn. 27.

Anders als Rechtsprechung und h.L. verzichtet eine Mindermeinung[447] im Schrifttum auf das Wollenselement und lässt für den *dolus eventualis* genügen, dass der Täter mit dem Erfolgseintritt ernstlich rechnet (dieser Standpunkt wird vielfach als *Möglichkeitstheorie* bezeichnet).

Diese letztere Konzeption erscheint strafrechtsdogmatisch bedenklich, weil sie den Vorsatz auf die Wissenskomponente reduziert, was schon deswegen sachwidrig erscheint, weil die stärkste Form des Vorsatzes (Absicht im technischen Sinne) gerade durch das Wollenselement geprägt wird.

Ein Vorsatz ohne voluntative Komponente erscheint daher als systemwidrige Verkürzung dieses subjektiven Tatbestandsmerkmals.

a) Das Wissenselement des Vorsatzes

Zunächst stellt sich im eingangs beschriebenen Ausgangsfall (s.o. S. 14 f.) die Frage, ob das Wissenselement des Vorsatzes erfüllt ist.

Im jenem Fall wurde **aufgrund von Schadensmeldungen** eine Sondersitzung einberufen, in deren Verlauf der Chefchemiker allerdings geltend machte, dass toxische Eigenschaften des Produktes nicht nachgewiesen werden könnten und ein Grund für eine Rückrufaktion nicht bestünde.

Infolge der den Vorstandsmitgliedern bekannten Fakten anlässlich dieser Sondersitzung ist jedoch davon auszugehen, dass das jeweilige rechtswidrig abstimmende Gremiumsmitglied die Tatbestandsverwirklichung zwar nicht angestrebt und auch noch nicht für sicher gehalten, aber dennoch **(ernstlich) mit ihr gerechnet hat**. Die Möglichkeit des Schadenseintritts beruht darauf, dass bereits zahlreiche Schadensmeldungen eingegangen waren und dadurch eine gewisse Gefährlichkeit des Produktes impliziert wurde, auch wenn der toxikologische Nachweis (noch) nicht erbracht werden konnte. Das kognitive Element des Eventualvorsatzes ist damit zu bejahen.

b) Das voluntative Element des Vorsatzes

Darüber hinaus müsste auch die Wollenskomponente des Eventualvorsatzes gegeben sein.

Anhand des voluntativen Elements des Vorsatzes werden nach herrschender und zutreffender Meinung *dolus eventualis* und bewusste Fahrlässigkeit voneinander abgegrenzt: Der bewusst fahrlässig Handelnde vertraut auf das Ausbleiben des Erfolgs, findet sich also nicht mit dem Erfolg ab, während der bedingt

---

447 Vgl. u.a. *Puppe*, AT, § 9 Rn. 11 ff.; *Schmidhäuser*, AT 7 Rn. 47 ff; *derselbe* in JuS 1980, 241, 249 ff.

vorsätzlich Handelnde mit dem Eintritt des Erfolges in dem Sinne einverstanden ist, dass er sich mit ihm abgefunden hat.[448]

Bei der Stimmabgabe im Rahmen von Gremienentscheidungen lässt sich entgegen der Auffassung einiger Autoren keine Regel in dem Sinne aufstellen, dass meist von einem Vorsatzdelikt[449], oder umgekehrt meist von einem Fahrlässigkeitsdelikt[450] auszugehen sei. Ob das jeweilige Gremiumsmitglied bedingt vorsätzlich oder bewusst fahrlässig handelt, ist vielmehr eine Frage des Einzelfalls und setzt eine Gesamtwürdigung aller einschlägigen Indizien voraus:

Dabei sind u.a. die Wahrscheinlichkeit des Erfolgseintritts, das Ausbleiben ernsthafter Bemühungen des Täters, den Erfolg zu verhindern, sowie die Schaffung einer „*nicht abgeschirmten Gefahr*", bei der das Ausbleiben des Erfolges ganz oder weitgehend von „*Glück oder Zufall*" abhängt,[451] von Bedeutung.

Auch ändert die Tatsache, dass für den Einzelnen

– insbesondere dort, wo die Stimmabgabe gleichzeitig oder geheim erfolgt –

das Abstimmungsverhalten der anderen Gremiumsmitglieder bei seiner Stimmabgabe möglicherweise nicht bekannt war, er also möglicherweise das Ergebnis der Abstimmung nicht als sicher vorhersah, nichts am Eventualvorsatz hinsichtlich des insgesamt rechtwidrigen Beschlusses (und der infolge dieses Beschlusses eintretenden Körperverletzungen):[452]

Wer selbst gegen das Recht stimmt, und womöglich dabei insgeheim hofft, dass die anderen ihn überstimmen, nimmt die schädliche Wirkung seines Verhaltens dennoch billigend in Kauf, sofern er nur die Verwirklichung des deliktischen Erfolges ernstlich für möglich hält und sich damit abfindet.[453] Der Eventualvorsatz ist auch dann zu bejahen, wenn der tatbestandliche Erfolg dem Täter zwar höchst unerwünscht war, er sich jedoch um des von ihm erstrebten Zieles willen mit dem Erfolgseintritt abgefunden hat.[454]

Schließlich ist von vorsätzlichem Handeln mit der h.M. richtigerweise auch dann auszugehen, wenn dem Täter der Eintritt des tatbestandlichen Erfolges gleichgültig ist.[455] Denn in einem solchen Fall ist die Annahme ausgeschlossen, dass er auf das Ausbleiben des Erfolges vertraut habe.[456]

---

448 *Jescheck/Weigend*, AT § 29 III 3. a) m.w.N.

449 *Neudecker*, S. 227.

450 *Höhfeld*, S. 172 f.

451 *Krey/Esser*, AT, Rn. 398; *Wessles/Beulke*, AT, Rn. 216.

452 So im Ergebnis auch *Neudecker*, S. 227.

453 BGHSt 7, 363, 369; SK-StGB, *Rudolphi/Stein*, § 16 Rn. 43.

454 BGHSt 7, 363, 369.

455 BGHSt 40, 304, 306; *Schönke/Schröder-Cramer/Sternberg-Lieben*, § 15 Rn. 82, 84; *Stratenwerth/Kuhlen*, AT, § 8 Rn. 118; *Fischer*, StGB § 15 Rn. 9 b.

456 *Krey/Esser*, AT, Rn. 393.

Der BGH ist soweit ersichtlich bisher lediglich in der Bienenstich-Entscheidung[457] und im Lederspray-Urteil[458] von einem Vorsatzdelikt ausgegangen.[459] Im Lederspray-Urteil bejaht der BGH den Vorsatz mit dem knappen Hinweis auf den umfassenden Kenntnisstand der Geschäftsführer ab dem Zeitpunkt der Sondersitzung vom 12.05.1981 und die entsprechende rechtliche Bewertung durch das LG Mainz:[460]

Das LG Mainz hatte seine Annahme des bedingten Vorsatzes unter anderem darauf gestützt, dass die Geschäftsführer seit der besagten Sondersitzung Kenntnis von der Produktgefährlichkeit hatten und konkret mit der Möglichkeit des Eintritts weiterer Gesundheitsschädigungen rechneten. Den Geschäftsführern sei ebenfalls bewusst gewesen, dass dieser Gefahr nur mit einer umfassenden Rückrufaktion begegnet werden konnte. Derartige Maßnahmen wären jedoch mit erheblichen finanziellen und betriebswirtschaftlichen Auswirkungen für das Unternehmen verbunden gewesen. Gleichzeitig hätten einem in die Millionen gehenden Umsatz von Ledersprayartikeln zahlenmäßig relativ wenige Schadensfälle gegenübergestanden. Deren Regulierung hätte bisher kein Aufsehen erregt und keine größeren Kosten verursacht. Das Gericht stellte deshalb weiterhin fest, dass sich die Geschäftsführer insbesondere unter Abwägung dieser Gesichtspunkte gegen die Warn- und Rückrufaktion entschieden und somit die künftig noch möglichen Schadensfälle billigend in Kauf genommen hätten.[461]

Auf den Fall der Gremienentscheidung bezogen bedeutet dies, dass die Kenntnis von der Gefährlichkeit des Produktes und das Bewusstsein von der Möglichkeit weiterer Schadensfälle wesentliche Indizien für die Bejahung der Billigung des Erfolges und damit für die Annahme des Eventualvorsatzes darstellen.[462]

Daneben bedarf es allerdings zusätzlich der Feststellung der Handlungsziele und Beweggründe des jeweiligen Gremiumsmitgliedes, welche seinem Abstimmungsverhalten zugrunde lagen.

Dazu gehört etwa die Frage, ob und mit welchem Resultat das Gremiumsmitglied eine Abwägung zwischen Schadenseintritt und den Folgen eines Vertriebsstopps oder Rückrufs des Produktes für sein Unternehmen vorgenommen

---

457 BGH ZLR, 1988, 513, 515.

458 BGHSt 37, 106, 111, 114.

459 Allerdings handelte es sich in beiden Fällen um Verurteilungen aufgrund des vorsätzlichen Unterlassungsdeliktes.

460 BGHSt 37, 106, 132.

461 Zusammengefasst bei *Höhfeld,* S. 170f. unter Verweis auf das Urteil des LG Mainz vom 16.01.1989, 8 Js 3708/84 W 5 Kls, abgedruckt in *Schmidt-Salzer,* ES Band IV.3.22 (S. 36f.).

462 Kritisch insoweit *Kühne* in NJW 1997, 1951: Seiner Auffassung nach „*wird Vorsatz in der Regel nicht nachweisbar sein, da die Interessenlage des Produzenten auch bei Betonung der ökonomischen Perspektive sicher nicht die Schädigung oder Tötung des Kunden, der schließlich die Quelle des Verdienstes ist, umfasst*“.

hat. Lässt sich beispielsweise feststellen, dass das Vorstandmitglied das Image und den Umsatz des Unternehmens als wichtiger empfand als den Schutz der Gesundheit der Produktanwender, so ist dies ein Indiz für die Billigung des Erfolges der Gesundheitsschädigung beim Verbraucher. In der strafprozessualen Praxis kann dieses Indiz beispielsweise dem Sitzungsprotokoll der Sondersitzung der Geschäftsleitung entnommen werden (sofern der Inhalt jener Sitzung genau protokolliert wurde). Eine Billigung im beschriebenen Sinne und damit Vorsatz kann etwa angenommen werden, wenn sich dem Sitzungsprotokoll entnehmen lässt, dass die Vorstandsmitglieder über die erwartete Höhe von Entschädigungen in zukünftigen Schadensfällen beim Verbraucher diskutiert haben.

Abschließend ist festzuhalten, dass im Ausgangsfall (s.o. S. 14 f.) das Vorliegen des Eventualvorsatzes bei den jeweiligen für die rechtswidrige Entscheidung votierenden Vorstandsmitgliedern zu bejahen ist. Aufgrund der eingegangenen Schadensmeldungen war den Vorstandsmitgliedern die Gefährlichkeit des Produktes bekannt; und bei der Abstimmung für die weitere Produktion und Auslieferung dieses Produktes kann zumindest davon ausgegangen werden, dass die Vorstandmitglieder mit weiteren Schadensfällen rechneten und sich damit abfanden.

2. Sonderrechtsprechung des BGH bei Tötungsdelikten

Schließlich soll darauf hingewiesen werden, dass bezüglich des Eventualvorsatzes dort Besonderheiten zu beachten sind, wo das fehlerhafte Produkt zum Tode von Verbrauchern führt.

Im Bereich **schwerer Gewalt- und Tötungsdelikte** folgt der BGH bei der Prüfung, ob bedingter Tötungsvorsatz vorliegt, unter Berücksichtigung seiner Konzeption von der „***Hemmschwelle,*** *die vor dem Tötungsvorsatz stehe*“, einer eher restriktiven Linie. Auch bei einer vom Täter erkannten hohen Lebensgefahr könne es sein, dass er ernsthaft darauf vertraue, das Opfer werde nicht sterben.[463] Diese Auffassung des BGH soll hier nicht weiter erörtert werden, doch sei festgehalten, dass diese Restriktion bei der Annahme von *dolus eventualis* zu einigen befremdlich erscheinenden Entscheidungen des BGH führte und durchaus als fragwürdig bezeichnet werden kann.[464]

463 Vgl. *Krey/Esser*, AT, Rn. 389 f. mit einigen Beispielen zu entsprechenden Entscheidungen des BGH.

464 *Krey/Esser*, AT, Rn. 390 m.w.N.

3. Vorliegen eines Tatbestandsirrtums

Darüber hinaus entfällt der Vorsatz im Ausgangsfall auch nicht aufgrund eines Tatbestandsirrtums nach § 16 I StGB. Zu den tatsächlichen Gegebenheiten, die vom Vorsatz umfasst sein müssen, gehört regelmäßig die Person des Verletzten. Im Ausgangsfall kannte das jeweilige Vorstandsmitglied die genaue Person der künftig Geschädigten im Zeitpunkt der Tatbegehung, d.h. der rechtswidrigen Abstimmung für den nicht ausführungsbedürftigen Beschluss, naturgemäß nicht. Allerdings genügt es, wenn der Täter das Opfer jedenfalls mittelbar individualisiert hat.[465] In den Produkthaftungsfällen ist das jeweilige Opfer durch die Verwendung des fehlerhaften Produktes ausreichend individualisiert: Der Vorsatz des Täters bezieht sich auf dasjenige Opfer, welches durch die Verwendung des Produktes zu Schaden kommt. Das Vorliegen eines Tatbestandsirrtums i.S.d. § 16 I StGB über die Person des künftigen Opfers ist daher ausgeschlossen.

4. Ergebnis hinsichtlich des subjektiven Tatbestandes

Im vorliegend untersuchten Ausgangsfall (s.o. S. 14 f.) ist der subjektive Unrechtstatbestand der Körperverletzung mithin erfüllt. Das jeweilige rechtswidrig abstimmende Vorstandsmitglied hat zumindest mit *dolus eventualis* gehandelt.

VIII. Die Rechtswidrigkeit der Tat

Voraussetzung der Strafbarkeit ist, dass das Abstimmungsverhalten des einzelnen für die Weiterproduktion und die weitere Auslieferung des Produktes stimmenden Vorstandsmitgliedes rechtswidrig ist.

Die Tatbestandsmäßigkeit indiziert die Rechtswidrigkeit, d.h. das tatbestandsmäßige Verhalten ist rechtswidrig, wenn kein Rechtfertigungsgrund (Erlaubnissatz) eingreift.[466] Im vorliegend untersuchten Ausgangsfall könnten drei verschiedene Rechtfertigungsgründe die Rechtswidrigkeit entfallen lassen: Der rechtfertigende Notstand nach § 34 StGB, die Sozialadäquanz/berufsrollenmäßiges Verhalten und die (möglicherweise) rechtfertigende Wirkung der Zustimmung durch den Aufsichtsrat.

465 *Fischer*, StGB § 16 Rn. 5.

466 *Krey/Esser*, AT, Rn. 261; *Wessels/Beulke*, AT Rn. 122.

1. Rechtfertigender Notstand (§ 34 StGB)

Zunächst soll festgestellt werden, ob im vorliegenden Ausgangsfall (s.o. S. 14 f.) der Rechtfertigungsgrund des rechtfertigenden Notstandes gemäß § 34 StGB angenommen werden kann.

Objektive Voraussetzung dieses Rechtfertigungsgrundes ist neben dem Vorliegen einer Notstandslage („*gegenwärtige Gefahr*" für ein von § 34 StGB geschütztes Rechtsgut) auch eine erforderliche Notstandshandlung (die Gefahr darf „*nicht anders abwendbar sein*"). Schließlich bedarf es einer Interessenabwägung im Rahmen derer ein wesentliches Überwiegen des geschützten Interesses im Verhältnis zum beeinträchtigten (§ 34 S. 1 StGB) festgestellt werden muss. Liegt daneben auch das subjektive Rechtfertigungselement (Handeln des Täters in Kenntnis und aufgrund der Notstandslage) vor, so entfällt die Strafbarkeit.

Zunächst ist zu bestimmen, welche Rechtsgüter den Schutz des § 34 S. 1 StGB genießen. Ganz allgemein anerkannt ist, dass neben den ausdrücklich in der Norm genannten Rechtsgütern notstandsfähig grundsätzlich alle Rechtsgüter sind, wobei außer Rechtsgütern des Einzelnen (z.B. das allgemeine Persönlichkeitsrecht, das Vermögen) auch Rechtsgüter der Allgemeinheit (z.B. Volksgesundheit) in Betracht kommen.[467]

Im hier untersuchten Ausgangsfall (s.o. S. 14 f.) könnte jedes der fünf rechtswidrig abstimmenden Vorstandsmitglieder argumentieren, dass eine Beendigung der Produktion sowie ein Auslieferungsstopp des gesundheitsgefährdenden Produktes beträchtliche Vermögenseinbußen[468] für die X-AG und diese Einbußen wiederum einen Verlust von Arbeitsplätzen im Unternehmen zur Folge hätten. Infolge dieser möglichen Konsequenzen sei die Abstimmung für die Weiterproduktion und die weitere Auslieferung des Produktes gerechtfertigt.

Das Vermögen[469], die Erhaltung der im Betrieb vorhandenen Arbeitsplätze[470] sowie wie die Aufrechterhaltung der Produktion[471] sind in der Tat notstandsfähige Rechtsgüter.

Unabhängig von der Frage, ob in einer Sachverhaltskonstellation wie der im Ausgangsfall beschriebenen (s.o. S. 14 f.) tatsächlich eine gegenwärtige Gefahr für

---

467 Statt aller *Krey/Esser*, AT, Rn. 588 m.w.N.

468 Die Vermögenseinbußen können dabei mehrere Ursachen haben wie etwa:
- Wegfall von Einnahmen durch den Verkauf des Produktes;
- gegebenenfalls Verringerung des Unternehmenswertes (*good will*; Imageverlust); oder
- unter Umständen auch konkreter Wertverlust durch Einbruch des Aktienwertes.

469 BGH NJW 1976, 680, 681.

470 Vgl. Nachweise in *LK-StGB*, *Zieschang*, § 34 Rn. 22 und Fn. 63; *Schall*, NStZ 1992, 209, 215; *Wittig*, § 7 Rn. 3.

471 BGH bei *Dallinger*, MDR 1975, 722, 723.

das Vermögen der Gesellschaft oder die Arbeitsplätze der bei der X-AG beschäftigten Personen vorliegt (was bereits zweifelhaft sein dürfte), ist die Anwendung des rechtfertigenden Notstandes im Rahmen der Interessenabwägung in jedem Fall abzulehnen:

Wie bereits erwähnt verlangt das Gesetz (§ 34 S. 1 StGB), dass „*bei Abwägung der widerstreitenden Interessen, namentlich der betroffenen Rechtsgüter und des Grades der ihnen drohenden Gefahren, das geschützte Interesse das beeinträchtigte überwiegt*". Die Interessenabwägung hat dabei nach objektivem Wertmaßstab zu erfolgen. Keine Rolle spielt deshalb die individuelle Wertschätzung, die der Inhaber des Rechtsguts diesem beimisst.[472] Welches Interesse überwiegt, ist anhand einer Gesamtabwägung aller relevanten Umstände vorzunehmen. Dazu gehören unter anderem der Rang der betroffenen Rechtsgüter, der Grad der ihnen drohenden Gefahren, das Ausmaß des potentiellen Schadens, die Größe der Rettungschance, die Autonomie des Inhabers des Eingriffsgutes, die Verantwortlichkeit für das Entstehen der Gefahrenlage, das Bestehen besonderer Gefahrduldungspflichten oder die Bedeutung der Rechtsordnung im Ganzen.[473]

Eine solche Interessenabwägung hat auch der BGH im Lederspray-Urteil[474] vorgenommen und dazu ausgeführt:

„Schließlich durfte der zur Schadensabwendung erforderliche Rückruf nicht deshalb unterbleiben, weil eine solche Aktion Kosten verursacht, eventuell den Ruf (das „Image") der beteiligten Firmen beeinträchtigt und zu einem Absatzrückgang sowie zu Gewinneinbußen geführt hätte; bei einer Abwägung der in Rede stehenden Belange mussten wirtschaftliche Gesichtspunkte zurücktreten: dem Schutz der Verbraucher vor Gesundheitsschäden gebührte hier der Vorrang."

Dieser Argumentation ist zuzustimmen: Nach § 34 StGB müsste der Schutz der Vermögensinteressen der Gesellschaft und der Schutz der Arbeitsplätze ihrer Arbeitnehmer den Schutz der körperlichen Unversehrtheit der Verbraucher wesentlich überwiegen. Daran fehlt es aber regelmäßig in Fällen wie dem Lederspray-Urteil und dem Ausgangsfall (s.o. S. 14f.) und zwar aus folgenden Gründen[475]:

Das Gesetz indiziert die Wertigkeit der einzelnen Rechtsgüter durch die Reihenfolge ihrer Auflistung in § 34 S. 1 StGB, beginnend mit dem wertvollsten Gut (Leben, Leib, Freiheit, Ehre, Eigentum).[476] Doch dies ist nicht das einzige Abwä-

472 *LK-StGB*, *Zieschang*, § 34 Rn. 54.

473 *Engländer*, GA 2010, 15, 17f.; *Kühl*, AT § 8 Rn. 106ff.; *Roxin*, AT I, § 16 Rn. 27ff.; *Wessels/Beulke*, AT Rn. 311.

474 BGHSt 37, 106, 122.

475 BGHSt 37, 106, 122; BGH bei *Dallinger*, MDR 1975, 722, 723 (Kronkorken-Fall); *Roxin*, AT I, § 16, Rn. 77; *Schmidt- Salzer*, Rn. 1.332f., 1.529; OLG Karlsruhe, NJW 1981, 1054; *Schönke/Schröder-Perron*, § 34 Rn. 43; *Tiedemann*, Wirtschaftsstrafrecht, Rn. 193, m.w.N.

476 *Fischer*, StGB § 34, Rn. 8.

gungskriterium: Daneben sind einerseits die Schwere der Gesundheitsbeeinträchtigungen und die Zahl der von ihnen betroffenen Personen und andererseits der Anteil des Produktes am Gesamtumsatz der Firma, die Höhe der Vermögenseinbußen für das Unternehmen und die Anzahl der Arbeitsplätze, die hierdurch verloren gehen könnten, bei der Abwägung zu berücksichtigen.

Dennoch erscheint es kaum denkbar, dass in Fällen strafrechtlicher Produkthaftung die Interessenabwägung im Ergebnis zugunsten des herstellenden und vertreibenden Unternehmens ausfällt. Meines Erachtens werden in der Regel Vermögensinteressen des Produzenten und die Arbeitsplatzinteressen seiner Arbeitnehmer **nicht** oder jedenfalls **nicht wesentlich** höherrangig sein als die Gesundheitsinteressen der Verbraucher.[477] Dies hat zur Folge, dass die Voraussetzungen des Rechtfertigungsgrundes nach § 34 StGB in Sachverhaltskonstellationen wie der vorliegend untersuchten in aller Regel nicht erfüllt sind.

Auch ein Tätigwerden zur Rettung des Unternehmens lässt die Rechtswidrigkeit grundsätzlich nicht entfallen, da die Unternehmensrettung die beeinträchtigten Interessen Dritter ebenfalls nicht wesentlich überwiegt.[478]

Das entspricht auch der Auffassung des BGH im Lederspray-Urteil, wo es für denkbare Ausnahmen heißt:

„Anders mag die Rechtslage zu beurteilen sein, wenn den Verbrauchern bei Unterbleiben des Rückrufs nur geringfügige Nachteile drohen, der Rückruf jedoch für das Unternehmen mit schwerwiegenden, möglicherweise existenzgefährdenden Folgen verbunden wäre.“[479]

Zwischenergebnis: Der rechtfertigende Notstand nach § 34 StGB lässt die Strafbarkeit der Vorstandsmitglieder im Ausgangsfall folglich nicht entfallen.

2. Sozialadäquanz und berufs(rollen)mäßiges Verhalten

Im Schrifttum wurde, um die ihrem Wortlaut nach teilweise sehr weit gefassten Tatbestände einzuschränken, die höchst umstrittene Lehre von der Sozialadäquanz entwickelt[480].

Bei dieser Lehre wird nicht nur die Notwendigkeit ihrer Existenz diskutiert, sondern auch, ob bei Vorliegen eines als sozialadäquat zu beurteilenden Verhal-

---

477 Zu einem anderen Ergebnis könnte man allenfalls gelangen, wenn die Vermögenseinbußen für das Unternehmen erheblich, und die Gesundheitsbeeinträchtigung für die Verbraucher und die Zahl der Betroffenen sehr gering wären. Vgl. BGHSt 37, 106, 122.

478 *Wabnitz/Janovsky-Dannecker*, Kapitel 1 C., Rn. 38 weisen zu Recht darauf hin, dass zudem die Rechtsordnung erheblich erschüttert würde, wenn wirtschaftsrechtliche Vorschriften in der Unternehmenskrise durch § 34 StGB eingeschränkt würden.

479 BGHSt 37, 106, 122.

480 Zuerst *Welzel*, ZStW 1938, 491, 517.

tens bereits die Tatbestandsmäßigkeit entfällt, oder ob die Sozialadäquanz als Rechtfertigungsgrund einzuordnen ist. Auf letzteren Streitstand soll an dieser Stelle nicht weiter eingegangen werden,[481] denn jene Lehre ist meines Erachtens grundsätzlich abzulehnen, sodass die Frage ihrer systematischen Verortung keiner näheren Betrachtung bedarf.

Das Entfallen einer Strafbarkeit aufgrund von Sozialadäquanz und berufsrollenmäßigem Verhalten wird im Bereich des Wirtschaftsstrafrechts vorwiegend für Personen erörtert, die rechts-, steuer- und wirtschaftsberatenden Berufe ausüben, könnte aber prinzipiell für Angehörige jeder Profession erwogen werden.[482] Zudem wird jene Lehre meist im Bereich der Teilnehmerhaftung herangezogen.[483]

Auch wenn vorliegend die Strafbarkeit des einzelnen (jedenfalls bei Vorsatz mittäterschaftlich tätigen)[484] Vorstandsmitglieds untersucht wird, stellt sich die Frage, ob der Rechtfertigungsgrund des berufsrollenmäßigen Verhaltens nicht auch im Rahmen der Kollegialentscheidung anwendbar ist. Die Teilnahme an Vorstandssitzungen und die Abstimmung über die dort erörterten Beschlussinhalte kann durchaus als sozialadäquates, berufsrollenmäßiges Verhalten qualifiziert werden.[485] Diese Einschätzung beruht unter anderem darauf, dass Sitzungsteilnahme und Abstimmung zu den gesellschaftsrechtlichen Pflichten eines Vorstandsmitglieds gehören.[486]

Ob der ungeschriebene Rechtfertigungsgrund der Sozialadäquanz grundsätzlich seine Berechtigung hat und ob er auf den hier diskutierten Fall der Vorstandsbeschlüsse anwendbar ist, soll im Folgenden kurz erörtert werden:

---

481 Vgl. zum Streitstand der Einordnung der Sozialadäquanz die Ausführungen und Nachweise bei *Roxin*, Klug-FS, S. 303 ff. *Roxin* selbst vertritt die Auffassung, dass die soziale Adäquanz als Tatbestandsausschließungsgrund einzuordnen ist (vgl. S. 306 ff., 310), ebenso *Schönke/Schröder-Lenckner/Eisele*, Vor § 13 Rn. 70; *Maurach/Zipf*, AT 1, § 17 II Rn. 21; **a.A.** *Tiedemann*, Wirtschaftsstrafrecht, Rn. 190, *Wabnitz/Janovsky-Dannecker*, Kapitel 1 C., Rn. 38, wonach die Sozialadäquanz als ungeschriebener Rechtfertigungsgrund qualifiziert wird.

482 *Tiedemann*, Wirtschaftsstrafrecht, Rn. 188 f.

483 Vgl. z.B. BGHSt 46, 107, 113.

484 S. o. Erster Teil, A. V. 6. e).

485 So auch *Röh*, S. 180, der die Teilnahme an der Abstimmung als solche als *„rollenadäquates Verhalten"* ansieht, nicht aber die Stimmabgabe für eine rechtswidrigen Beschluss.

486 *Bock*, Produktkriminalität, S. 83; *Dencker* in *Amelung*, Individuelle Verantwortung, S. 63, 70; *Franke*, JZ, 579, 583; *Jakobs* in Miyazawa-FS, 419, 429; *Ransiek*, NJW 2006, 814, 816; *Röh*, S. 180 f.; *Schmidt-Salzer*, NJW 1990, 2966, 2969 f.; *Schönke/Schröder-Sternberg/Lieben*, § 15 Rn. 223 b; *Tiedemann* ZIP, 2056, 2057. Vgl. auch Ausführungen unten, Zweiter Teil, A. VII. 2. c).

a) Befürworter der Lehre von der Sozialadäquanz

Teile der Literatur bejahen die Existenz des ungeschriebenen Rechtfertigungsgrundes des berufsmäßigen Verhaltens, beziehungsweise das Eingreifen der Lehre von der Sozialadäquanz.[487] *Müller-Dietz*[488] und *Tiedemann*[489] vertreten die Auffassung, dass ein solcher ungeschriebener Rechtfertigungsgrund eingreift und führen dazu die Beispiele des Arztes, der einen Verbrecher auf der Flucht behandelt, oder des Bankangestellten, der ihm Geld auszahlt, an. *Roxin*[490] stellt dagegen auf den „*deliktischen Sinnbezug*" der äußerlich neutralen Alltagshandlung ab. Auch er postuliert die Notwendigkeit der Lehre von der Sozialadäquanz anhand eines Beispiels, nämlich einer Entscheidung des Schweizer BG,[491] in dem die Angeklagten afrikanisches Antilopenfleisch unter richtiger Bezeichnung an unseriöse Abnehmer verkaufen, obwohl ihnen bewusst war, dass diese einen Betrug begehen würden, indem sie das Fleisch als „europäisches Wildfleisch" verkauften.[492]

Maurach/Zipf[493] befürworten die Lehre von der Sozialadäquanz mit der Begründung, sie halte die „*notwendigerweise unzulängliche Tatbestandstypisierung [...] auch ohne Einschreiten des Gesetzgebers im Einklang mit dem sozialen Wandel*". Ihrer Auffassung nach führe die Subsumierbarkeit des zu beurteilenden Verhaltens unter einen Deliktstypus nicht immer notwendigerweise zu einer Unrechtindizierung. Denn wäre das zu beurteilende Verhalten rechtskonform oder sozialadäquat, so würde die Indizfunktion des typisierten Unrechtsbildes ausgeschlossen.

b) Gegner der Lehre von der Sozialadäquanz

Nach Auffassung des BGH ist eine **generelle** Straflosigkeit von berufstypischen oder „*professionell adäquaten*"[494] Handlungen in der Regel zu verneinen: „*Fast*

---

487 Vgl. umfassende Literaturnachweise bei *Schönke/Schröder-Lenckner/Eisele*, Vor § 13 Rn. 69 sowie die Umfassende Analyse zur „professionellen Adäquanz" von *Hassemer* in wistra 1995, 41 ff. und 81 ff.

488 in Jura 1979, 242, 253.

489 in Hirsch-FS, 765, 776; *derselbe* in Wirtschaftsstrafrecht, Rn. 190.

490 in AT I § 26, Rn. 250, *derselbe* in Miyazawa-FS, 513, 515 f.; vgl. auch LK-StG *Schünemann*, LK-StBG, § 27 Rn. 17 ff.

491 Schweizer BGE 119, IV 289 ff.

492 Diesem Ansatz entspricht auch die Regressverbotslehre von *Jakobs*, AT 24. Abschn. Rn. 13 ff, 17, der die Strafbarkeit von „*Personen mit höchst unterschiedlichen Präferenzen*", d.h. ohne gemeinsamen Handlungssinn, ablehnt.

493 in AT 1, § 17 II, Rn. 14 ff., 21.

494 So bezeichnet von *Hassemer*, wistra 1995, 41, 43 ff., 81 ff., der sich im Ergebnis für die Anwendung jener Lehre ausspricht.

jede Handlung kann in einen strafbaren Kontext gestellt werden“[495]. Dabei greift der BGH nicht lediglich auf das subjektive Kriterium des Wissens zurück, sondern stellt darüber hinaus auch auf den objektiven Sinngehalt des Geschehens ab.[496]

Auch *Roxin*[497] der die soziale Adäquanz als tendenziell richtiges Prinzip zur Profilierung eines Deliktstyps bezeichnet, ordnet die Lehre im Ergebnis als überflüssig ein, da die moderne Zurechnungslehre und die teleologischen Reduktion des Schutzbereichs der Tatbestände als exaktere Methoden der Tatbestandsbegrenzung zur Verfügung stünden.

c) Stellungnahme

Meines Erachtens ist die Auffassung der Gegner der Lehre von der Sozialadäquanz zutreffend.

Wie der BGH zutreffend darlegt, kann grundsätzlich jedes Verhalten in einen strafbaren Kontext gestellt werden.

Zudem bestehen generelle Bedenken gegen diese Lehre. Der Maßstab der Sozialadäquanz ist zu unbestimmt, und kann allenfalls in Einzelfällen als Auslegungsbehelf dienen.[498]

Tatsächlich bedarf es jener Lehre nicht. Ihr fehlt die Bedeutung eines „allgemeinen Auslegungsprinzips“[499], da sie „*keinen eigenen Stellenwert unter systematischen Gesichtspunkten innehat*“[500]: Wie *Roxin*[501] zutreffend darlegt, können die Fälle, die als Beispiele für sozialadäquates Verhalten gegeben werden,[502] mithilfe genereller Zurechnungsregeln und einer am Schutzzweck des Tatbestandes orientierten teleologischen Reduktion gelöst werden.[503] So kommt in den von den Befürwortern der Lehre von der Sozialadäquanz genannten Beispielsfällen eine Strafbarkeit dann in Betracht, wenn der Gehilfe vorsätzlich gehandelt hat. In diesen Fällen kann die Strafbarkeit nicht unter Hinweis auf die Sozialadäquanz entfallen, denn hier verliert die jeweilige Handlung ihren Alltagscharakter.[504]

495 BGHSt 46, 107, 113.

496 Zustimmend insoweit *Lesch*, JR 2001, 383 ff. (der allerdings die Begründung des BGH kritisiert); MüKo StGB, *Joecks*, § 27 Rn. 65 ff.

497 in Klug-FS, 303, 304, 310 ff.; ebenso *Schönke/Schröder-Lenckner/Eisele*, Vor § 13 Rn. 70.

498 *LK-StGB, Rönnau*, Vor § 32 Rn. 51; *Schönke/Schröder-Lenckner/Eisele*, Vor § 13 Rn. 70.

499 *Welzel*, ZStW 1958, 491, 518.

500 *Schönke/Schröder-Lenckner/Eisele*, Vor § 13 Rn. 70.

501 In Klug-FS, 303, 310 ff.

502 Vgl. etwa *Hirsch*, ZStW 1962, 78, 87 ff.

503 Ebenso *Schönke/Schröder-Lenckner/Eisele*, Vor § 13 Rn. 70.

504 Das Schweizer BGE 119 (1993) IV, 289, 294, stellt darauf ab ob der Gehilfe lediglich mit *dolus eventualis* oder (zumindest) mit *dolus directus* gehandelt hat. Nur bei Vorliegen der letzte-

Darüber hinaus ist überaus fraglich, ob die Anhänger der Lehre von der Sozialadäquanz im vorliegend untersuchten Ausgangsfall (s.o. S. 14 f.) die Strafbarkeit der Vorstandmitglieder für ihr Abstimmungsverhalten ablehnen würden.

Sicherlich ist das Abstimmen im Rahmen einer Vorstandssitzung für einen **rechtmäßigen** Beschluss als sozialadäquates Verhalten zu werten. Daher wären im Ausgangsfall (s.o. S. 14 f.) die objektiven Voraussetzungen des Erlaubnissatzes erfüllt, wenn der Beschluss dort pflichtgemäß gewesen wäre.

Die mit „Ja" stimmenden Vorstandsmitglieder hatten aufgrund glaubhafter Schadensmeldungen Kenntnis von den bei den Produktanwendern eingetretenen Verletzungen.[505] Dadurch verliert die Abstimmung ihren Alltagscharakter. Es bestehen daher erhebliche Bedenken, die Strafbarkeit der für den Beschluss stimmenden Gremiumsmitglieder im Rahmen der Rechtswidrigkeit allein unter Verweis auf Sozialadäquanz des Verhaltens entfallen zu lassen.

d) Zwischenergebnis

Die Lehre von der Sozialadäquanz ist wegen ihres zu unbestimmten Maßstabs und mangels Notwendigkeit eines solchen Korrektivs abzulehnen. Doch auch bei Anwendung der Lehre entfiele die Rechtswidrigkeit des Abstimmungsverhaltens der zustimmenden Vorstandsmitglieder im Ausgangsfall (s.o. S. 14 f.) nicht.

3. Rechtfertigende Wirkung der Zustimmung durch den Aufsichtsrat

Darüber hinaus bleibt zu untersuchen, ob die Zustimmung durch den Aufsichtsrat rechtfertigende Wirkung entfalten kann.

Das ist allerdings zu verneinen. Gemäß § 76 I AktG übt der Vorstand seine Leitungsaufgaben unter eigener Verantwortung aus. Folglich ist er nicht an Entscheidungen anderer Gesellschaftsorgane gebunden.[506] Soweit bestimmte Arten von Geschäften der Zustimmung des Aufsichtsrats bedürfen (vgl. §111 IV 2), kann der Aufsichtsrat das Tätigwerden des Vorstands zwar nach Art eines Veto-

---

ren Alternative soll eine Strafbarkeit in Betracht kommen. Diese Differenzierung ist meines Erachtens unzutreffend. Ist Vorsatz im Sinne von *dolus eventualis* gegeben und verlangt der untersuchte Tatbestand nicht ausdrücklich direkten Vorsatz (wie etwa in §§ 226 II, 258 StGB), so genügt *dolus eventualis*
– sofern die übrigen Strafbarkeitsvoraussetzungen gegeben sind –
um die Strafbarkeit des Gehilfen zu bejahen.

505 S.o. Ausgangsfall S. 14 f.

506 So für den Fall einer Weisung durch den Aufsichtsrat: *Hüffer*, AktG, § 76, Rn. 22; MüKo AktG, *Spindler*, § 76, Rn. 21; Köllner Kommentar, *Mertens*, § 76, Rn. 42.

rechts verhindern; ein Weisungsrecht, mit dem er bestimmte Maßnahmen positiv durchsetzten könnte, steht ihm jedoch auch dann nicht zu.[507]

Zudem führt die Einflussnahme des Aufsichtsrates auf die Entscheidung des Vorstandes nicht zur Einschränkung der Pflichten der Geschäftsleitung. Das ergibt sich zum einen aus § 93 AktG, wonach der Vorstand in Angelegenheiten der Gesellschaft die Sorgfalt eines ordentlichen Kaufmanns anwenden muss. Der Vorstand hat nach dem Normalstatut der Aktiengesellschaft eine (mit)entscheidende Stellung. Das ergibt sich deutlich aus § 399 I AktG. So ist der Vorstand beispielsweise strafrechtlich für unrichtige Angaben (zwecks Eintragung der Gesellschaft) verantwortlich, und zwar selbst dann, wenn auch die Gründer oder der Aufsichtsrat falsche Angaben machen und selbst wenn diese das Geschehen faktisch beherrschen.[508] An diesem Beispiel zeigt sich die Konzentration der strafrechtlichen Verantwortung auf die rechtlich zuständigen Entscheidungsträger im Unternehmen.

Dieser Grundsatz gilt unabhängig von der Frage, ob die Zustimmung (offensichtlich) rechtswidrig war oder nicht. Aufgrund seiner Stellung als Entscheidungsträger im Unternehmen bleibt der Vorstand für sein Handeln auch im Falle einer **nicht** offensichtlich rechtswidrigen Zustimmung strafrechtlich verantwortlich. [509]

Die Zustimmung durch den Aufsichtsrat lässt die Rechtswidrigkeit der Zustimmung der Vorstandsmitglieder zu einem rechtswidrigen Vorstandsbeschluss somit nicht entfallen.[510]

4. Ergebnis zur Rechtswidrigkeit

Die Stimmabgabe **für** einen rechtswidrigen Vorstandsbeschluss ist nicht gerechtfertigt. Die Interessenabwägung nach § 34 StGB kann in der Regel nicht zu einer Rechtfertigung führen, da das Vermögen der Gesellschaft und der Erhalt von Arbeitsplätzen auf der einen Seite die Rechtsgüter Leben und Gesundheit auf der anderen Seite allenfalls in besonderen Ausnahmefällen wesentlich überwiegen wird.

---

507 *Hüffer*, AktG, § 76, Rn. 11.

508 *Ransiek*, ZGR 1999, 613, 623.

509 Hier liegt ein bedeutender Unterschied zu Fällen in denen ein Vorgesetzten-Untergebenenverhältnis besteht. Eine nicht offensichtlich rechtwidrige Weisung an einen Untergebenen kann dessen grundsätzlich tatbestandsmäßige Handlung rechtfertigen und so zur Straffreiheit des Arbeitnehmers führen. Vgl. *Ransiek*, ZGR 1999, 613, 622 f. ; *Schönke/Schröder-Lenckner/Sternberg-Lieben*, Vor § 32 ff. Rn. 87 f. (m.w.N.).

510 Neben der Haftung des Vorstandes kommt eine eigene Verantwortung des Aufsichtsrats für seine Zustimmung in Betracht, vgl. *Lüderssen* in Lampe-FS, 726, 731.

Die Lehre von der Sozialadäquanz ist wegen ihrer Unbestimmtheit und mangels Notwendigkeit einer solchen Lehre abzulehnen. Darüber hinaus wäre sie vorliegend aufgrund des Kenntnisstandes der Vorstandsmitglieder von den Schadensmeldungen auch nicht einschlägig, d.h. selbst bei Anwendung der Lehre wäre das Verhalten der Vorstandsmitglieder nicht gerechtfertigt.

Letztlich ist auch die Zustimmung durch den Aufsichtsrat nicht geeignet die Rechtswidrigkeit entfallen zu lassen. Aufgrund der Stellung des Vorstands als Entscheidungsträger im Unternehmen bleibt die strafrechtliche Verantwortlichkeit der Vorstandsmitglieder (gegebenenfalls neben einer Strafbarkeit der Mitglieder des Aufsichtsrates)[511] trotz einer solchen Zustimmung bestehen.

B. Ergebnis zur Strafbarkeit der zustimmenden Personen

Abschließend bleibt festzuhalten, dass die Vorstandmitglieder, die für den rechtswidrigen Mehrheitsbeschlusses gestimmt haben, grundsätzlich strafrechtlich verantwortlich sind:

In Fällen des „überbedingten Erfolges" sind die Einzelstimmen der rechtswidrig Abstimmenden nach der Formel von der alternativen Kausalität **kausal** für den durch den Beschluss herbeigeführten Erfolg.

Darüber hinaus können dem jeweiligen für einen rechtswidrigen Beschluss Votierenden die Folgen jenes Beschlusses

– jedenfalls im Rahmen des hier allein untersuchten vorsätzlichen Begehungsdeliktes –

nach den Grundsätzen der **Mittäterschaft** zugerechnet werden.[512] Die Mittäterschaft hat insoweit kausalitätsersetzende Wirkung als sie gestattet, den Tatgenossen auch ein nicht kausales und nicht „notwendiges" Handeln zuzurechnen. Es liegt ein Fall der so genannten additiven Mittäterschaft vor. Alle Stimmen **für** den rechtswidrigen Beschluss, die „überflüssigen" eingeschlossen, sind taugliche mittäterschaftliche Handlungen.

Der Verletzungserfolg ist dem jeweiligen für den rechtswidrigen Beschluss stimmenden Vorstandsmitglied nach der Lehre von der objektiven Zurechnung auch objektiv zurechenbar. Die Fallgruppen des fehlenden Pflichtwidrigkeitszusammenhangs und der freiverantwortlichen Selbstschädigung sind nicht einschlägig.

---

511 Hierauf wird im Rahmen der vorliegenden Untersuchung nicht näher eingegangen.

512 Spezielle Probleme bleiben diesbezüglich allerdings bei den Unterlassungs- und Fahrlässigkeitsdelikten.

Zudem lassen weder § 34 StGB noch die Lehre von der Sozialadäquanz die Strafbarkeit entfallen (letztere ist zudem grundsätzlich abzulehnen).

Dieses Ergebnis entspricht auch den gesellschaftsrechtlichen Grundsätzen zur Gremienentscheidung.

Abschließend sei darauf hingewiesen, dass darüber hinaus eine Strafbarkeit der Vorstandsmitglieder wegen ihrer Beziehung zu den Arbeitnehmern, die durch ihre Mitwirkung an der weiteren Herstellung und am Vertrieb des Sprays dieses eigenhändig in Verkehr brachten, in Betracht kommt.

Hierzu finden sich allerdings im Lederspray-Urteil des BGH keinerlei Ausführungen.[513] Und auch im Folgenden soll es mit wenigen Hinweisen sein Bewenden haben:

In seiner Entscheidung zur Strafbarkeit von Mitgliedern des Nationalen Verteidigungsrates der ehemaligen DDR wies der BGH erstmals darauf hin, dass unabhängig von der Gut- oder Bösgläubigkeit der unmittelbar Handelnden mittelbare Täterschaft anzunehmen sei, wenn der Beitrag des Vorgesetzten *„nahezu automatisch"* zur Tatbestandsverwirklichung führe. *Das komme in Betracht, „wenn der Hintermann durch Organisationsstrukturen bestimmte Rahmenbedingungen ausnutzt, innerhalb derer sein Tatbeitrag regelhafte Abläufe auslöst", was insbesondere bei „unternehmerischen Strukturen oder geschäftsähnlichen Organisationsstrukturen" der Fall sein könne.*[514]

Die Rechtsprechung nimmt heute regelmäßig mittelbare Täterschaft im Verhältnis von betrieblichen Vorgesetzten zu ihren Untergebenen an, insbesondere dann, wenn nicht feststeht, ob die unmittelbar handelnden Unternehmensangehörigen gut- oder bösgläubig waren, was der Annahme von Mittäterschaft oder Anstiftung, nicht aber der von mittelbarer Täterschaft entgegensteht.[515]

Diese Judikatur ist in der Literatur vielfach erörtert und überwiegend abgelehnt worden, hat aber zum Teil auch Zustimmung gefunden.[516]

Im Rahmen dieser Untersuchung, deren Schwerpunkt auf der Strafbarkeit des Abstimmungsverhaltens des jeweiligen Gremiumsmitglieds liegt, kann und soll die Strafbarkeit des Gremiumsmitglieds wegen mittelbarer Täterschaft nicht weiter erörtert werden.

---

513 So zutreffend kritisiert von *Ransiek*, Unternehmensstrafrecht, S. 43 ff.; dies hat der BGH auch in BGHSt 40, 218, 236 eingeräumt.

514 BGHSt 40, 218, 236; Diesen Hinweis hat der BGH seither in mehreren Entscheidungen umgesetzt, so in BGHSt 43, 219, 231 ff.; BGH NStZ 1998, 568, 569 mit Anmerkung von *Dierlamm* (vgl. S. 569 f.).

515 BGHSt 40, 218, 237; 43, 219, 232.

516 Vgl. *Kuhlen*, BGH-FS. 647, 671, Fn. 152 und 153 m.w.N. zu den jeweiligen Literaturansichten.

Zweiter Teil: Strafbarkeit des sich enthaltenden Vorstandsmitglieds

Bei der Untersuchung der strafrechtlichen Verantwortlichkeit des sich enthaltenden Gremiumsmitglieds stellen sich im Vergleich zur Beurteilung der Strafbarkeit der mehrheitlich **für** den rechtswidrigen Beschluss stimmenden Mitglieder des Kollegialorgans zusätzliche Fragen:

Dazu gehört zum einen, ob eine allgemeine Regel dahingehend aufgestellt werden kann, dass die Enthaltung generell als Unterstützung der Mehrheit und damit als strafbares Verhalten gewertet werden müsse. Zum anderen ist zu untersuchen ob die Stimmenthaltung als aktives Tun oder Unterlassen zu qualifizieren ist. Zudem ist zu prüfen ob die Stimmenthaltung als kausal für den auf dem Beschluss beruhenden Verletzungserfolg angesehen werden kann.

Schließlich bleibt eine eventuelle Strafbarkeit des sich enthaltenden Gremiumsmitglieds in besonderen Fallkonstellationen zu erörtern: Wie ist die Enthaltung zu bewerten, wenn die Teilnahme des sich Enthaltenden an der Vorstandssitzung erst die Beschlussfähigkeit des Organs herstellt? Und darüber hinaus: Führt die Stimmenthaltung unter besonderen Voraussetzungen immer zur Strafbarkeit, etwa bei einem kollusiven Zusammenwirken der Gremiumsmitglieder wie im Mannesmann-Fall? Sind weitere Sachverhaltskonstellationen denkbar, in denen die Enthaltung als strafbares Verhalten zu werten ist, so beispielsweise wenn der Beschluss zu einem schweren und evidenten Rechtsbruch führt?

Auf diese Aspekte und besonderen Fallgestaltungen wird anhand des eingangs beschriebenen Ausgangsfalls (s.o. S. 14 f.) im Folgenden eingegangen. Die Untersuchung beschränkt sich dabei auf die Frage nach der Strafbarkeit des sich enthaltenden Vorstandsmitgliedes wegen des vorsätzlichen Begehungsdelikts.

A. Strafbarkeit wegen vorsätzlichen Begehungsdelikts

Zunächst soll untersucht werden, ob die Stimmenhaltung des Vorstandsmitglieds einer Ja-Stimme gleichzusetzen ist, d.h. ob ein Gremiumsmitglied nicht nur dann strafrechtlich zur Verantwortung gezogen werden kann, wenn es der pflichtwidrigen Beschlussvorlage aktiv zugestimmt hat, sondern es bereits als ausreichend zu erachten ist, wenn sich ein Gremiumsmitglied der mehrheitlichen Entscheidung von Anfang an untergeordnet hat, ohne zu versuchen, auf das Abstimmungsergebnis

– etwa durch Abgabe einer Gegenstimme –

Einfluss zu nehmen.

Die **Gleichstellung von Stimmenthaltung und Ja-Stimme** hätte zur Konsequenz, dass die im Ersten Teil dieser Arbeit getroffenen Feststellungen (im Wesentlichen) auch auf die Stimmenthaltung übertragen werden könnten.

I. Qualifizierung der Enthaltung als Unterstützung des rechtswidrigen Mehrheitsbeschlusses?

Die Problematik der strafrechtlichen Einordnung der Stimmenthaltung kommt vor allem in der Konstellation der *„knappest denkbaren Mehrheit"* voll zum tragen. Diese wäre beispielsweise bei einem Abstimmungsergebnis von drei Stimmen für einen rechtswidrigen Beschluss bei zwei Gegenstimmen und einer Enthaltung gegeben. Das sich seiner Stimme enthaltende Vorstandsmitglied hätte dann die Möglichkeit gehabt, durch Abgabe einer Gegenstimme eine Pattsituation herbeizuführen und so den strafbaren Erfolg zu verhindern.[517]

Doch auch der im Ausgangsfall (s.o. S. 14 f.) geschilderte Sachverhalt verdient Beachtung, obwohl hier die Stimme des sich enthaltenden Vorstandmitgliedes keinen konkreten Einfluss auf den Verletzungserfolg hatte: Selbst wenn es gegen den rechtswidrigen Beschluss gestimmt hätte, wäre dieser mit der Mehrheit von 5:2 Stimmen zustande gekommen.

Es wurde bereits dargelegt, dass die Strafbarkeit des **für** einen rechtswidrigen Beschlusses stimmenden Gremiumsmitglieds, jedenfalls im Ergebnis, sowohl von der Rechtsprechung, als auch von der Literatur bejaht wird. Lediglich die dogmatische Begründung dieser Strafbarkeit ist umstritten.[518]

Im Gegensatz dazu gehen die Meinungen zur grundsätzlichen Strafbarkeit des sich enthaltenden Gremiumsmitgliedes auseinander.

Höchstrichterlich wurde zu dieser Frage, soweit ersichtlich, noch nicht Stellung genommen. Auch im Mannesmann-Urteil, dem eine besonderer Sachverhalt zugrunde lag, aufgrund dessen die Strafbarkeit des sich enthaltenden Aufsichtsratsmitglieds angenommen wurde, bestand nach Auffassung des Senats *„keine Notwendigkeit, sich grundsätzlich mit der strafrechtlichen Verantwortlichkeit*

517 Sonderfälle wie beispielsweise der Fall, in dem einem Vorstandsmitglied in Pattsituationen eine Letztentscheidungskompetenz zukommt, sollen an dieser Stelle unberücksichtigt bleiben.

518 S.o. Erster Teil, A. V.

der einzelnen Mitglieder eines Gremiums bei Mehrheitsentscheidungen zu befassen“[519].

In der Literatur wird zum Teil die Auffassung vertreten, dass die Enthaltung bei rechtswidrigen Mehrheitsbeschlüssen generell als nicht strafbar einzuordnen sei,[520] während einigen Autoren und die ältere Rechtsprechung die Enthaltung als generell strafbar[521] qualifizieren.

1. Generelle Strafbarkeit der Stimmenthaltung beim rechtswidrigen Mehrheitsbeschluss

Die generelle Strafbarkeit der Stimmenthaltung wird vor allem damit begründet, dass, unabhängig vom Inhalt der Stimmabgabe, jedes an der Abstimmung beteiligte Mitglied des Kollegialorgans mitverantwortlich sei, wenn eine strafrechtswidrige Maßnahme beschlossen werde.[522] Als gleichberechtigtes Mitglied des Gremiums, nehme jedes Mitglied in gleicher Weise wie die anderen, *in casu* rechtswidrig **für** den Beschluss stimmenden, Mitglieder sowohl an der Entscheidungsbefugnis des Vorstandes als auch an dessen Pflichten teil. Insoweit treffe jedes Mitglied die Verantwortlichkeit für den rechtswidrigen Mehrheitsbeschluss. Nach Auffassung des OLG Stuttgart würde die Verantwortlichkeit für einen rechtswidrigen Beschluss nicht einmal dann entfallen, wenn der sich Enthaltende gegen die geplante Maßnahme gestimmt hätte:

Denn es würde dem Wesen einer Unterwerfung des Vorstandsmitgliedes unter die Kollegialentscheidung, an der es mitgewirkt habe (wenn auch nicht zustimmend) widersprechen, wenn es sich der damit übernommenen Mitverantwortung durch schlichtes Dagegenstimmen entziehen könnte.

Daher erwachse bereits aus der Teilnahme an der Kollektiventscheidung und der damit verbundenen Unterwerfung unter die Mehrheitsentscheidung die Mitverantwortlichkeit für den Entscheid.[523]

519 NJW 2006, 522, 527; wistra 2006, 137, 142.

520 *Dencker*, S. 186ff.; *Fischer*, StGB § 25 Rn. 19; *Franke* JZ 1982, 579, 583; *Goll/Winkelbauer* in *Graf v. Westphalen*, § 48, Rn. 29 (vertritt diese Meinung für das überstimmte Gremiumsmitglied im Allgemeinen); *Hohn*, wistra 2006, 161, 164; *Knauer*, S. 206f.; MüKo StGB, *Joecks*, § 25 Rn. 251; *Ransiek*, Unternehmensstrafrecht, S. 74ff.; *derselbe* in NJW 2006, 814, 816; *Schaal*, Fn. 118; *Schönke/Schröder-Sternberg-Lieben*, § 15 Rn. 223 b und *Cramer/Heine*, § 25 Rn. 76 b; *Schumann*, StV 1994, 106, 110; *Wabnitz/Janovsky-Raum*, Kapitel 4 A, Rn. 31; *Weißer*, S. 208ff.; *Wittig*, § 6 Rn. 48.

521 OLG Düsseldorf, NJW 1980, 71; OLG Stuttgart, JZ 1980, 774, 775; *Neudecker*, S. 208f.; *Müller-Gugenberger/Bieneck-Schmid*, § 56 Rn. 33.

522 OLG Düsseldorf, NJW 1980, 71; OLG Stuttgart, JZ 1980, 774, 775.

523 OLG Stuttgart, JZ 1980, 774, 775.

Zu einem ähnlichen Ergebnis (hinsichtlich der Stimmenthaltung, nicht jedoch für die Gegenstimme) gelangt auch *Neudecker*[524] mit der Begründung, dass bei der Stimmauszählung Enthaltungen nicht mitgezählt würden. Ob die Stimmenthaltung für das Unrecht oder für die rechtmäßige Entscheidung zu Buche schlage, erweise erst das Abstimmungsergebnis. Nun könne aber nicht bis zur Auszählung der Stimmen offen sein, ob das Stimmverhalten pflichtgemäß oder pflichtwidrig war; die Verhaltensnorm bestehe schon *ex ante*. Weiter argumentiert *Neudecker*[525]: Wer sich seiner Stimme enthalte, verhalte sich bei einem rechtswidrigen Mehrheitsbeschluss rechtswidrig; denn die Enthaltung falle in das Lager derer, die gegen die Rechtsordnung stimmen, weil der Schweigende seine Möglichkeit nicht wahrnehme, das Seine zu tun, um die Rechtsgutsverletzung zu vermeiden.

Schließlich wird von *Schmid*[526] eine Stimmenthaltung zur Vermeidung einer Strafbarkeit nicht für ausreichend erachtet. Jedes einzelne Mitglied sei verpflichtet, eine rechtmäßige Beschlussfassung herbeizuführen und gegebenenfalls auf schadensverhindernde Maßnahmen zu dringen. Wisse ein Mitglied der Geschäftsleitung, dass es im Gremium überstimmt werde, müsse es gleichwohl für eine schadensverhindernde Unternehmensentscheidung, d.h. gegen den rechtswidrigen Beschluss stimmen. Eine Stimmenthaltung reiche nicht aus. Geheime Abstimmungen bei grundlegenden Unternehmensentscheidungen seien nicht zulässig. Würde das rechtmäßig abstimmende Mitglied überstimmt, dann müsse es weitere eigene Schritte zur Schadensverhinderung unternehmen.

Die Auffassung von *Schmid* deckt sich mit der im Gesellschaftsrecht bestehenden Verpflichtung des Vorstandsmitglieds, gegen einen rechtswidrigen Beschluss zu stimmen. Eine Enthaltung genügt demnach im Gesellschaftsrecht nicht.[527]

---

524 S. 208.

525 S. 208.

526 In *Müller-Gugenberger/Bieneck*, § 56 Rn. 33.

527 Großkommentar AktG, *Kort*, § 77 Rn. 22; *Henn, Frodermann/Schäfer*, Kapitel 7 Rn. 160; *Hohmann*, Neue Justiz 2007, 5, 9; Kölner Kommentar, *Mertens*, § 77 Rn. 38, § 93 Rn. 31 f.; MüKo AktG, *Spindler*, § 77 Rn. 30; *Müller-Gugenberger/Bieneck*, § 56 Rn. 33; *Ransiek*, Unternehmensstrafrecht, S. 74 ff; *derselbe* in ZGR 1999, S. 613, 646 ff.; *Vetter*, Der Betrieb 2004, 2623, 2625; einschränkend das LG Berlin, ZIP 2004, 73, 76, wonach eine Enthaltung auch nach gesellschaftsrechtlichen Gesichtspunkten ausreichend ist, wenn der sich Enthaltende seine Bedenken gegen den Beschlussgegenstand deutlich äußert.
Darüber hinaus bleiben die nicht zustimmenden Vorstandsmitglieder unter Umständen verpflichtet, die Ausführung der (offensichtlich) rechtswidrigen Geschäftsführungsmaßnahme zu verhindern (siehe dazu unten Zweiter Teil, A. X.).

2. Gegen die generelle Strafbarkeit der Stimmenthaltung

Die h.M geht davon aus, dass ein Gremiumsmitglied, welches sich bei der Abstimmung, dessen Ergebnis ein rechtswidriger Beschluss ist, seiner Stimme enthält, nicht *ipso iure* strafbar ist:[528]

Die Stimmenthaltung stelle zum einen ein legitimes Abstimmungsverhalten dar und lasse zum anderen gerade nicht erkennen, ob der sich Enthaltende die durch den Beschluss getroffene Entscheidung des Kollektivs und die damit verbundenen Folgen billige oder nicht. Es könne daher nicht *per se* angenommen werden, der sich seiner Stimme Enthaltende wolle die rechtswidrige Entscheidung unterstützen. Das sich enthaltende Vorstandsmitglied bringe durch die Stimmenthaltung vielmehr die Verweigerung der Stellungnahme für jedwede Entscheidungsalternative zum Ausdruck.[529]

Zudem könne ein Gremiumsmitglied wegen seiner bloßen Abstimmungsmitwirkung mangels Schaffung eines verbotenen Risikos nicht durch individualisierendes Zuschreiben einer Kollektivverantwortung des Gesamtgremiums für Folgen des rechtswidrigen Beschlusses verantwortlich gemacht werden.[530]

Grundsätzlich unterstütze die in der Enthaltung liegende Meinungsäußerung die rechtswidrige Entscheidung daher nicht. Wer sich seiner Stimme enthalte überschreite die Grenzen des erlaubten Risikos durch sein Verhalten keineswegs.[531]

3. Stellungnahme

Die Argumentation, wonach eine Stimmenthaltung generell strafbar sei, ist abzulehnen.

Wie *Weißer* richtig darlegt[532], unterstützt der sich seiner Stimme Enthaltende weder die Befürworter noch die Gegner eines Beschlusses. Die Enthaltung ist

528 LG Berlin, ZIP 2004, 73, 76; *Dencker*, S. 186 ff.; *Fischer*, StGB § 25 Rn. 19; *Franke* JZ 1982, 579, 583; *Graf/Jäger/Wittig-Merz*, Vor §§ 13 ff., Rn. 21; *Goll/Winkelbauer* in *Graf v. Westphalen*, § 48, Rn. 29 (vertritt diese Meinung für das überstimmte Gremiumsmitglied im Allgemeinen); *Hohn*, wistra 2006, 161, 164; *Knauer*, S. 206 f.; MüKo StGB, *Joecks*, § 25 Rn. 251; *Ransiek*, Unternehmensstrafrecht, S. 74 ff.; *derselbe* in NJW 2006, 814, 816; *Schaal*, Fn. 118; *Schönke/Schröder-Sternberg-Lieben*, § 15 Rn. 223 b und *Cramer/Heine*, § 25 Rn. 76 b; *Schumann*, StV 1994, 106, 110; *Wabnitz/Janovsky-Raum*, Kapitel 4 A, Rn. 31; *Weißer*, S. 208 ff.; *Wittig*, § 6 Rn. 48.

529 *Weißer*, S. 210.

530 *Goll/Winkelbauer* in *Graf v. Westphalen*, § 48, Rn. 29; *Schönke/Schröder-Sternberg-Lieben*, § 15 Rn. 223 b m.w.N.

531 *Hohn*, wistra 2006, 161, 164; *Weißer*, S. 209 f.

532 S. 210; ebenso *Schaal*, Fn. 118, jedenfalls für das Begehungsdelikt.

eine neutrale Stimmabgabe[533], und die Einordung der Enthaltung ins Lager der Mehrheit ist willkürlich. Ebenso gut könnte man argumentieren, durch die Enthaltung werde zum Ausdruck gebracht, dass der so Votierende nicht mit dem Beschluss einverstanden sei, d.h. seine Stimme wie eine Gegenstimme zu behandeln sei. Tatsächlich bringt der sich Enthaltende seine „*Verweigerung der Stellungnahme für jedwede Entscheidungs-alternative zum Ausdruck*“[534].

Die Befürworter einer generellen Strafbarkeit der Stimmenthaltung verkennen, dass es im deutschen Strafrecht keine „Kollektivschuld“[535] gibt. Die von ihnen vertretene Auffassung widerspricht dem Schuldprinzip, wonach Strafe individuelle Schuld des Täters voraussetzt.[536] Die Schuld eines jeden Täters muss daher gesondert festgestellt werden. Einem Täter darf die Schuld anderer, seien es auch Mittäter, nicht ohne eigene Schuld zugerechnet werden. Damit ist die Schuld der Mehrheit des Kollektivorgans dem Mitglied, das sich seiner Stimme enthält, nicht unbesehen zuzurechnen.

Dies gilt jedenfalls dann, wenn die Stimmabgabe im Stadium der Ungewissheit erfolgt. Der (nicht konsentierend) Abstimmende optiert, nur für das Verfahren, nicht aber für dessen Ergebnis.[537] Richtigerweise weist *Dencker*[538] darauf hin, dass im Rahmen nicht eindeutig krimineller Kontexte der Eigenwert generell rechtlich positiv zu bewertender Verfahrensregeln beachtlich werde, die gerade richtige Entscheidungen ermöglichen sollen; in diesem Rahmen dürfe der Abstimmende i.d.R. darauf vertrauen, dass die anderen sich normgetreu verhalten. Unter diesen Umständen darf sich im Falle der Stimmenthaltung das fragliche Vorstandmitglied darauf berufen, nur für das Verfahren, nicht aber für das Ergebnis optiert zu haben. Anders läge der Fall allerdings, wenn das Ergebnis des Verfahrens eindeutig definiert wäre (weil der sich Enthaltende weiß, wie die anderen Gremiumsmitglieder abgestimmt haben bzw. abstimmen werden): Dann könne sich niemand von seinem eindeutig dieses Ergebnis fördernden Teilnahmeakt dadurch distanzieren, dass er sich auf seine Deutung berufe, „nur für das Verfahren optiert“ zu haben.[539]

533 Vgl. auch LG Berlin, ZIP 2004, 73, 76.

534 *Weißer*, S. 210.

535 Statt aller: *Schmidt-Salzer*, NJW 1990, 2966, 2969.

536 *Krey/Esser*, AT, Rn. 687; *Wessels/Beulke* AT, Rn. 401.

537 So *Jakobs* in Miyazawa-FS, 419, 430.

538 *Dencker*, S. 188.

539 *Dencker*, S. 187 f. Vgl. Zweiter Teil, A. VIII. und IX. zu Beispielen für Fallkonstellationen, in denen der sich Enthaltende sich einer Strafbarkeit nicht mit dem Argument entziehen kann, er habe nur für das Verfahren optiert.

Schließlich sei noch auf die gesellschaftsrechtliche Pflicht des Vorstandsmitglieds zur Abstimmung **gegen** rechtswidrige Beschlüsse eingegangen: Eine Enthaltung genügt hier nach h. M. nicht.[540]

Die unbesehene Übertragung gesellschaftsrechtlicher Pflichten ins Strafrecht sollte allerdings vermieden werden. Die Missachtung gesellschaftsrechtlicher Pflichten ist zwar eine notwendige, aber keine hinreichende Bedingung der Strafbarkeit.[541] Daher kann aus dem Verstoß gegen eine gesellschaftsrechtliche Pflicht, nicht *per se* auf die Strafbarkeit des sich

– gesellschaftsrechtlich pflichtwidrig –

seiner Stimme enthaltenden Vorstandsmitglieds geschlossen werden.

Grundsätzlich kann die Enthaltung daher nicht als Unterstützung der für einen rechtswidrigen Beschluss stimmenden Mehrheit angesehen werden. Die Enthaltung kann nicht *per se* mit einer Ja-Stimme gleichgesetzt werden.

4. Zwischenergebnis

Daher lässt sich die Frage nach der generellen Strafbarkeit des sich enthaltenden Gremiumsmitgliedes letztlich wie folgt beantworten:

Maßgeblich ist primär, ob das sich enthaltende Gremiumsmitglied formal dem fraglichen Beschluss seine Zustimmung verweigert. Das ist bei der Enthaltung, die als solche gerade keine Zustimmung bedeutet, grundsätzlich der Fall.

Allerdings muss es Ausnahmesituationen geben, in denen Gremiumsmitglieder, die sich bei der Abstimmung enthalten, gleichwohl wie zustimmende Gremiumsmitglieder zu behandeln sind

– etwa in Fällen die demjenigen entsprechen, der dem Mannesmann-Urteil[542] zugrunde liegen–

hierauf ist zurückzukommen.

---

540 Großkommentar AktG, *Kort*, § 77 Rn. 22; *Henn, Fordermann/Schäfer*, Kapitel 7 Rn. 160; Kölner Kommentar, *Mertens*, § 77 Rn. 38, § 93 Rn. 31f.; MüKo AktG, *Spindler*, § 77 Rn. 30; *Müller-Gugenberger/Bieneck*, § 56 Rn. 33; *Ransiek*, Unternehmensstrafrecht, S. 74 ff; *derselbe* in ZGR 1999, S. 613, 646ff.; *Vetter*, Der Betrieb 2004, 2623, 2625; einschränkend das LG Berlin, ZIP 2004, 73, 76, wonach eine Enthaltung auch nach gesellschaftsrechtlichen Gesichtspunkten ausreichend ist, wenn der sich Enthaltende seine Bedenken gegen den Beschlussgegenstand deutlich äußert.

541 So die h.M. *Müller-Dietz*, Jura 1979, 242, 252f.; zu § 266 StGB vgl. nur *Arnold*, Jura 2005, 844, 845, *Dierlamm*, StraFo 2005, 397, 400; *Kubiciel*, NStZ 2005, 353, 355.

542 NJW 2006, 522, 527.

II. Einordnung des Abstimmungsverhaltens als positives Tun?

Weiterhin ist zu untersuchen, ob die Enthaltung als aktives Tun oder Unterlassen zu qualifizieren ist.

1. Die organisationsbezogene Betrachtungsweise des BGH

Wie bereits erörtert[543] wendet der BGH die Schwerpunkttheorie nicht direkt auf das Verhalten des jeweiligen Gremiumsmitglieds an, sondern untersucht zunächst das **Verhalten der AG** unter Anwendung der Schwerpunkttheorie, und rechnet das gewonnene Ergebnis den Gremiumsmitgliedern dann in einem zweiten Schritt als eigenes Handeln zu.

Es wurde im Rahmen dieser Arbeit bereits festgestellt,[544] dass es für den Beschluss, ein sich bereits auf dem Markt befindliches, fehlerhaftes Produkt weiterzuproduzieren und weiter auszuliefern, keiner über die Abstimmung selbst hinausgehenden Tatausführung oder Umsetzung dieses Beschlusses durch das Vorstandsmitglied bedarf. Damit ist bereits die Beschlussfassung Anknüpfungspunkt für die Feststellung einer etwaigen Strafbarkeit der am Beschluss mitwirkenden Gremiumsmitglieder, hier des sich seiner Stimme enthaltenden Vorstandsmitgliedes.

Die Anwendung der Prüfmethode des BGH auf den hier untersuchten Ausgangsfall (s.o. S. 14 f.) hat gezeigt, dass der Schwerpunkt des strafrechtlich relevanten Verhaltens, d.h. der Beschluss für die Weiterproduktion und den weiteren Vertrieb der Produkte, bei normativer Betrachtung auf einem Tun liegt; denn bei der Fassung des fraglichen Beschlusses war die Gefährlichkeit der Produkte den Gremiumsmitgliedern schon bekannt.[545]

Überträgt man diese für die AG gewonnenen Beurteilung auf die Vorstandsmitglieder, so ist deren Stimmabgabe ebenfalls als aktives Tun einzuordnen. Dies gilt unabhängig vom konkreten Abstimmungsverhalten der Gremiumsmitglieder, d.h. unabhängig davon, ob sie für oder gegen den Beschluss gestimmt oder sich ihrer Stimme enthalten haben.

Die hier untersuchte Enthaltung des Vorstandsmitglieds ist unter Anwendung der organisationsbezogenen Betrachtungsweise des BGH ebenso wie die Ja-Stimmen daher als aktives Tun zu qualifizieren.

---

543 S.o. Erster Teil, A. I. 5.

544 Vgl. oben Erster Teil, A. vor I.

545 S.o. oben Erster Teil, A. I. 6.

2. Die Schwerpunkttheorie

Würde man die Schwerpunkttheorie im Ausgangsfall (s.o. S. 14 f.) direkt auf das Verhalten des Gremiumsmitglieds anwenden, d.h. untersuchen *„wo nach dem sozialen Sinn des Geschehens dessen Schwerpunkt lag"*[546], so gelänge man (aufgrund der Kenntnis der Gremiumsmitglieder von den Schadensmeldungen) meines Erachtens zum selben Ergebnis wie unter Anwendung der organisationsbezogenen Betrachtungsweise, nämlich zur Einordnung der Stimmenthaltung als aktives Tun.

a) Qualifizierung der Stimmenhaltung als Unterlassen

Einige Stimmen in der Literatur argumentieren, dass die Enthaltung kein aktives Tun darstelle, durch das der Deliktserfolg herbeigeführt werde.[547] Danach sei die Frage nach der Strafbarkeit sich Enthaltenden grundsätzlich ein Problem der Strafbarkeit wegen Unterlassens.[548]

b) Stimmenthaltung als aktives Tun

Nach anderer Auffassung ist die Stimmenhaltung

– ebenso wie die „Ja-Stimme" –

als aktives Tun, und nicht als Unterlassung zu werten:

„Bei der Stimmenthaltung handelt es sich, ***anders als beim bloßen Fernbleiben von der Entscheidung****, um ein aktives Gebrauchmachen vom Stimmrecht, denn das Gremiumsmitglied bringt damit zum Ausdruck, sich zwar für keine der zur Entscheidung anstehenden Alternativen entscheiden, aber an der Abstimmung teilnehmen zu wollen."*[549]

Die Stimmenthaltung sei ein legitimes Abstimmungsverhalten. Wähle ein Gremiumsmitglied jene Verhaltensweise, so mache es von diesem ihm eingeräumten Recht aktiv Gebrauch. Das sich enthaltende Gremiumsmitglied verweigere die Unterstützung jedweder Entscheidungsalternative. Dies lege die Annahme eines Schuldvorwurfs wegen des Verstoßes gegen eine Verhaltensanforderung durch aktives Tun

– nämlich Ausübung des Rechts zur Enthaltung –

nahe.[550]

546 *Krey/Esser* AT, Rn. 1107 m.w.N.

547 *Franke* JZ 1982, 579, 583; *Tiedemann* ZIP 2004, 2056, 2058.

548 *Tiedemann*, ZIP 2004, 2056, 2058, der die Gegenstimme ebenfalls als Unterlassen qualifiziert.

549 *Weißer*, S. 209 f.

550 *Weißer*, S. 210.

c) Stellungnahme

Meines Erachtens ist die Einordnung einer Stimmenthaltung als Tun oder Unterlassen von den Umständen des Einzelfalls abhängig und eine Regel dahingehend, dass eine Enthaltung generell als Tun oder generell als Unterlassen einzuordnen ist, kann nicht aufgestellt werden. Zur Ermittlung des Schwerpunkts der Vorwerfbarkeit ist nicht nur das konkrete Abstimmungsverhalten zu beurteilen, sondern auch sonstige Umstände, wie der Kenntnisstand der Gremiumsmitglieder bei der Beurteilung des Schwerpunkts der Vorwerfbarkeit sind heranzuziehen.[551]

Im Ausgangsfall (s.o. S. 14 f.) hatte auch das sich seiner Stimme enthaltende Vorstandsmitglied Kenntnis von der Gefährlichkeit der Produkte. Zudem hat es aktiv von seinem Stimmrecht Gebrauch gemacht, indem es zum Ausdruck brachte, weder für noch gegen den Beschluss stimmen zu wollen.

Damit ist das vorwerfbare Verhalten, die Stimmenthaltung, meines Erachtens auch nach der Schwerpunkttheorie als aktives Tun zu qualifizieren.

3. Ergebnis zur Einordnung der Stimmenthaltung

Sowohl nach der in dieser Arbeit favorisierten organisationsbezogenen Betrachtungsweise des BGH, als auch bei „klassischer" Anwendung der Schwerpunkttheorie ist die Stimmenthaltung **im Ausgangsfall** (s.o. S. 14 f.) ein aktives Tun.

Ein Grundsatz, dass eine Stimmenthaltung im Rahmen einer Gremienentscheidung generell als Tun oder generell als Unterlassen zu bewerten ist, kann meines Erachtens nicht aufgestellt werden. Bei der Beurteilung des Schwerpunkts des vorwerfbaren Verhaltens sind alle Umstände des Einzelfalls heranzuziehen, und das konkrete Abstimmungsverhalten stellt insoweit nur einen (wenn auch wichtigen) der zu berücksichtigenden Faktoren dar.

III. Kausalität des Abstimmungsverhaltens für den Verletzungserfolg

Schwerpunkt der Untersuchung der Strafbarkeit des sich enthaltenden Vorstandsmitgliedes im Ausgangsfall (s.o. S. 14 f.) ist die Beurteilung der **Kausalität zwischen der Stimmenthaltung und dem eingetretenen Verletzungserfolg** bei den Verwendern des gesundheitsschädlichen Produktes.

551 So der BGH im Lederspray-Urteil, BGHSt 37, 106,114.

1. Nicht weiterführende Ansätze

Die Kausalität zwischen Stimmenthaltung und eingetretenem Verletzungserfolg lässt sich mit den folgenden Theorien nicht feststellen:

a) Die Äquivalenztheorie

Die **Äquivalenztheorie**, wonach Ursache im Sinne des Strafrechts jede Bedingung eines Erfolges ist, die nicht hinweggedacht werden kann, ohne dass der Erfolg in seiner konkreten Gestalt entfiele[552], führt nicht zur Bejahung der Kausalität der Stimmenthaltung für den Verletzungserfolg. Die Stimmenthaltung als solche kann problemlos hinweggedacht werden, ohne dass der rechtswidrige Beschluss und, darauf beruhend, der konkrete Verletzungserfolg bei den Produktanwendern entfiele.[553]

Selbst wenn die Stimmenthaltung im oben gebildeten Ausgangsfall (S. 14 f.) in eine Gegenstimme umgewandelt würde, so wäre das Ergebnis dennoch unverändert, nämlich ein mehrheitlich gefasster, rechtswidriger Beschluss. Folglich käme man wiederum zu dem Schluss, dass die jeweilige Einzelstimme nicht kausal für den Erfolg war.

Die Kausalität zwischen Teilnahme an der Abstimmung in der Form der Enthaltung und tatbestandlichem Erfolg kann somit nicht mit der Äquivalenztheorie begründet werden.

b) Theorie von der gesetzmäßigen Bedingung

Nach der **Theorie von der gesetzmäßigen Bedingung** müsste das Verhalten des sich seiner Stimme enthaltenden Vorstandsmitgliedes Teil der Gesamtursache für den eingetretenen Verletzungserfolg sein.[554] Die Enthaltung müsste sich daher im Abstimmungsergebnis kausal niedergeschlagen haben. Wie bereits erwähnt kommt es für die Feststellung, ob Kausalität nach jener Theorie vorliegt, auf die Beschreibung des Erfolges an. Beschreibt man den Erfolg als die auf einem Beschluss mit fünf „Ja-Stimmen" bei einer Enthaltung basierenden Körperverletzung,[555] so kann die Kausalität nach der Theorie von der gesetzmäßigen Bedingung bejaht werden.

---

552 BGHSt 39, 195, 197; *Schönke/Schröder-Lenckner/Eisele* Vor §§ 13 ff. Rn. 71; *Wessels/Beulke*, AT Rn. 156.

553 Vgl. auch LG Berlin, ZIP 2004, 73, 76.

554 S.o. Erster Teil, A. V. 2.

555 Vgl. dazu schon die Argumentation im Ersten Teil, A. V. 2. bezüglich der Bewertung der für den rechtswidrigen Beschluss „zu viel" abgegebenen Stimmen.

Wird jedoch die entsprechende Stimmmehrheit als Ursache für die rechtswidrige Entscheidung angesehen, und argumentiert man weiter, die Enthaltung stelle keinen Bestandteil jener Stimmmehrheit dar, so gelangt man zu dem Ergebnis, dass sich die Enthaltung nicht kausal niedergeschlagen hat.[556]

Die Annahme der Kausalität der Stimmenthaltung hängt daher von der jeweiligen Beschreibung der Bedingungen ab, welche zum Erfolg führten. Wie bereits im Rahmen der Untersuchung der Strafbarkeit der für den rechtswidrigen Beschluss stimmenden Vorstandsmitglieder festgestellt,[557] beruht die Bejahung der Kausalität somit auf einer Wertungsentscheidung darüber, welche Umstände für die Erfolgsverursachung als relevant anzusehen sind.

Die vorstehenden Ausführungen zur Kausalität der Enthaltung für den Verletzungserfolg bestätigen somit die Untauglichkeit der Theorie von der gesetzmäßigen Bedingung zur Feststellung eben jener Kausalität.

c) Die „zureichende Mindestbedingung" nach Puppe

Nach der von Puppe entwickelten Abwandlung der Lehre von der gesetzmäßigen Bedingung[558] müsste die Stimmenthaltung (gemeinsam mit anderen Faktoren, wie den Ja-Stimmen) eine hinreichende Bedingung für den Erfolgseintritt sein. Nach Auffassung von *Puppe*[559] ist zu prüfen, ob die kausale Erklärung des Erfolgs nach allgemeinen Grundsätzen gültig bleibt, wenn man das untersuchte Verhalten aus ihr streicht, oder ob sie dann unschlüssig wird.

Die Enthaltung wäre im vorliegend untersuchten Ausgangsfall (s.o. S. 14 f.) nicht für den Erfolgseintritt notwendig, denn der Mehrheitsbeschluss wäre auch ohne die Enthaltung zustande gekommen. Zudem fehlt der Enthaltung die Geeignetheit (anders als den zu viel abgegebenen Ja-Stimmen), den Erfolg herbeizuführen.

Mit *Puppe's* Konzeption der kann die Kausalität der Stimmenthaltung daher ebenfalls nicht begründet werden.

556 So die Argumentation von *Weißer*, S. 209, welche allerdings die Theorie von der gesetzmäßigen Bedingung für die Bejahung der Kausalität der „Ja-Stimmen" für den rechtswidrigen Erfolg befürwortet.

557 Vgl. auch oben Erster Teil, A. V. 2.

558 S.o. Erster Teil, A. V. 3.

559 In GA 2004, 129, 138 f.; *dieselbe* in ZStW 1980, 863, 867 ff.; NK-*Puppe*, Vor § 13 Rn. 97; *Sofos*, S. 160 f.

d) Kumulative Kausalität

Gemäß der Formel von der **kumulativen Kausalität** müsste der Erfolg durch die Kumulation von mehreren Handlungen, die jeweils für sich nicht ausreichend wären, herbeigeführt worden sein.[560] Denkt man sich die Stimmenthaltung des Vorstandmitgliedes im Ausgangsfall (s.o. S. 14 f.) weg, so entfiele der Erfolg dennoch nicht.

Darüber hinaus ist die Stimmenthaltung, anders als die Abstimmung **für** den rechtswidrigen Beschluss, generell nicht geeignet den Verletzungserfolg herbeizuführen. Das sich seiner Stimme enthaltende Gremiumsmitglied schließt sich durch sein Abstimmungsverhalten gerade keiner Entscheidungsalternative an.

Aus diesem Grunde und aufgrund dessen, dass es sich bei der kumulativen Kausalität in Wirklichkeit um ein Zurechnungsproblem und kein Kausalitätsproblem handelt,[561] kann die Kausalität nicht mithilfe jener Formel bejaht werden.

2. Alternative Kausalität

Fraglich ist nun, ob die Kausalität der Stimmenthaltung für den eingetretenen Erfolg anhand der hier favorisierten Formel der alternativen Kausalität festgestellt werden kann. Wie bereits erwähnt, genügt es nach dieser *Modifizierung der Conditio-sine-qua-non-Formel*, wenn die Handlung nur als eine Bedingung unter anderen für den Erfolg (mit-) ursächlich war („alternative" Kausalität) oder den Eintritt des Erfolges beschleunigt oder verstärkt hat.[562] Anders ausgedrückt: *Von mehreren Bedingungen, die zwar alternativ, nicht aber kumulativ hinweggedacht werden können, ohne dass der Erfolg entfiele, ist jede erfolgsursächlich.*[563]

Wendet man diese modifizierte Formel an, so ist es **nicht** möglich, die Kausalität der Stimmenthaltung für den tatbestandsmäßigen Erfolg zu begründen. Die Enthaltung hat mangels Relevanz für den Mehrheitsbeschluss im Gremium zum Erfolg nichts beigetragen und kann deshalb nicht als relevante Bedingungen angesehen werden.[564] Anders als den Ja-Stimmen fehlt es der Enthaltung an der generellen Geeignetheit, den Erfolg, d.h. den rechtswidrigen Mehrheitsbeschluss herbeizuführen, der im Ausgangsfall (s.o. S. 14 f.) zum Körperverletzungserfolg bei den Verbrauchern führte.

---

560 S.o. Erster Teil, A. V. 4.

561 S.o. Erster Teil, A. V. 4.

562 BGHSt 39, 195, 197; *Toepel*, JuS 1994, 2009.

563 Stellvertretend für alle *Wessels/Beulke*, AT Rn. 157.

564 So auch *Knauer*, S. 96, der die Formel von der alternativen Kausalität im Ergebnis allerdings ablehnt.

Somit kann die Kausalität zwischen der Stimmenthaltung und dem eingetretenen Verletzungserfolg mit Hilfe der Formel der alternativen Kausalität nicht bejaht werden.

3. Kausalitätsbegründung durch mittäterschaftliche Zurechnung

Abschließend soll untersucht werden, ob Kausalität zwischen der Tathandlung des Abstimmens und dem tatbestandlichen Erfolg auch im Fall der Stimmenthaltung mithilfe der Rechtsfigur der Mittäterschaft begründet werden kann.[565]

a) Voraussetzungen des § 25 II StGB

Voraussetzungen der Mittäterschaft sind ein gemeinsamer Tatentschluss sowie die gemeinschaftliche Tatbegehung auf Grundlage jenes Tatentschlusses.

i) Gemeinsamer Tatentschluss

Der gemeinsame Tatentschluss setzt voraus, dass die Mittäter einen gemeinsamen, auf die Tatausführung gerichteten *übereinstimmenden* Willen haben.[566]

Der bloße Beitritt zu einem Kollektivorgan kann insoweit keine mittäterschaftiche Zurechnung nach § 25 II StGB begründen, denn die Tat ist zu diesem Zeitpunkt noch nicht ausreichend konkretisiert.[567] Darüber hinaus käme eine Anknüpfung allein an den Beitritt zu einem Gremium einem „*Verbot kollektiver Entscheidungsfindung*"[568] gleich. Die Beschlussfassung in Kollektivorganen ist jedoch gesetzlich fest verankert (beispielsweise in § 709 II BGB oder § 77 II 3 AktG) und stellt seit jeher die soziale Wirklichkeit dar.

Knüpfte man die Zurechnung von strafrechtlicher Verantwortung an den Beitritt zum Kollektivorgan, so müsste jedes Gremiumsmitglied befürchten, für alle rechtswidrigen Beschlüsse generell haftbar gemacht zu werden. Letztlich käme ein solches Konstrukt einer Kollektivstrafe gleich, denn alle Gremiumsmitglieder wären gemeinsam strafrechtlich für einen rechtswidrigen Beschluss des Gremiums verantwortlich. Es ist jedoch ganz allgemein anerkannt, dass die Kollektivstrafe mit dem deutschen Strafrecht nicht vereinbar ist.[569]

---

565 So vertreten unter anderem im Mannesmann-Urteil des BGH, wistra 2006, 137, 138; *Dencker* in *Amelung*, Individuelle Verantwortung, S. 63, 68 ff.

566 *Fischer*, StGB § 25 Rn. 17.

567 *Franke* JZ 1982, 579, 582; *Schönke-Schröder/Cramer/Heine*, § 25 Rn. 76 b.

568 *Neudecker*, S. 195 f.

569 Vgl. dazu Ausführungen oben auf Erster Teil, A. V. 7.

Anknüpfungspunkt muss daher das konkrete Abstimmungsverhalten des Gremiumsmitglieds sein.

Zweifelhaft ist nun, ob die Stimmenthaltung als Äußerung eines übereinstimmenden Willens angesehen werden kann. Das sich enthaltende Gremiumsmitglied spricht sich ja weder für noch gegen den in einem rechtswidrigen Erfolg mündenden Beschluss aus.

Allgemein anerkannt ist jedoch, dass der zur Mittäterschaft erforderliche Tatentschluss sowohl durch ausdrückliche als auch konkludente Handlungen gefasst werden kann.[570]

Daher vertreten, wie bereits erwähnt, einige Stimmen in der Literatur die Auffassung, dass Eigenart der Stimmenhaltung eine „stillschweigende Billigung" des Tatplans sei.[571] Insofern sei die Konzeption mit derjenigen vergleichbar, in welcher ein Täter gegenüber dem anderen Täter äußert, man werde im Falle drohender Verhaftung von den Schusswaffen Gebrauch machen, und letzterer daraufhin schweigt. Hier hat der BGH unter anderem wegen der gleichberechtigten Stellung des schweigenden Täters in der Gruppe das Vorliegen eines gemeinsamen Tatplans bejaht.[572]

Allerdings ist jene Argumentation nicht unbesehen auf den vorliegenden Fall der Stimmenthaltung übertragbar. Erforderlich ist vielmehr zumindest ein stillschweigendes, kommunikatives Mitbewusstsein, welches die Mindestvoraussetzung für die Annahme des Vorliegens eines gemeinsamen Tatplans darstellt.[573]

Das gilt auch für das Gremiumsmitglied, welches sich seiner Stimme enthält. Diese Voraussetzung kann nicht unter Zuhilfenahme des „Wesens der Kollegialentscheidung" oder einer faktischen Umdeutung der Enthaltung in eine rechtswidrige Handlung und damit eine Gleichsetzung der Enthaltung mit einer „Ja-Stimme" umgangen werden,[574] indem man eine Unterwerfung unter jede Art der Kollegialentscheidung konstruiert. Der Beteiligungswille muss sich vielmehr auf das Handeln in seiner konkreten Gestalt beziehen, woran es bei der Enthaltung als solcher grundsätzlich fehlt. Der sich seiner Stimme Enthaltende ist gerade nicht entschlossen, welcher der beiden möglichen Abstimmungsalternativen er sich anschließen möchte, sondern macht deutlich, dass er keinen Beschluss (weder pro noch contra) mitträgt.[575]

---

570 BGHSt 37, 289, 292.

571 So etwa *Neudecker*, S. 208; s.o. Zweiter Teil, A. I. 1.

572 BGHSt 37, 289, 292.

573 S.o. Erster Teil, A. V. 6. d) i).

574 Nicht anders ist die Auffassung von *Neudecker* (vgl. S. 208) letztlich zu verstehen.

575 *Fischer*, StGB § 25 Rn. 19; *Goll/Winkelbauer* in *Graf v. Westphalen*, § 48, Rn. 29 (vertritt diese Meinung für das überstimmte Gremiumsmitglied im Allgemeinen); *Knauer*, S. 206 f.; *Ransiek*, ZGR 1999, 613, 647; *derselbe* in NJW 2006, 814, 816; *Schaal*, Fn. 118; *Schönke/*

Das Vorliegen eines gemeinsamen Tatenschlusses ist für das sich seiner Stimme enthaltende Vorstandsmitglied somit grundsätzlich nicht gegeben, d.h. das subjektive Element der Mittäterschaft ist hier nicht erfüllt.

ii) Gemeinschaftliche Tatbegehung

Darüber hinaus ist auch zweifelhaft, ob die Stimmenthaltung die objektiven Voraussetzungen der Mittäterschaft erfüllt, ob also bei dem sich seiner Stimme enthaltenden Vorstandsmitglied eine **Tatherrschaft** bejaht werden kann, wobei Tatherrschaft hier „Mitherrschaft", d.h. funktionale Tatherrschaft durch arbeitsteiliges Zusammenwirken bedeutet.[576]

Tatherrschaft erfordert dabei nicht, dass der Mittäter durch sein eigenes Verhalten den Deliktserfolg verhindern kann, oder ohne seinen Tatbeitrag die Verwirklichung des Straftatbestandes nicht erfolgt.[577] Die gemeinschaftliche Ausführung der Tat setzt auch nicht voraus, dass jeder Täter selbst ein gesetzliches Tatbestandsmerkmal verwirklicht hat.[578]

Entscheidend ist vielmehr allein die Bedeutung des erbrachten Tatbeitrages für das tatsächliche Geschehen, nicht die Beantwortung der hypothetischen Frage, ob der Erfolg ohne die Mitwirkung ebenso eingetreten wäre.[579]

Selbst wenn die Stimmenthaltung als solche bereits als Unterstützung der Mehrheit gewertet würde (was infolge der obigen Ausführungen[580] abzulehnen ist), begründet dies allein noch keine funktionelle Tatherrschaft.[581] Der Auffassung des BGH,[582] wonach bereits eine *„psychische Unterstützung durch die Präsenz als solche"* als mittäterschaftlicher Tatbeitrag zu werten ist, kann nicht zugestimmt werden. Die „psychische Unterstützung" anderer Tatbeteiligter durch bloße Anwesenheit am Tatort vermag keine Täterschaft, sondern allenfalls Teilnahme in Form der psychischen Beihilfe zu begründen.[583]

Auf die Frage, ob die Strafbarkeit desjenigen, der sich seiner Stimme enthält, damit begründet werden kann, er habe die Mehrheit dadurch unterstützt, dass er sie nicht an der Fassung des rechtswidrigen Beschlusses gehindert habe, soll hier nicht weiter eingegangen werden. Hierzu sei nur angemerkt: Ein solches

---

Schröder-Heine, § 25 Rn. 76 b; *Schumann*, StV 1994, 106, 110; *Weißer*, S. 208 ff.; *Wittig*, § 6 Rn. 48.

576 *Krey/Esser*, AT, Rn. 809; *Roxin*, AT II, § 25 Rn. 188 ff.

577 *Ransiek*, Unternehmensstrafrecht, S. 61 f.

578 BGHSt 37, 289, 292.

579 *Ransiek*, Unternehmensstrafrecht, S. 61.

580 S.o. Zweiter Teil, A. I. 3. und III. 3. a) i).

581 Ebenso *Schönke/Schröder-Heine*, § 25 Rn. 76 b; *Weißer*, S. 211.

582 BGHSt 37, 289, 293.

583 *Knauer*, S. 207.

Nichtwahrnehmen jener Hinderungsmöglichkeit stellt meines Erachtens ebenfalls noch keinen wesentlichen Tatbeitrag dar.[584] Doch ginge es hier um die Verantwortlichkeit wegen Unterlassens; die vorliegende Untersuchung hat aber nur aktives Tun zum Gegenstand.

Somit liegt kein wesentlicher objektiver Tatbeitrag des sich seiner Stimme enthaltenden Vorstandsmitglieds und damit keine gemeinschaftliche Tatbegehung vor.

b) Zwischenergebnis hinsichtlich der Mittäterschaft

Die Voraussetzungen des § 25 II StGB sind nicht erfüllt. Die Kausalität kann folglich im Fall der Stimmenthaltung grundsätzlich nicht mit Hilfe der Rechtsfigur der Mittäterschaft begründet werden.

Allerdings mag eine kausalitätsbegründende
– und letztlich zur Strafbarkeit führende –
Mittäterschaft eines Gremiumsmitgliedes, das sich bei der Abstimmung enthält, in Fällen der Kollusion und des schweren und evidenten Rechtsbruchs in Frage kommen. Hierauf ist zurückzukommen.[585]

4. Ergebnis bezüglich der Kausalität

Wie bereits im Rahmen der Ausführungen zur Strafbarkeit der für den rechtswidrigen Beschluss stimmenden Vorstandmitglieder dargelegt wurde, sind die Formel von der alternativen Kausalität sowie die Rechtsfigur der Mittäterschaft (§ 25 II StGB) zur Feststellung der Kausalität im Rahmen von Gremienentscheidungen zu favorisieren.[586] Allerdings vermag im Fall der Stimmenthaltung keine der beiden Konzeptionen zu einem positiven Kausalurteil zu führen.

IV. Die Zurechenbarkeit des eingetretenen Verletzungserfolges

Im Übrigen fehlt es bei der Stimmenthaltung als solcher grundsätzlich auch an der objektiven Zurechenbarkeit:

Wie bereits ausgeführt, ist nach der herrschenden und im Rahmen dieser Untersuchung vertretenen Lehre von der objektiven Zurechnung ein durch

584 So aber der BGH in E 37, 289, 293, wo das Gericht die Tatherrschaft des Angeklagten unter anderem darin erblickt, dass er den anderen „*noch hätte auffordern können, [...] nicht zu schießen*".

585 S.u. Zweiter Teil. A. XIII. und IX.

586 S.o. Erster Teil, A. V. 9.

menschliches Verhalten verursachter Erfolg dem Täter nur dann objektiv zurechenbar, wenn er durch seine ursächliche Handlung entgegen der dem Schutz des betreffenden Rechtsgutes dienenden Verhaltensnorm und damit **verbotswidrig** ein entsprechendes Erfolgsrisiko geschaffen bzw. ein solches erhöht und gerade diese rechtlich verbotene Gefahr sich in dem konkret eingetretenen tatbestandlichen Erfolg verwirklicht hat.[587]

Für die objektive Zurechnung ist also **Verbotswidrigkeit** (Pflichtwidrigkeit) der Schaffung, beziehungsweise Erhöhung des Erfolgsrisikos nötig. Hieran fehlt es aber bei der Stimmenthaltung als solcher, was oben näher ausgeführt wurde.[588]

V. Der subjektive Tatbestand

Darüber hinaus erfüllt das Verhalten des sich seiner Stimme enthaltenden Vorstandsmitgliedes auch nicht den subjektiven Tatbestand.

1. Das vorsätzliche Handeln

Voraussetzung hierfür wäre ein (zumindest bedingt) vorsätzliches Handeln des Vorstandmitgliedes, d.h. es müsste mit Wissen und Wollen der Tatbestandsverwirklichung gehandelt haben.

Insoweit müsste das Gremiumsmitglied die Rechtswidrigkeit des Beschlusses erkannt und mit der jeweiligen Rechtsgutsverletzung zumindest (ernstlich) gerechnet haben. Selbst wenn das kognitive Element des Vorsatzes aufgrund der eingegangenen Schadensmeldungen im Ausgangsfall (s.o. S. 14 f.) noch bejaht werden könnte,[589] ist die Annahme des voluntativen Elementes zweifelhaft. Im Gegensatz zu den **für** den rechtswidrigen Beschluss stimmenden Vorstandsmitgliedern hat sich im Falle der **Stimmenthaltung** das jeweilige Vorstandmitglied nicht für die Weiterproduktion und weitere Auslieferung des Produktes ausgesprochen.

Freilich könnte man einwenden, durch die Stimmenthaltung bringe das Gremiumsmitglied zum Ausdruck, dass ihm der als möglich erkannte Handlungserfolg gleichgültig sei und daher Eventualvorsatz vorliege. Im Mannesmann-Urteil hat der Angeklagte Zwickel geäußert, er habe mit der Prämie „kein Problem“[590]. In diesem Fall kann zumindest von einer Gleichgültigkeit des Angeklagten, wenn

---

587 *Schönke/Schröder-Lenckner/Eisele*, Vor §§ 13 ff. Rn. 92; Vgl. dazu die Ausführungen im Ersten Teil, A. VI. 1.

588 S.o. Zweiter Teil, A. I. 3.

589 S.o. Erster Teil, A. VII. 1. a).

590 LG Düsseldorf, ZIP 2004, 2044, 2045.

nicht sogar von einer konkludenten Zustimmung zum Beschlussinhalt ausgegangen werden.

Liegt eine solche oder eine dem gleichkommende Äußerung des sich seiner Stimme Enthaltenden hingegen nicht vor, so kann nicht ohne weiteres auf Gleichgültigkeit des sich Enthaltenden geschlossen werden. Die Stimmenthaltung kann vielmehr auch dahingehend interpretiert werden, dass das Gremiumsmitglied auf das Ausbleiben des Erfolges vertraute und daher nicht gegen den rechtswidrigen Beschluss stimmte.

Bei den **für** den rechtswidrigen Beschluss abstimmenden Vorstandmitgliedern führte die Kombination aus der Kenntnis der potenziellen Produktgefährlichkeit aufgrund der eingegangenen Schadensmeldungen und Abstimmung für die weitere Produktion sowie Auslieferung des Produktes letztlich zur Bejahung des Eventualvorsatzes.[591]

Auch das sich enthaltende Vorstandmitglied hat jene Kenntnis von der potenziellen Produktgefährlichkeit. Allerdings fehlt es an dem Akt, der auf das Vorliegen des bedingten Vorsatzes schließen lässt, nämlich an der „Ja-Stimme".

Allerdings fragt sich, ob beispielsweise in Fällen der Kollusion zwischen den zustimmenden Vorstandsmitgliedern und dem sich Enthaltenden Tatvorsatz bejaht werden kann. Hierauf ist zurückzukommen.[592]

Darüber hinaus möchte *Schmidt-Salzer*[593] darauf abstellen, aus welchen Gründen das Gremiumsmitglied sich der Stimme enthalten hat. So soll eine strafrechtliche Verantwortung etwa in Betracht kommen, wenn der Abstimmende ausschließlich aus finanziellen Kosten/Nutzenerwägungen gehandelt (d.h. keine Gegenstimme abgegeben) habe, wobei ihm die Frage der Gefährdung von Verbrauchern gleichgültig gewesen sei. Das Verschulden liege dann darin, dass das Problem der Gefährdung Dritter nicht berücksichtigt wurde.[594]

Dieser Standpunkt (Gleichgültigkeit) krankt daran, dass die für *dolus eventualis* in der Tat ausreichende Gleichgültigkeit die fehlende **Ursächlichkeit** und fehlende **objektive Zurechenbarkeit** nicht kompensiert: Mangels dieser objektiven Voraussetzungen vorsätzlicher strafrechtlicher Verantwortlichkeit hängt jene Gleichgültigkeit sozusagen „in der Luft". Die Motivlage vermag lediglich Aufschluss über die subjektive Tatseite, nicht aber über die objektive Zurechenbarkeit und schon gar nicht über die Kausalität des Einzelverhaltens zu geben.[595] Daher kann die Motivation des Votierenden nicht alleiniger Anknüpfungspunkt für die

591 S.o. Erster Teil, A. VII. 1. b).
592 S.u. Zweiter Teil, A. VIII.
593 in Rn. 1.282.
594 *Schmidt-Salzer*, Rn. 1.283.
595 So auch *Knauer*, S. 204.

Annahme oder Ablehnung einer Strafbarkeit des sich enthaltenden Gremiumsmitglieds sein.

Noch weitergehend soll nach *Schmidt-Salzer*[596] trotz rechtmäßiger Stimmabgabe daher eine Strafbarkeit in Betracht kommen, (1) wenn sich dem Betreffenden die Rechtswidrigkeit der vom Kollegium getroffenen Maßnahme aufdrängen musste und (2) für ihn eine Vielzahl schwerer Schäden vorhersehbar war.

Letzterer Standpunkt verwendet mit den Worten „*aufdrängen musste*" und „*Vorhersehbarkeit*" typische Kriterien für Fahrlässigkeit, die für den Vorsatz gerade nicht genügen.

Fehlt es am Vorsatz zum Zeitpunkt der Beschlussfassung, so kann eine Strafbarkeit des sich Enthaltenden Gremiumsmitglieds dann in Betracht kommen, wenn es

– im Falle eines ausführungsbedürftigen Beschlusses –
aktiv an dessen Ausführung mitwirkt.[597]

Insoweit stellt das LG Düsseldorf im Mannesmann-Fall zu Recht eine Mitwirkung des Angeklagten Zwickel durch Ergänzung und Unterzeichnung eines Umlaufbeschlusses fest, der zur Klarstellung der früheren Beschlussfassung sowie zur Auszahlung der Anerkennungsprämie an Dr. E. führen sollte.[598] Dies wird man als aktive Mitwirkung an der Verwirklichung des Beschlusses ansehen können.

2. Ergebnis hinsichtlich des subjektiven Tatbestandes

Grundsätzlich kann von der reinen Stimmenthaltung nicht auf das Vorliegen des Vorsatzes geschlossen werden.

VI. Zwischenergebnis bezüglich der Strafbarkeit des sich enthaltenden Vorstandmitglieds

Somit ist festzuhalten, dass die Stimmenthaltung grundsätzlich kein strafbares Verhalten darstellt. Weder die Äquivalenztheorie, noch die Formel der alternativen Kausalität oder die Rechtsfigur der Mittäterschaft führen zu einem positiven Kausalurteil. Darüber hinaus ist dem sich seiner Stimme enthaltenden Gremiumsmitglied der eingetretene Verletzungserfolg nach der hier favorisierten Lehre von der objektiven Zurechnung nicht zurechenbar und das sich enthaltende

596 in Rn 1.283.

597 *Tiedemann* ZIP 2004, 2056, 2058.

598 LG Düsseldorf ZIP 2004, 2044, 2045.

Vorstandsmitglied handelt nicht vorsätzlich im Hinblick auf den Verletzungserfolg.

VII. Einschränkung jenes Ergebnisses – Haftung des sich Enthaltenden unter dem Gesichtspunkt der Herbeiführung der Beschlussfähigkeit –

Möglicherweise bedarf das soeben gefundene Ergebnis einer Einschränkung: Sie bezieht sich auf solche Abstimmungen, bei denen nach den jeweiligen Abstimmungsregeln die Beschlussfähigkeit des Gremiums ohne Anwesenheit des sich Enthaltenden entfiele. Das sich seiner Stimme enthaltende Gremiumsmitglied hätte so das Zustandekommen des Beschlusses durch schlichtes Fernbleiben von der Vorstandssitzung verhindern können.[599]

Die Stimmenthaltung eines Mitglieds des Vorstandes kann daher offensichtlich dann für die Beschlussfassung mitentscheidend sein, wenn der sich Enthaltende durch seine Anwesenheit bei der Abstimmung erst die Beschlussfähigkeit des Gremiums herbeigeführt hat.[600]

Hier könnte demnach eine Strafbarkeit des sich seiner Stimme enthaltenden Vorstandmitgliedes in Betracht kommen.

Auch in einem solchen Fall muss man aber zwischen der Bedeutung des Stimmenthaltung als solcher und der Herbeiführung der Beschlussfähigkeit unterscheiden. Diese konsequente Differenzierung wird allerdings nicht immer durchgehalten; vielmehr werden Enthaltung und Mitverursachung der Beschlussfähigkeit vielfach „in einen Topf geworfen".

1. Die Kausalität des Abstimmungsverhaltens für den Verletzungserfolg

Die Problematik der Kausalität zwischen der Stimmenthaltung und dem eingetretenen Verletzungserfolg ist in jenen Fallkonstellationen wesentlich leichter zu lösen:

599 Das gilt natürlich nur in Fällen, in denen das Gremiumsmitglied bereits vor der Sitzung Kenntnis von den maßgeblichen Informationen hatte. Werden diese erst in der Sitzung bekannt, so bliebe dem Gremiumsmitglied lediglich die Möglichkeit, die Sitzung vor der Beschlussfassung zu verlassen. Dies ist dem Gremiumsmitglied, wie die folgenden Ausführungen zeigen werden, im Allgemeinen aber nicht abzuverlangen.

600 *Dencker* in *Amelung*, Individuelle Verantwortung, S. 63, 70; *Jakobs* in Miyazawa-FS, 419, 429; Die dortigen Ausführungen beziehen sich auf den Fall der Abstimmung gegen ein rechtswidriges Verhalten, wobei erst die Teilnahme die Abstimmung ermöglicht hat (vgl. Fall 4, S. 420).

Hat das Gremiumsmitglied nämlich durch seine Teilnahme an der Gremiumssitzung erst die Beschlussfähigkeit des Kollegialorgans hergestellt, so liegt Kausalität bereits nach der **Äquivalenztheorie** vor, denn die Teilnahme kann in diesem Fall nicht hinweggedacht werden, ohne dass der rechtswidrige Beschluss und der auf diesem beruhende Verletzungserfolg bei den Produktanwendern entfiele.

Auch anhand der **Theorie von der gesetzmäßigen Bedingung** könnte in dieser Fallkonstellation Kausalität begründet werden, denn das Verhalten des sich seiner Stimme enthaltenden Vorstandsmitgliedes wäre Teil der Gesamtursache für den eingetretenen Verletzungserfolg. Die Enthaltung hätte sich hier im Abstimmungsergebnis kausal niedergeschlagen.

Der Anwendung der Formel von der **alternativen Kausalität** bedarf es hier nicht, da jener Ansatz lediglich eine Modifizierung der Conditio-sine-qua-non-Formel für Fälle überbedingter Erfolge darstellt. In der vorliegend diskutierten Fallkonstellation ist, wie bereits erwähnt, die Grundformel der Äquivalenztheorie anzuwenden und diese erlaubt bereits ein positives Kausalurteil.[601]

Für die Frage, ob darüber hinaus die Kausalität auch durch einen Rückgriff auf die Rechtsfigur der **Mittäterschaft nach § 25 II StGB** bejaht werden kann, kommt es darauf an, ob die Voraussetzungen dieser Rechtsfigur erfüllt sind:

Ist im Vorfeld der Stimmabgabe keinerlei Konsens des sich Enthaltenden mit den übrigen Gremiumsmitgliedern erfolgt, so fehlt es an einem gemeinsamen Tatentschluss. Die Enthaltung bedeutet wie bereits dargelegt keine grundsätzliche Zustimmung zu dem fraglichen Beschluss; wer sich seiner Stimme enthält gehört nicht *per se* zum Kreis derjenigen, die den Beschluss tragen.[602]

Weiterhin kann auch von einer gemeinschaftlichen Tatbegehung durch die Enthaltung als solche keine Rede sein. Das bloße sich Enthalten begründet keine Mitherrschaft bei der Beschlussfassung im Gegensatz zu der Ja-Stimme.[603]

Daher bleibt festzuhalten, dass sofern Vorstandsmitglieder sich zwar der Stimme enthalten, aber die Beschlussfähigkeit durch ihre Anwesenheit herbeiführen, sich ihre Mitursächlichkeit für den fraglichen Beschluss nach der Äquivalenztheorie

– sowie der Lehre von der gesetzmäßigen Bedingung –

nicht bestreiten lässt.

601 S.o. Erster Teil, A. V. 5.

602 S.o. Zweiter Teil, A. III. 3. a) i).

603 S.o. Zweiter Teil, A. III. 3. a) ii).

2. Fehlen der objektiven Zurechenbarkeit

Wie bereits ausgeführt, ist nach der herrschenden und auch hier vertretenen Lehre von der objektiven Zurechnung ein durch menschliches Verhalten verursachter Erfolg dem Täter nur dann objektiv zurechenbar, wenn er durch seine ursächliche Handlung entgegen der dem Schutz des betreffenden Rechtsgutes dienenden Verhaltensnorm und damit **verbotswidrig** ein entsprechendes Erfolgsrisiko geschaffen bzw. ein solches erhöht und gerade diese rechtlich verbotenen Gefahr sich in dem konkret eingetretenen tatbestandlichen Erfolg verwirklicht hat.[604]

a) Verbotswidrigkeit der Sitzungs- und Abstimmungsteilnahme

Nach Auffassung einer älteren Rechtsprechung[605] soll bereits aus der Teilnahme an der Kollektiventscheidung und der damit verbundenen Unterwerfung unter die Mehrheitsmeinung unabhängig von dem konkreten Abstimmungsverhalten Mitverantwortung für den Entscheid erwachsen. Dies folge aus dem „*Wesen der Kollegialentscheidung*“[606]. Auch nach Ansicht des LG Düsseldorf schließt im Fall Mannesmann die Enthaltung eines Aufsichtsratsmitglieds bei einer rechtswidrigen Beschlussfassung seine Strafbarkeit wegen Untreue nicht aus, „*wenn erst die Teilnahme dieses Mitglieds die Beschlussfähigkeit des Gremiums herstellte* ***oder*** *das Mitglied den Inhalt des Beschlusses durch eine mündliche Erklärung billigt* ***oder*** *an der Ausführung des Beschlusses mitwirkt*“ [607]. Jede dieser Alternativen kann demnach für sich bereits genommen die Strafbarkeit des Gremiumsmitglieds begründen. Die bloße Teilnahme an der Gremiumssitzung und der Abstimmung

– unabhängig vom konkreten Abstimmungsverhalten des Einzelnen –

wäre demnach mit Strafe bedroht.

Konsequenz dieser Auffassung ist, dass auch das selbst rechtstreu votierende Gremiumsmitglied generell haftet.

b) Untauglichkeit der Teilnahme an Sitzung und Abstimmung als alleiniger Anknüpfungspunkt für die Strafbarkeit

Nach einer in der Literatur vertretenen Auffassung kann die Teilnahme an der Sitzung und Abstimmung schwerlich Anknüpfungspunkt einer strafrechtlichen

604 *Schönke/Schröder-Lenckner/Eisele*, Vor §§ 13 ff. Rn. 92; vgl. dazu die Ausführungen im Ersten Teil, A. VI. 1.

605 OLG Düsseldorf, NJW 1980, 71; OLG Stuttgart, JZ 1980, 774, 775, BGHSt 9, 203, 216.

606 OLG Stuttgart, JZ 1980, 774, 775.

607 Vgl. 5. Leitsatz abgedruckt in ZIP, 2044 (Hervorhebungen hier von Verfasserin).

Tatbestandsmäßigkeit sein.[608] Wenn nicht die Rechtswidrigkeit im Sinne einer Strafbarkeit des avisierten Beschlusses klar zu Tage liegt, ist die Teilnahme an der Abstimmung sozialadäquat-berufstypisch und begründet keine rechtlich missbilligte Gefahr für das geschützte Rechtsgut.[609]

c) Gesellschaftsrechtliche Pflicht zur Teilnahme an der Vorstandssitzung

Bei der hier zu bewertenden Frage, ob die Teilnahme (unabhängig vom konkreten Abstimmungsverhalten) an der Vorstandssitzung tauglicher Anknüpfungspunkt für eine Strafbarkeit des sich seiner Stimme enthaltenden Gremiumsmitglieds ist, kommt man nicht umhin, die gesellschaftsrechtlichen Grundsätze zur Sitzungsteilnahme mit einzubeziehen.

Danach fasst ein mehrköpfiger Vorstand seine Entscheidungen durch Beschluss.[610] Der Beschluss ist ein legitimes Mittel zur vorstandsinternen Willensbildung.

Die reine Teilnahme an einer Beschlussfassung ist nicht nur gesellschaftsrechtliches **Recht**,[611] sondern sogar die gesellschaftsrechtliche **Pflicht**[612] des Vorstandsmitglieds.

Bei einer Verpflichtung zur Teilnahme an der Sitzung des Kollegialorgans ist das Nichterscheinen des Vorstandsmitgliedes daher als Verstoß gegen eben diese gesellschaftsrechtliche Pflicht zu werten. Dabei bedeutet die **Mitwirkungspflicht** für das Vorstandsmitglied selbstredend nicht, dass es den gewünschten Geschäftsführungsmaßnahmen zustimmen muss.

---

608 *Bock*, Produktkriminalität, S. 83; *Dencker* in *Amelung*, Individuelle Verantwortung, S. 63, 70; *Franke*, JZ, 579, 583; *Jakobs* in Miyazawa-FS, 419, 429; *Ransiek*, NJW 2006, 814, 816; *Röh*, S. 180f.; *Schmidt-Salzer*, NJW 1990, 2966, 2969f.; *Schönke/Schröder-Sternberg/Lieben*, § 15 Rn. 223 b; *Tiedemann* ZIP, 2056, 2057.

609 *Tiedemann* ZIP, 2056, 2057.

610 MüKo AktG, *Spindler*, § 77 Rn. 21.

611 MüKo AktG, *Spindler*, §77 Rn. 6, 25, 30; *Semler/Peltzer*, § 4 Rn. 127 *Spindler/Stilz-Fleischer*, AktG § 77 Rn. 21, 28.

612 *Spindler/Stilz-Fleischer*, AktG § 77 Rn. 30, sind gegen die Pflicht zur Herbeiführung der Beschlussunfähigkeit, d.h. im Ergebnis für eine Pflicht zur Teilnahme an der Vorstandssitzung. Vgl. *Semler/Peltzer*, § 4 Rn. 128f. für eine Teilnahmepflicht für Beschlüsse die dem Einstimmigkeitsprinzip unterliegen oder für Fälle, für die die Anwesenheit einer bestimmten Zahl von Vorstandsmitgliedern in der Satzung oder der Geschäftsordnung vorgesehen ist. Meines Erachtens besteht eine grundsätzliche Pflicht zur Teilnahme an Vorstandssitzungen und Beschlussfassungen anlässlich solcher Sitzungen. Diese ergibt sich aus der Pflicht des Vorstands zur Leitung der Gesellschaft nach § 76 I AktG.

In der Abstimmung unterlegene Vorstandsmitglieder sind grundsätzlich gehalten, einmal getroffene Mehrheitsentscheidungen loyal mitzutragen.[613] Diese Verpflichtung erfährt nach zutreffender, im Gesellschaftsrecht h.M. allerdings eine wesentliche Einschränkung: Bei gesetz- und satzungswidrigen, rechtswidrigen oder pflichtwidrigen Beschlüssen beansprucht die organschaftliche Legalitätspflicht Vorrang vor der loyalen Zusammenarbeit.[614] Jedes Vorstandsmitglied ist danach nicht nur berechtigt, sondern auch verpflichtet, mit den ihm zumutbaren Mitteln darauf hinzuwirken, dass das Organ, dem es angehört bei seiner Geschäftsführung nicht gegen Gesetze oder Satzungsrecht verstößt.[615] Inhalt und Reichweite dieser Pflicht sind jedoch bislang wenig geklärt.[616]

Allerdings kann das Gremiumsmitglied die Pflicht treffen, seine Ablehnungsgründe offen zu legen, sodass ein Meinungsaustausch mit den übrigen Vorstandsmitgliedern entstehen kann und die übrigen Mitglieder gegebenenfalls von der Rechtswidrigkeit des Beschlusses überzeugt werden.[617]

Richtigerweise ist ein Vorstandsmitglied demgegenüber nicht verpflichtet, durch Nichterscheinen oder Verlassen der Vorstandssitzung die Beschlussunfähigkeit des Gremiums herbeizuführen.[618] Zwar könnte auf diese Weise ein rechtswidriger Beschluss verhindert werden, doch bilden Sitzungsteilnahme und Abstimmung keinen geeigneten Anknüpfungspunkt für eine gesellschaftsrechtliche Verantwortlichkeit.[619] Jedes Vorstandsmitglied ist vielmehr kraft seiner Amtspflicht gehalten, an den Vorstandssitzungen teilzunehmen und seine rechtlichen Bedenken gegen den betreffenden Beschluss dort vorzutragen.[620] Das folgt aus der grundlegenden Bedeutung der Beratung für das Beschlussergebnis.[621] Zum Teil wird jedoch die Ansicht vertreten, dass ausnahmsweise die Pflicht des Vorstandsmitglieds zur Herbeiführung der Beschlussunfähigkeit durch Nichterscheinen oder Verlassen der Vorstandssitzung besteht, wenn die Rechtswidrigkeit der Beschlusses klar zu Tage liegt.[622] Diese Auffassung ist allerdings abzu-

---

613 Kölner Kommentar, *Mertens*, § 77 Rn. 38; MüKo AktG, *Spindler*, § 77 Rn. 30; *Spindler/Stilz-Fleischer*, AktG § 77 Rn. 29.

614 Vgl. *Spindler/Stilz-Fleischer*, AktG § 77 Rn. 29 m.w.N.

615 MüKo AktG, *Spindler*, § 77 Rn. 30; vgl. auch *Tiedemann*, Wirtschaftsstrafrecht, Rn. 186.

616 Dazu umfassend *Fleischer*, BB 2004, 2645, 2648 ff.; wonach die Pflicht zur Unterrichtung des Aufsichtsrats, nicht jedoch die Pflicht zur Niederlegung des Amtes besteht, da hierdurch nicht die Durchführung des Beschlusses verhindert wird.

617 LG Berin, ZIP 2004, 73, 76; *Spindler/Stilz-Fleischer*, AktG § 77 Rn. 32.

618 *Fleischer*, BB 2004, 2645, 2648; für den Aufsichtsrat auch *Vetter*, Der Betrieb 2004, 2623, 2625 f.; nicht eindeutig BGH NJW 2006, 522, 527.

619 Spindler/Stilz-*Fleischer*, AktG § 77 Rn. 30.

620 *Fleischer*, BB 2004, 2645, 2648.

621 *Spindler/Stilz-Fleischer*, AktG § 77 Rn. 30 m.w.N.

622 So *Tiedemann*, ZIP 2004, 2056, 2057.

lehnen, denn „*eine Vorwegnahme bevorstehender Beschlussergebnisse verträgt sich nicht mit der Zäsur, die den Beschluss als notwendig einheitlichen Willensakt von den zuvor geäußerten Einzelstimmen der Vorstandsmitglieder trennt*“[623]. Zudem hat das Vorstandsmitglied wie oben dargelegt die Pflicht, den Beschlussgegenstand zu besprechen und die übrigen Vorstandsmitglieder gegebenenfalls von der Rechtswidrigkeit des Beschlusses zu überzeugen.[624]

Es ist daher festzuhalten, dass die Herbeiführung der Beschlussfähigkeit als solche aus gesellschaftsrechtlicher Sicht nicht verboten (pflichtwidrig), sondern grundsätzlich **geboten** ist.

d) Übertragung der gesellschaftsrechtlichen Grundsätze auf das Strafrecht

Grundsätzlich lassen sich gesellschaftsrechtliche Grundsätze nicht unbesehen auf das Strafrecht übertragen.

Allerdings kann ein Verhalten, welches gesellschaftsrechtlich nicht nur erlaubt, sondern sogar geboten ist, nicht strafbar sein. Damit kann grundsätzlich (bis auf einige Ausnahmefälle wie der des evidenten Rechtsverstoßes) nicht von einem Gremiumsmitglied erwartet werden, sein Recht und seine Pflicht zur Sitzungsteilnahme nicht wahrzunehmen.[625] Darauf, welche weitergehenden Pflichten das überstimmte Gremiumsmitglied treffen können, ist zurückzukommen. Insoweit soll an dieser Stelle der Hinweis genügen, dass der Teilnehmer an der Abstimmung nicht unbedingt den Schadenseintritt verhindern muss; vielmehr ist er nur dazu verpflichtet, mit allen rechtlich zulässigen Mitteln auf die anderen Teilnehmer einwirken, um das Zustandekommen des schädlichen Beschlusses zu verhindern.[626]

e) Stellungnahme

Die ältere Rechtsprechung,[627] die von der generellen Strafbarkeit wegen Teilnahme an der Kollektiventscheidung ausgeht, verkennt einen wichtigen Grundsatz:

623 Spindler/Stilz-*Fleischer*, AktG § 77 Rn. 30.

624 *Tiedemann*, Wirtschaftsstrafrecht, Rn. 186.

625 *Tiedemann* ZIP, 2056, 2057.

626 BGHSt 9, 203; 216; 37, 106, 131; *Jakobs* in Miyazawa-FS, 419, 431 f.; *Tiedemann*, ZIP 2004, 2056, 2058.

627 OLG Düsseldorf, NJW 1980, 71; OLG Stuttgart, JZ 1980, 774, 775, BGHSt 9, 203, 216.

Es ist allgemein anerkannt, dass gesellschaftsrechtlich erlaubtes Verhalten keine Strafbarkeit begründen kann;[628] das muss jedenfalls dann gelten, wenn jenes Verhalten sogar geboten ist. Allerdings gilt dies nicht in „umgekehrter Richtung“: Die Missachtung gesellschaftsrechtlicher Pflichten ist zwar eine notwendige, aber keine hinreichende Bedingung der Strafbarkeit.[629]

Weder Sitzungsteilnahme noch Abstimmung stellen somit als solche geeignete Anknüpfungspunkte für eine strafrechtliche Verantwortlichkeit bei Stimmenthaltung dar.[630] Daraus folgt, dass allein die Herstellung der Beschlussfähigkeit nicht dazu führen kann, eine Stimmenthaltung als Ja-Stimme und damit als Anknüpfungspunkt für die Strafbarkeit des Gremiumsmitglieds zu bewerten.

Als Konsequenz aus der hier abgelehnten älteren Rechtsprechung würde sich demgegenüber ergeben, dass schon die Herstellung der Beschlussfähigkeit trotz Stimmenhaltung eine unzulässige und damit strafbare Mitwirkung am Zustandekommen des rechtswidrigen Beschlusses darstellen würde.

Ein aus gesellschaftsrechtlicher Sicht (grundsätzlich) gebotenes Verhalten kann aber nicht zur Strafbarkeit des Gremiumsmitglieds führen, das lediglich an der Vorstandssitzung teilgenommen hat, ohne jedoch **für** den rechtswidrigen Beschluss zu stimmen.

f) Zwischenergebnis zur objektiven Zurechenbarkeit

Damit kann von einer objektiven Zurechenbarkeit des Erfolges unter dem Gesichtspunkt des Herbeiführens der Beschlussfähigkeit keine Rede sein.

3. Fehlender Vorsatz

Die bloße Teilnahme an der Vorstandssitzung als solche kann nicht dahingehend interpretiert werden, dass das Vorstandsmitglied vorsätzlich, d.h. mit Wissen und Wollen hinsichtlich der Tatbestandsverwirklichung handelte.

Zum Zeitpunkt der Entscheidung des Gremiumsmitglieds, an der Sitzung teilnehmen zu wollen, wird es in aller Regel noch keine Kenntnis davon haben, dass der zu fassende Beschluss einen rechtswidrigen Inhalt haben wird. Daher kann in diesem Fall noch kein vorsätzliches Verhalten des Gremiumsmitglieds bejaht werden. Im Zeitpunkt der Teilnahme an der Abstimmung durch Enthaltung

628 So beispielsweise für den Untreuetatbestand des § 266 StGB *Bosch/Lange*, JZ 2009, 225, 226; *LK-StGB*, *Schünemann*, § 266 Rn. 94.

629 So die h.M. *Müller-Dietz*, Jura 1979, 242, 252 f.; zu § 266 StGB vgl. nur *Arnold*, Jura 2005, 844, 845, *Dierlamm*, StraFo 2005, 397, 400; *Kubiciel*, NStZ 2005, 353, 355.

630 *Tiedemann*, ZIP 2004, 2056, 2057.

kann wie bereits ausgeführt ebenfalls noch nicht auf das Vorliegen des Vorsatzes geschlossen werden.[631]

4. Ergebnis zur Strafbarkeit wegen Herstellens der Beschlussfähigkeit

Zwar könnte durch Nichtteilnahme an der Vorstandssitzung die Beschlussfähigkeit des Gremiums und damit das Zustandekommen des rechtswidrigen Beschlusses verhindert werden, doch bilden Sitzungsteilnahme und Abstimmung keinen geeigneten Anknüpfungspunkt für eine gesellschaftsrechtliche oder gar eine strafrechtliche Verantwortlichkeit.

Das sich seiner Stimme enthaltende Gremiumsmitglied, welches durch seine Anwesenheit die Beschlussfähigkeit des Gremiums herbeiführt, ist somit grundsätzlich nicht strafbar. Die Frage, ob ausnahmsweise eine Rechtspflicht zur Gegenstimme oder andere der Schadensabwendung dienende Pflichten des sich enthaltenden Gremiumsmitglieds bestehen, kann im Rahmen dieser Untersuchung nicht in der nötigen Ausführlichkeit behandelt werden, da die Erörterung dieser Frage eine eigene gründliche Studie erfordern würde. Insoweit muss es nachfolgend mit einigen wenigen Hinweisen sein Bewenden haben:

VIII. Ausnahme der Kollusion

Allein das objektive Element, die Herstellung des erforderlichen Quorums zur Begründung der Beschlussfähigkeit durch den sich seiner Stimme Enthaltenden, genügt, wie soeben dargelegt, noch nicht für die Bejahung seiner Strafbarkeit.

Etwas anderes kann jedoch gelten, wenn die Gremiumsmitglieder vor der Beschlussfassung eine **ausdrückliche** Absprache dahin treffen, dass sich eines der Gremiumsmitglieder seiner Stimme enthält, oder auch dann, wenn dieses Einverständnis **konkludent** zwischen den Gremiumsmitgliedern hergestellt wird. In solchen Fällen spricht man von **Kollusion**.[632]

1. Abgrenzung solcher Fälle der Kollusion von anderen Formen des „Zusammenwirkens“ – Mannesmann-Fall

Die bloße Anwesenheit der Gremiumsmitglieds trotz Missbilligung des avisierten Beschlusses genügt für die Annahme kollusiven Zusammenwirkens nicht.

631 S.o. Zweiter Teil, A. V.

632 D.h. ein pflichtwidriges, auf einen gemeinsamen Rechtsbruch gerichtetes Verhalten. Einverständnis; vgl. zum Begriff der Kollusion im Strafrecht BGHSt 39, 381, 387; NK-StGB, *Ransiek*, § 330 d Rn. 6.

Auch liegt grundsätzlich kein Fall kollusiven Zusammenwirkens des sich Enthaltenden mit den übrigen Gremiumsmitgliedern vor, wenn das sich enthaltende Gremiumsmitglied, nachdem die Mehrheit für den rechtswidrigen Beschluss bereits festgestellt wurde, seine Unentschlossenheit beibehält. Eine Enthaltung aus Gleichgültigkeit hinsichtlich des Beschlussgegenstandes oder aus anderen Gründen, wie beispielsweise Stimmenthaltung, um nicht als Störenfried zu gelten, genügen ebenfalls nicht, um Kollusion anzunehmen.

Die Verleitung der anderen Gremiumsmitglieder, um sich dann selbst, zur Überraschung der übrigen Vorstandsmitglieder, der Stimme zu enthalten, stellt ebenfalls keinen Fall der Kollusion dar.[633]

Es handelt sich bei der Kollusion vielmehr um jene „*Grenzkonstellationen*“[634], die dem festgestellten Sachverhalt im Mannesmann-Urteil[635] entsprechen:

Die Besonderheit im Fall Mannesmann lag darin, dass der Angeklagte Zwickel nach den Feststellungen des Landgerichts Düsseldorf bei seiner Stimmabgabe wusste, dass sich die beiden mitangeklagten Aufsichtsratsmitglieder bereits auf die Zuerkennung der Anerkennungsprämien verständigt hatten, und diese Beschlüsse

– unabhängig von seinem eigenen Abstimmungsverhalten –

mit seiner Teilnahme an den Beschlussfassungen wirksam würden, wirksam deswegen, weil er **durch seine Anwesenheit die Beschlussfähigkeit herbeiführte**. Ebendies wollte er auch erreichen, weil er mit dem Inhalt jener Beschlüsse einverstanden war.[636]

Der BGH hat sich im Mannesmann-Urteil einer von *Dencker* vertretenen Meinung angeschlossen.[637] Daher seien im Folgenden die maßgeblichen Ausführungen von *Dencker*[638] zu einer derartigen Konstellation skizziert:

Erkenne nämlich der sich der Stimme Enthaltende oder eine Gegenstimme Abgebende bei dieser Grenzkonstellation alle maßgeblichen tatsächlichen und rechtlichen Umstände [aus denen die Kollusion folgt und verzichte] gleichwohl nicht auf [die] Stimmenthaltung [...], ergäbe es keinen Sinn, „ihn aus der Ver-

633 In der vorliegenden Untersuchung geht es primär um die mittäterschaftliche Beteiligung am Beschluss; dass im soeben gebildeten Beispiel eine Strafbarkeit des sich Enthaltenden wegen Anstiftung in Frage kommt, versteht sich von selbst.

634 *Dencker* in *Amelung*, Individuelle Verantwortung, S. 63, 70.

635 BGH NJW 2006, 522, 527; BGH wistra 2006, 137, 142;

636 BGH NJW 2006, 522, 527; BGH wistra 2006, 137, 142.

637 NJW 2006, 522, 527; wistra 2006, 137, 142; Allerdings hat das Gericht, wie bereits erwähnt, ausdrücklich darauf hingewiesen, dass es sich nicht grundsätzlich mit der strafrechtlichen Verantwortlichkeit der einzelnen Mitglieder eines Gremiums bei Mehrheitsentscheidungen befassen wolle.

638 in *Amelung*, Individuelle Verantwortung, S. 63, 70.

antwortung zu entlassen, die er trägt, weil er einen notwendigen Teilsachverhalt eines kriminellen Gesamtsachverhalts verwirklicht".

Demzufolge kann im Einzelfall die Herstellung der **Beschlussfähigkeit durch Teilnahme an der Abstimmung**

– hier durch Stimmenthaltung –

zur Strafbarkeit dieses Gremiumsmitglieds führen.[639]

Der BGH argumentiert daher im Mannesmann-Urteil wie folgt:

„Die Stimmenthaltung des Angeklagten Zwickel entsprach hier objektiv und subjektiv im Ergebnis einer „Ja-Stimme", die mit Rücksicht auf seine Stellung als Arbeitnehmervertreter lediglich nach außen nicht erkennbar werden sollte."[640]

Ransiek[641] teilt die Auffassung des BGH nicht: Er macht hierzu geltend, dass die Motive, aus denen keine Zustimmung sondern eine Stimmenhaltung erfolgte, gleichgültig seien, denn derjenige, der nicht mit „Ja" stimme, mache deutlich, dass er den Beschluss der anderen gerade nicht mittrage.

Meines Erachtens ist die Auffassung von *Ransiek* jedoch unzutreffend, denn in Fällen der Kollusion ist die der Stimmenthaltung grundsätzlich innewohnende Neutralität nicht mehr gegeben. Dadurch, dass kollusiv erst die Beschlussfähigkeit hergestellt und so die rechtswidrige Entscheidung ermöglicht wurde, entsprach die Stimmenthaltung vielmehr objektiv der Abstimmung **für** einen rechtswidrigen Beschluss. Diese Feststellung allein genügt zur Begründung der Strafbarkeit allerdings noch nicht,[642] da auch der subjektive Tatbestand gegeben sein muss. Auch letzteres Erfordernis ist hier anzunehmen:

Die Motive, aufgrund derer eine Enthaltung und keine Zustimmung erfolgte, lassen die grundsätzliche Neutralität der Enthaltung entfallen. Auch subjektiv war die Enthaltung einer „Ja-Stimme" gleichzusetzen, da der sich seiner Stimme Enthaltende das Ergebnis der Abstimmung zumindest billigte, wenn nicht sogar anstrebte.

Voraussetzung für die Erfüllung des subjektiven Kriteriums ist allerdings nach *Dencker, dass dem Abstimmenden dieser Charakter seines Teilhandelns subjektiv sicher bewusst sei, da er alle anderen Teilbedingungen sicher überblicke – etwa weil er als letzter zur offenen Stimmabgabe aufgerufen werde. [...] Wisse jeder um die konstitutive Bedeutung des Verhaltens, sei seine „deklaratorische Selbstdefinition" (Enthaltung oder auch Gegenstimme) rechtlich unerheblich.*[643]

639 *Dencker*, S. 187; *Vogel/Hocke*, JZ 2006, 568, 569; *Graf/Jäger/Wittig-Hoffmann-Holland/Singelnstein*, § 25, Rn. 133 ff.

640 in wistra 2006, 137, 143.

641 in NJW 2006, 814, 816.

642 S.o. Zweiter Teil, A. VII.

643 *Dencker*, S. 187.

Dem Mannesmann-Urteil liegt eben diese Kombination der **objektiven Herstellung der Beschlussfähigkeit** mit der **subjektiven Zustimmung** zum Abstimmungsergebnis zugrunde.

Allein das objektive Element, die Herstellung des erforderlichen Quorums für die Beschlussfähigkeit durch den sich seiner Stimme Enthaltenden, genügt jedoch, wie bereits dargelegt, grundsätzlich noch nicht für die Bejahung der Strafbarkeit jenes Verhaltens.[644]

2. Konsequenzen der gewonnenen Erkenntnisse

Die im Fall Mannesmann dargelegten Grundsätze haben folgende Konsequenzen für die Kausalität, die objektive Zurechnung und den Vorsatz:

a) Kausalität

Durch die Anwesenheit des sich enthaltenden Gremiumsmitglieds und die damit verbundene Herstellung der Beschlussfähigkeit ist das Gremiumsmitglied nach der Äquivalenztheorie (und der Lehre von der gesetzmäßigen Bedingung) mitursächlich für den fraglichen Beschluss. Eines Rückgriffs auf die Formel der alternativen Kausalität bedarf es nicht.[645]

Im Falle des kollusiven Zusammenwirkens kann die Kausalität zudem mit Hilfe der **Mittäterschaft nach § 25 II StGB** bejaht werden:

Aufgrund des bei Kollusion vorliegenden Konsenses des sich Enthaltenden mit den übrigen Gremiumsmitgliedern kann das Vorliegen eines **gemeinsamen Tatentschlusses** angenommen werden. Noch eindeutiger als bei den Ja-Stimmen im Ausgangsfall (s.o. S. 14 f.) liegt hier der gemeinsame Wille der an der Abstimmung Beteiligten vor, gemeinsam das Zustandekommen eines rechtswidrigen Beschlusses zu erreichen. Im Falle der Kollusion besteht insoweit eine ausdrückliche oder konkludente Absprache.

Weiterhin kann auch eine **gemeinschaftliche Tatbegehung** nicht in Abrede gestellt werden. Die der Enthaltung grundsätzlich innewohnende Neutralität ist in Fällen wie dem Mannesmann-Fall nicht mehr gegeben. Die Teilnahme an der Abstimmung, um die Beschlussfähigkeit herbeizuführen, stellt insoweit den maßgeblichen Tatbeitrag dar. Die Tatherrschaft des sich seiner Stimme enthaltenden Vorstandsmitglieds ist ebenfalls gegeben, denn es hat an dem gemeinschaftlichen Tun durch Herbeiführung der Beschlussfähigkeit entscheidend mitgewirkt. Es hat sich den Tatplan der für den Beschluss stimmenden Vorstandsmitglieder zu

644 S.o. Zweiter Teil, A. VII.

645 S.o. Zweiter Teil, A. VII. 1.

Eigen gemacht.[646] Die Stimmenthaltung begründet in diesem Fall Mitherrschaft bei der Beschlussfassung ebenso wie eine Ja-Stimme.[647]

Daher bleibt festzuhalten, dass dann, wenn Gremiumsmitglieder sich zwar der Stimme enthalten, aber die Beschlussfähigkeit durch ihre Anwesenheit herbeiführen, um den rechtswidrigen Beschluss gemäß **kollusiver Absprache** zu ermöglichen, sich ihre Mitursächlichkeit für den fraglichen Beschluss auch mit Hilfe der Mittäterschaft gemäß § 25 II StGB begründen lässt.

b) Die Zurechenbarkeit des eingetretenen Verletzungserfolges

Das sich seiner Stimme enthaltende Vorstandsmitglied hat durch sein Abstimmungsverhalten die Körperverletzungsgefahr bei den Produktanwendern begründet (bzw. erhöht), denn ohne sein Zutun, wäre der rechtswidrige Beschluss nicht zustande gekommen. Durch seine

– ausdrücklich oder konkludent abgesprochene –

aktive Teilnahme an der Abstimmung und die damit bewirkte Herstellung der Beschlussfähigkeit hat der sich Enthaltende durch seine ursächliche Handlung entgegen der dem Schutz des betreffenden Rechtsgutes dienenden Verhaltensnorm und damit verbotswidrig ein entsprechendes Erfolgsrisiko geschaffen; und gerade diese rechtlich verbotene Gefahr hat sich in dem konkret eingetretenen tatbestandlichen Erfolg verwirklicht.

Die gesellschaftsrechtliche Pflicht zur Sitzungsteilnahme[648] ist insoweit unbeachtlich, denn das Abstimmungsverhalten ist in diesem Fall nicht mehr als neutral einzuordnen. Die Stimmenthaltung stellt hier eine gefährliche Handlung im Sinne einer Erfolgsgefahr dar, weil sie gerade zum Zustandekommen der für den rechtswidrigen Beschluss erforderlichen Mehrheit kollusiv beigetragen hat.

c) Der subjektive Tatbestand

Darüber hinaus erfüllt das Verhalten des sich seiner Stimme enthaltenden Vorstandsmitgliedes im Falle der Kollusion auch den subjektiven Tatbestand.

War dem sich seiner Stimme enthaltenden Gremiumsmitglied bei seiner Stimmabgabe bekannt, dass sich die übrigen Gremiumsmitglieder bereits auf eine Abstimmung **für** den rechtswidrigen Beschluss verständigt hatten und dieser Beschluss

– unabhängig von seinem eigenen Abstimmungsverhalten –

646 *Vogel/Hocke*, JZ 2006, 568, 569.

647 S.o. Erster Teil, A. V. 6. d) ii).

648 S.o. Zweiter Teil, A. VII. 2. e).

mit seiner Teilnahme an der Beschlussfassung wirksam würde, und wollte es ebendies auch erreichen, weil es mit dem Inhalt des Beschlusses einverstanden war, so ist der subjektive Tatbestand erfüllt.[649] Wer den rechtswidrigen Charakter eines Beschlusses kennt, handelt auch mit dem erforderlichen Vorsatz, wenn er *„in Kenntnis aller maßgeblichen Umstände im Zusammenwirken mit den anderen den Taterfolg herbeiführt“*[650].

In jenen Fällen entspricht die Stimmenthaltung auch subjektiv im Ergebnis einer strafbaren „Ja-Stimme“, da der sich seiner Stimme Enthaltende das Ergebnis der Abstimmung zumindest billigte, wenn nicht sogar anstrebte.

Die Stimmenthaltung kann hier nicht mehr als neutrales Abstimmungsverhalten gewertet werden, sondern das Vorstandsmitglied hat sich bei der Beschlussfassung für die Unterstützung der rechtswidrig abstimmenden Mehrheit entschieden.

3. Ergebnis

Stellt der sich seiner Stimme Enthaltende die Beschlussfähigkeit des Gremiums durch seine Mitwirkung an der Abstimmung her, und ist diese Mitwirkung an der Beschlussfassung kollusiv abgesprochen, so kommt eine Strafbarkeit des sich enthaltenden Vorstandsmitglieds ausnahmsweise in Betracht.

IX. Schwerer und evidenter Rechtsbruch

Neben dem soeben untersuchten Fall der Kollusion könnte eine Strafbarkeit des sich enthaltenden Vorstandsmitglieds zudem in Fallkonstellationen angenommen werden, in denen sich die Rechtswidrigkeit des Beschlusses sozusagen aufdrängt und geeignet ist, schwerwiegende Nachteile für gewichtige Rechtsgüter wie etwa Leib und Leben einer Vielzahl von Personen nach sich zu ziehen.

Anders ausgedrückt: Ergibt sich aus der offenkundigen Unvertretbarkeit des Beschlusses ein eindeutiges Überwiegen materieller Richtigkeitswerte, so ist eine Strafbarkeit des bei der Abstimmung Unterlegenen denkbar.[651] Es handelt sich hier um einen absoluten Ausnahmefall, in dem die Pflicht des Gremiums-

---

649 In Anlehnung an die Ausführungen von *Dencker* in *Amelung*, Individuelle Verantwortung, S. 63, 70, sowie des BGH in NJW 2006, 522, 527; wistra 2006, 137, 142.

650 *Erb*, NStZ 2009, 189, 191 zur Strafbarkeit des überstimmten Richters wegen Rechtsbeugung i.S.d. § 339 StGB.

651 *Dencker*, in *Amelung*, Individuelle Verantwortung, S. 63 ff., 70; *Erb*, NStZ 2009, 189, 191 f. (zur Rechtbeugung in Kollegialgerichten, § 339 StGB); *Fischer*, § 25 Rn. 19 beschränkt sich auf einen Verweis auf *Dencker*, ohne seine Auffassung weiter zu begründen; *Ransiek*, Unter-

mitglieds nach *Ransiek* „*in die Nähe der allgemeinen Pflichten nach § 138 StGB rückt*“[652].

Hier sind zwei Sachverhaltskonstellationen zu unterscheiden:

Zum einen der Fall, dass es auf die Stimme des sich enthaltenden Mitglieds des Kollegialorgans nicht ankommt (da bereits eine ausreichende Mehrheit für das Zustandekommen des rechtswidrigen Beschlusses gegeben war, vergleichbar mit dem Sachverhalt im Ausgangsfall – s.o. S. 14 f.).

Zum anderen Fälle, in denen das jeweilige Gremiumsmitglied die Beschlussfähigkeit des Gremiums durch seine Teilnahme an der Abstimmung erst herstellt. Beide Fallgestaltungen werden im Anschluss näher betrachtet:

1. Die Enthaltung ist für das Zustandekommen des Beschlusses unerheblich

Hier könnte dennoch eine Strafbarkeit des sich seiner Stimme Enthaltenden in Betracht kommen, wenn er eine **Pflicht zur Gegenstimme** gehabt hätte.

Wie bereits festgestellt wurde besteht grundsätzlich die gesellschaftsrechtliche Pflicht des Vorstandsmitglieds zur Abstimmung gegen einen rechtswidrigen Beschluss: Eine Enthaltung genügt hier nach h. M.[653] nicht:

Der Verstoß gegen gesellschaftsrechtliche Pflichten indiziert allerdings nicht *per se* die Strafbarkeit des sich seiner Stimme enthaltenden Vorstandsmitglieds,[654] was auf dem Prinzip der Subsidiarität des Strafrechts als *ultima ratio* beruht.

Im Fall des schweren und evidenten Rechtsbruchs könnte jedoch eine Ausnahme hiervon gegeben sein. *Ransiek* argumentiert insoweit zur Annahme von Pflichten des Gremiumsmitglieds, die über das rechtmäßige Abstimmungsverhalten hinausgehen, wie folgt:

„*Nur wenn das Risiko klar auf der Hand liegt und damit sicher ist, dass nur* ***eine*** *Entscheidung rechtmäßig ist und die Verwirklichung eines Straftatbestandes vermeidet, kann vom Einzelnen verlangt werden, dass er die Allgemeininte-*

---

nehmensstrafrecht, S. 76f.; *derselbe* in ZGR 1999, 613, 647; *Tiedemann*, ZIP 2004, 2056, 2057; i.E. streitig, vgl. *Knauer*, S. 201 ff.

652 *Ransiek*, Unternehmensstrafrecht, S. 77.

653 Großkommentar AktG, *Kort*, § 77 Rn. 22; *Henn, Fordermann/Schäfer*, Kapitel 7 Rn. 160; Kölner Kommentar, *Mertens*, § 77 Rn. 38, § 93 Rn. 31 f.; MüKo AktG, *Spindler*, § 77 Rn. 30; *Müller-Gugenberger/Bieneck*, § 56 Rn. 33; *Ransiek*, Unternehmensstrafrecht, S. 74 ff; *derselbe* in ZGR 1999, S. 613, 646 ff.; *Vetter*, Der Betrieb 2004, 2623, 2625; einschränkend das LG Berlin, ZIP 2004, 73, 76, wonach eine Enthaltung auch nach gesellschaftsrechtlichen Gesichtspunkten ausreichend ist, wenn der sich Enthaltende seine Bedenken gegen den Beschlussgegenstand deutlich äußert.

654 S.o. Zweiter Teil, A. I. 3.

ressen gegen die Mehrheit der Geschäftsleitung stellt und Aufsichtsorgan oder Gesellschafter verständigt.“[655]

Er zieht insoweit eine Parallele zur verwaltungsrechtlichen Ermessensentscheidung und vertritt die Auffassung, dass eine solche über die Abstimmung hinausgehende Pflicht des überstimmten Gremiumsmitglieds besteht, wenn „*das Ermessen, insbesondere die Beurteilung der Gefahr, [...] sich auf Null reduziert [hat]*“[656].

Überträgt man diese Pflicht auf die Abstimmung selbst, so kann eine Enthaltung dann strafrechtlich relevant sein, wenn das **Ermessen des Gremiumsmitglieds auf Null reduziert** ist, weil der Beschluss offensichtlich rechtswidrig ist, und das Gremiumsmitglied dies zum Zeitpunkt der Abstimmung auch sicher erkannt hat. Die Abgabe einer Gegenstimme wäre dann die einzig richtige Art der Abstimmung gewesen.

Das Gremiumsmitglied kann sich in einem solchen Fall auch nicht darauf berufen, dass es auf seine Stimme gar nicht ankam und der rechtswidrige Beschluss auch bei Abgabe einer „Nein-Stimme“ zustande gekommen wäre. Insoweit sei auf den im Strafrecht vorherrschenden Grundsatz, dass ein Rechtsgut nicht deshalb schutzlos gestellt werden kann, weil es bereits „dem Untergang geweiht“ war, verwiesen.[657] Das Vorstandsmitglied muss alles in seiner Macht Stehende tun, um den evident rechtswidrigen Beschluss zu verhindern. Das ihm zur Zeitpunkt der Abstimmung allein zur Verfügung stehende Mittel ist die Abgabe der Gegenstimme.[658]

Die Strafbarkeit des Gremiumsmitglieds folgt insoweit den Grundsätzen der Strafbarkeit der für den (überbedingten) Mehrheitsbeschluss stimmenden Gremiumsmitglieder. Es sei insoweit auf den Ersten Teil dieser Arbeit verwiesen, insbesondere auf die Bejahung von Kausalität unter Anwendung der Formel von der alternativen Kausalität.

Ein solcher Rückverweis gilt dagegen nicht für die Begründung der Kausalität mit Hilfe Rechtsfigur der Mittäterschaft nach § 25 II StGB:

Es fehlt der für die Mittäterschaft erforderliche **gemeinsame Tatentschluss**, denn zwischen dem sich seiner Stimme enthaltenden und den zustimmenden Gremiumsmitglieder hat es keine „*kommunikativ bestätigte Willensübereinstimmung*“[659] gegeben. Die Voraussetzungen des § 25 II StGB sind dann nicht erfüllt.

---

655 *Ransiek*, ZGR 1999, 613, 648.

656 *Ransiek*, ZGR 1999, 613, 648.

657 S. o. Erster Teil, A. V. 5. a) iii).

658 Vor der Abstimmung ist das Gremiumsmitglied zudem verpflichtet auf die übrigen Gremiumsmitglieder einzuwirken, damit diese rechtmäßig abstimmen. Die Nichtwahrnehmung jener Pflicht führt aber meines Erachtens allein nicht zur Bejahung einer Strafbarkeit.

659 *Seher*, JuS 2009, 304, 305.

Wie im Rahmen der Prüfung eines gemeinsamen Tatentschlusses der mit „Ja" stimmenden Gremiumsmitglieder bereits dargelegt wurde[660], muss jeder Mittäter Kenntnis vom Tatbeitrag des anderen haben, und im Sinne eines zumindest konkludent gefassten gemeinsamen Entschlusses seine eigene Tätigkeit durch die Handlung des anderen ergänzen lassen wollen[661]. Daran fehlt es bei dem sich seiner Stimme Enthaltenden, denn er möchte sich den rechtswidrigen Beschluss befürwortenden Gremiumsmitgliedern nicht anschließen. Dies gilt jedenfalls im für den Fall der geheimen Abstimmung. Eine andere Beurteilung der Stimmenhaltung kann dann in Betracht kommen, wenn der sich Enthaltende weiß wie die anderen Gremiumsmitglieder abgestimmt haben (bzw. abstimmen werden): Dann könne – so *Dencker* – sich niemand von seinem eindeutig dieses Ergebnis fördernden Teilnahmeakt dadurch distanzieren, dass er sich auf seine Deutung berufe, *„nur für das Verfahren optiert"* zu haben.[662]

2. Herstellen der Beschlussfähigkeit

Wie im Falle der Kollusion kommt eine Strafbarkeit zudem in den Fallkonstellationen in Betracht, in denen der sich Enthaltende die Beschlussfähigkeit des Gremiums herstellt und subjektiv die offensichtliche Rechtswidrigkeit des Beschlusses erkennt. Diese Auffassung vertritt *Dencker*[663] und argumentiert dazu wie folgt:

Wenn der sich seiner Stimme Enthaltende nach den jeweiligen Abstimmungsregeln die Beschlussfähigkeit erst hergestellt habe ***und*** *subjektiv alle maßgeblichen tatsächlichen und rechtlichen Umstände kenne*

– etwa bei einer offenen Abstimmung –

und gleichwohl nicht auf die Stimmenthaltung verzichte, ergebe es keinen Sinn, „ihn aus der Verantwortung zu entlassen, die er trägt, weil er einen notwendigen Teilsachverhalt eines kriminellen Gesamtsachverhalts verwirklicht".

Diese Auffassung ist auch zutreffend. Dem Abstimmungsverhalten des sich enthaltenden Gremiumsmitglieds ist in diesen Fällen der neutrale Charakter genommen:

Anders als im Fall der Kollusion wollen die Gremiumsmitglieder hier zwar nicht zusammenwirken, um einen rechtswidrigen Beschluss zu erlassen. Der sich

660 S.o. Erster Teil, A. V. 6. d) i).

661 S.o. Fn. 376; vgl. zudem *Erb*, NStZ 2009, 189, 192 f.

662 *Dencker*, S. 187 f.; Vgl. dazu Zweiter Teil, VII zu Beispielen für Fallkonstellationen, in denen der sich Enthaltende sich einer Strafbarkeit nicht mit dem Argument entziehen kann, er habe nur für das Verfahren optiert.

663 in *Amelung*, Individuelle Verantwortung, S. 63, 70.

seiner Stimme Enthaltende handelt insoweit „unabhängig" von den übrigen Gremiumsmitgliedern.

Eine Strafbarkeit des sich Enthaltenden kommt aber deswegen in Betracht, weil er die offensichtliche Rechtswidrigkeit des Beschlusses erkennt und aufgrund der dem Beschluss vorhergegangenen Äußerungen der übrigen Gremiumsmitglieder, oder weil er bei einer offenen Abstimmung als letzter aufgerufen wurde, weiß, dass die übrigen Mitglieder des Kollegialorgans für den rechtswidrigen Beschluss stimmen. Durch seine Teilnahme an der Abstimmung wird die Beschlussfähigkeit des Gremiums erst hergestellt.

Erkennt das sich seiner Stimme enthaltende Gremiumsmitglied dies, und nimmt es dennoch an der Abstimmung teil, so kommt eine Strafbarkeit in Betracht.

In diesem Fall genügt möglicherweise selbst die Abgabe einer Gegenstimme nicht. Denn das einzig geeignete Mittel, den rechtswidrigen Beschluss zum Abstimmungszeitpunkt zu verhindern, wäre hier, die **Beschlussfähigkeit** des Gremiums aufzuheben.[664] Letztlich liegt hier eine Grenzkonstellation vor, in der ganz ausnahmsweise die Teilnahme an der Abstimmung an sich bereits Anknüpfungsunkt für die Strafbarkeit sein könnte.[665]

Indes ginge es dann um eine Strafbarkeit durch Unterlassen, weil der Schwerpunkt des Vorwurfs lauten würde, die Abstimmung nicht durch Herbeiführung der Beschlussunfähigkeit verhindert zu haben. Mit anderen Worten: Wo in Extremfällen **jedes** Abstimmungsverhalten

– die Zustimmung zu dem fraglichen rechtswidrigen Beschluss, die Enthaltung und **selbst die Gegenstimme** –

rechtswidrig wäre, geht es nach dem sozialen Sinn des Geschehens nicht um das Abstimmungsverhalten, sondern um die Verletzung sonstiger Pflichten (Handlungspflichten) wie Herbeiführung der Beschlussunfähigkeit, also um Unterlassen. Die vorliegende Dissertation ist aber auf Begehungsdelikte (Strafbarkeit durch aktives Tun) beschränkt.

Die Herbeiführung der Beschlussfähigkeit kann nicht hinweggedacht werden, ohne dass der Erfolg in seiner konkreten Gestalt entfiele.[666] Folglich ist Kausalität nach der im Rahmen dieser Untersuchung favorisierten **Äquivalenztheorie** gegeben.

Ein zusätzliches Rekurieren auf kausalitätsbegründende Mittäterschaft (oben, VIII.) entfällt hier dagegen mangels Kollusion.

---

664 A.A. *Vogel/Hocke*, JZ 2006, 568, 569, wonach die Abgabe einer Nein-Stimme die Strafbarkeit bereits entfallen lassen soll. Dies ist unzutreffend, vgl. auch unten Dritter Teil, A. VIII. 1.

665 Wie oben festgestellt (s.o. Zweiter Teil, A. VII. 4.), ist das Herstellen der Beschlussfähigkeit grundsätzlich kein geeigneter Anknüpfungspunkt für die Strafbarkeit.

666 S.o. Zweiter Teil, A. VII. 1.

3. Die Zurechenbarkeit des eingetretenen Verletzungserfolges

Ebenso wie im Fall der Kollusion[667] hat das sich seiner Stimme enthaltende Vorstandsmitglied in beiden oben (Zweiter Teil, A. IX. vor 1.) geschilderten Fallkonstellationen durch sein Verhalten eine rechtlich verbotene Gefahr geschaffen; diese Gefahr hat sich im Körperverletzungserfolg bei den Produktanwendern verwirklicht:

In der vorstehend erörterten Fallvariante, in der die Enthaltung **nicht** zur Herstellung der Beschlussfähigkeit geführt hat (s.o. Punkt 1.), ist die objektive Zurechenbarkeit dadurch gegeben, dass sich das rechtswidrige Abstimmungsverhalten – rechtswidrig deshalb, weil aufgrund der Ermessenreduzierung auf Null allein die Abgabe einer Gegenstimme ein rechtmäßiges Verhalten gewesen wäre – als Teil des Mehrheitsbeschlusses im Taterfolg verwirklicht hat.[668] Das sich seiner Stimme enthaltende Gremiumsmitglied hat die Gefahr des Erfolgseintritts herbeigeführt (oder zumindest erhöht).

In der zweiten Alternative, d.h. im Fall der Herstellung der Beschlussfähigkeit und vorsätzlichen Herbeiführung des rechtswidrigen Beschlusses (s.o. Punkt 2.), stellt die Stimmenthaltung eine gefährliche Handlung im Sinne einer Erfolgsgefahr dar, da sie die Grundlage für das Zustandekommen der Beschlussfähigkeit bildet und damit den rechtswidrigen Beschluss erst ermöglicht hat. Hier ist die objektive Zurechenbarkeit der Handlung erst recht zu bejahen.

Der sich Enthaltende hat durch seine ursächliche Handlung entgegen der dem Schutz des betreffenden Rechtsgutes dienenden Verhaltensnorm und damit verbotswidrig ein entsprechendes Erfolgsrisiko geschaffen, und gerade diese rechtlich verbotene Gefahr hat sich in dem konkret eingetretenen tatbestandlichen Erfolg verwirklicht.

Der Einwand der gesellschaftsrechtlichen Pflicht zur Sitzungsteilnahme[669] greift hier nicht durch, da das Abstimmungsverhalten **Enthaltung** im Fall eines schweren und evidenten Rechtsbruchs nicht mehr als neutral zu werten ist.

4. Der subjektive Tatbestand

Darüber hinaus müssten die Voraussetzungen des subjektiven Tatbestands erfüllt sein.

Zunächst müsste das fragliche Gremiumsmitglied **wissentlich** hinsichtlich der Tatbestandsverwirklichung gehandelt haben. Bei einem schweren und evidenten

667 S.o. Zweiter Teil A. VIII. 2. b).

668 Vgl. hierzu die Ausführungen oben Erster Teil, A. VI. 1.

669 S.o. Zweiter Teil, A. VII. 2. e).

Rechtsbruch weiß der sich seiner Stimme Enthaltende auch um alle Umstände, die zur Tatbestandsverwirklichung führen, d.h. dass der Beschluss, sollte er zustande kommen, zur Verwirklichung eines Straftatbestandes führt. In der Zweiten Fallkonstellation (s.o. Punkt 2.) war dem Vorstandmitglied zudem bewusst, dass es mit seiner Teilnahme an der Sitzung die Beschlussfähigkeit hergestellte. Sofern dem sich seiner Stimme enthaltenden Gremiumsmitglied bei seiner Stimmabgabe auch bekannt war, dass die übrigen Gremiumsmitglieder **für** den rechtswidrigen Beschluss gestimmt, oder sich darauf verständigt hatten, und dieser Beschluss

– unabhängig von seinem eigenen Abstimmungsverhalten –

mit seiner Teilnahme an der Beschlussfassung wirksam würde, so war das Wissenselement des Vorsatzes erfüllt.

Hat das sich das seiner Stimme enthaltende Vorstandsmitglied zudem mit dem Erfolg abgefunden[670], oder war ihm der Eintritt des tatbestandlichen Erfolges gleichgültig[671], so ist auch das **Wollenselement** des Vorsatzes gegeben. In diesen Fällen ist von Vorsatz in Form von *dolus eventualis* auszugehen.

5. Ergebnis

Es bleibt somit festzuhalten, dass im Falle eines schweren und evidenten Rechtsbruchs eine Strafbarkeit des sich seiner Stimme enthaltenden Gremiumsmitglieds in Betracht kommt.

Darüber hinaus mag im Falle eines so gravierenden Rechtsbruchs eine Strafbarkeit des Gremiumsmitglieds wegen Unterlassens anzunehmen sein, und zwar dann, wenn das Gremiumsmitglied nicht weitere Schritte unternimmt, um den Verletzungserfolg zu verhindern:[672]

X. Weitergehende Pflichten des überstimmten Gremiumsmitglieds

Die Frage, ob ausnahmsweise weitergehende Pflichten des sich enthaltenden Gremiumsmitglieds bestehen, kann an dieser Stelle allerdings nicht näher behandelt werden, zumal es grundsätzlich bei der Verletzung solcher Pflichten um Strafbarkeit durch **Unterlassen** gehen wird

– sie ist aber nicht Gegenstand der vorliegenden Dissertation.

Daher soll es hier mit einigen wenigen Hinweisen sein Bewenden haben:

670 BGHSt 7, 363, 369 f.; 36, 1, 9, 10; BGH NStZ 1994, 483, 484, 584; 1999, 507, 508; *Jescheck/Weigend*, § 29 III 3 a) (m.w.N.); *Kühl*, AT, § 5 Rn. 85; *Wessels/Beulke*, AT Rn. 214.

671 BGHSt 40, 304, 306; *Schönke/Schröder-Sternberg-Lieben*, § 15 Rn. 82, 84; *Stratenwerth/Kuhlen*, AT, § 8 Rn. 118; *Fischer*, StGB § 15 Rn. 9 b.

672 *Achenbach/Ransiek*, HWSt, Teil II, Rn. 42 m.w.N.

Im Gesellschaftsrecht gilt beim Mehrheitsprinzip der Grundsatz, dass die überstimmten Mitglieder des Vorstands an den mit Stimmmehrheit ordnungsgemäß zustande gekommenen und inhaltlich rechtmäßigen Beschluss gebunden und, sofern es sich hierbei um einen ausführungsbedürftigen Beschluss handelt, verpflichtet sind, an der Durchführung des Beschlusses loyal mitzuwirken. Das folgt aus dem aktienrechtlichen Kollegialprinzip und der damit verbundenen Plicht zu kollegialer Zusammenarbeit.[673] Etwas anderes gilt bei **rechtswidrigen** Beschlüssen: Handelt es sich um einen rechtswidrigen, die Interessen der Gesellschaft schädigenden Beschluss, so braucht sich das Mitglied an dessen Durchführung nicht zu beteiligen.[674]

Darüber hinausgehende Maßnahmen können dann geboten sein, wenn „*die Mehrheit mit Kenntnis oder grob fahrlässig in Bezug auf strafrechtlich relevante Folgen eine Maßnahme beschließt, und der Überstimmte dies erkennt oder befürchtet*"[675]. In solchen Fällen kann von einem überstimmten Gremiumsmitglied verlangt werden, dass er die Allgemeininteressen gegen die Mehrheit der Geschäftsleitung stellt und betriebsinterne Maßnahmen ergreift, d.h. beispielsweise das Aufsichtsorgan oder Gesellschafter verständigt.[676]

Als Maßnahmen, die dem überstimmten Vorstandsmitglied zur Verfügung stehen, kommen gesellschaftsinterne und gesellschaftsexterne in Frage:[677]

Zu den **gesellschaftsinternen Handlungsmöglichkeiten** gehören die Gegenvorstellung bei den Vorstandskollegen, d.h. das nachdrückliche Äußern der Bedenken gegen den gefassten Beschluss im Wege der Remonstration,[678] und die Verpflichtung, den Aufsichtsrat zu informieren, sollte das Intervenieren auf Vorstandsebene erfolglos geblieben sein.[679]

Diese beiden Handlungsmöglichkeiten sind dem Vorstandsmitglied in jedem Fall zumutbar. Ob es eine drüber hinausgehende Verpflichtung des Vorstands-

673 *Fleischer* BB 2004, 2645, 2648; Großkommentar AktG, *Kort*, § 77 Rn. 22; MüKo, *Spindler*, § 77 Rn. 30.

674 MüKo AktG, *Spindler*, § 77 Rn. 30.

675 *Ransiek*, ZGR 1999, 613, 647.

676 Großkommentar AktG, *Kort*, § 77 Rn. 22; MüKo AktG, *Spindler*, § 77 Rn. 30; *Müller-Gugenberger/Bieneck*, *Schmid*, § 56, Rn 33 *Ransiek* in Unternehmensstrafrecht, S. 75; *derselbe* in ZGR 1999, 613, 647; *Tiedemann*, Wirtschaftsstrafrecht, Rn. 186.

677 Vgl. die von *Fleischer* erstellte Übersicht über die verschiedenen Maßnahmen in BB 2004, 2645, 2649 f.

678 Vgl. Kölner Kommentar, *Mertens*, § 77 Rn. 38; MüKo AktG, *Spindler*, § 77 Rn. 30; nach *Jakobs* in Miyazawa-FS, 419, 432 ist es dabei aus strafrechtlicher Sicht irrelevant, ob dies in gesellschaftsrechtlich korrekter Form erfolgt oder nicht, maßgeblich ist, dass sie überhaupt erfolgt.

679 MüKo AktG, *Spindler*, § 77 Rn. 30; sowie aus strafrechtlicher Sicht BGHSt 9, 203, 216; 37, 106, 131; *Achenbach/Ransiek*, HWSt, Teil II, Rn. 42; *Tiedemann*, Wirtschaftsstrafrecht, Rn. 186.

mitglieds gibt, sein Amt niederzulegen, oder zumindest mit einer solchen Amtsniederlegung zu drohen, ist streitig, wird aber soweit ersichtlich überwiegend abgelehnt.[680]

Notfalls könnte das überstimmte Gremiumsmitglied sogar dazu verpflichtet sein, **gesellschaftsexterne Maßnahmen** zu ergreifen. Hierzu gehören beispielsweise die Information der zuständigen Behörden oder, soweit rechtlich möglich, die Beschreitung des Rechtsweges gegen den rechtwidrigen Beschluss. Nach dem gesellschaftsrechtlichen Verhältnismäßigkeitsgrundsatz muss das Vorstandsmitglied von den ihm zur Verfügung stehenden Mitteln das für die Gesellschaft schonendste wählen.[681] In der gesellschaftsrechtlichen Literatur wird daher die Pflicht zur Ergreifung von gesellschaftsexternen Maßnahmen grundsätzlich abgelehnt.[682] Lediglich in Ausnahmefällen, in denen dem Beschluss strafrechtliche Relevanz zukommt, kann eine solche Verpflichtung bestehen.[683]

Strafrechtliche Folgen lassen sich an den Verstoß gegen die vorgenannten Pflichten nur in Ausnahmefällen knüpfen.[684]

Nach Auffassung von *Ransiek*[685] ist ein solcher Ausnahmefall dann gegeben, *wenn sich „das Ermessen, insbesondere die Beurteilung der Gefahr, auf Null reduziert*" habe, etwa in evident kriminellen Fällen.

Ransiek weist insoweit auf eine Präzisierung hin, die auch der BGH im Lederspray-Urteil[686] andeutet: *„Je höher das bedrohte Rechtsgut zu bewerten ist, desto eher wird man weitergehende Pflichten des einzelnen überstimmten Gremiumsmitglieder annehmen können, da dann das Verhalten des Sonderpflichtigen ohnehin in die Nähe der allgemeinen Pflichten nach § 138 StGB rückt*".[687]

Ransiek[688] mag darin zuzustimmen sein, dass eine gewisse Orientierung an § 138 StGB sachgerecht sein könnte. Diese Frage kann hier aber nicht verfolgt werden, weil die Problematik weitergehender Handlungspflichten über das Abstimmungsverhalten hinaus nicht Gegenstand dieser Arbeit ist.

Die vorstehenden kursorischen Hinweise sollten lediglich verdeutlichen, dass die Strafbarkeit überstimmter Vorstandsmitglieder nicht notwendig auf ihr Abstimmungsverhalten beschränkt sein muss.

---

680 *Fleischer*, BB 2004, 2645, 2649; Kölner Kommentar, *Mertens*, § 77 Rn. 38.

681 *Fleischer*, BB 2004, 2645, 2650 m.w.N.

682 *Achenbach/Ransiek*, HWSt, Teil II, Rn. 42; Kölner Kommentar, *Mertens*, § 77 Rn. 38; MüKo AktG, *Spindler*, § 77 Rn. 30.

683 *Achenbach/Ransiek*, HWSt, Teil II, Rn. 42; *Goll/Winkelbauer* in *Graf v. Westphalen*, § 48, Rn. 30; Kölner Kommentar, *Mertens*, § 77 Rn. 38; *Tiedemann*, Wirtschaftsstrafrecht, Rn. 186.

684 Meist wird es sich hierbei um eine Strafbarkeit wegen Unterlassens handeln.

685 in ZGR 1999, 613, 648; *derselbe* in Unternehmensstrafrecht, S. 76.

686 BGHSt 37, 106, 122.

687 in Unternehmensstrafrecht, S. 77.

688 *Ransiek*, Unternehmensstrafrecht, S. 77.

B. Ergebnis zur Strafbarkeit des sich enthaltenden Vorstandsmitglieds

Es bleibt somit festzuhalten, dass ein Vorstandsmitglied, das sich im Rahmen der Beschlussfassung, deren Ergebnis ein rechtswidriger Beschluss ist, seiner Stimme enthält, grundsätzlich keine Strafbarkeit trifft. Der eingetretene Verletzungserfolg ist ihm nicht zurechenbar und es fehlt die Erfüllung des subjektiven Tatbestandes.

Eine Strafbarkeit des sich seiner Stimme enthaltenden Gremiumsmitglieds kommt grundsätzlich auch nicht in Betracht, wenn es durch seine Teilnahme an der Abstimmung die Beschlussfähigkeit des Gremiums erst herbeigeführt hat. Zwar kann in diesem Fall die Kausalität des sich Enthaltenden für den rechtswidrigen Beschluss nicht bestritten werden. Jedoch fehlt es auch hier (in der Regel) an der objektiven Zurechenbarkeit des Erfolgs und am Vorsatz.

Es bedarf allerdings einer Einschränkung dieses Grundsatzes für die Fälle, in denen das sich enthaltende Gremiumsmitglied die Beschlussfähigkeit des Gremiums herstellt **und** kollusiv mit den für den Beschluss Votierenden zusammenwirkt. In solchen Sachverhaltskonstellationen führt die Stimmenthaltung ausnahmsweise zur Strafbarkeit des Gremiumsmitglieds.

Zudem kann ganz ausnahmsweise im Fall des schweren und evidenten Rechtsbruchs eine Strafbarkeit des sich seiner Stimme enthaltenden Mitglieds eines Kollegialorgans auch bei fehlender Kollusion in Betracht kommen, namentlich bei Enthaltung statt Gegenstimme.[689]

689 Zur ausnahmsweise bestehenden Verpflichtung, statt einer Enthaltung eine Gegenstimme abzugeben, siehe bereits oben im Text Zweiter Teil, A. IX. 1. und 2.

Dritter Teil: Strafbarkeit trotz Abgabe einer Gegenstimme

A. Strafbarkeit wegen vorsätzlichen Begehungsdelikts

Im Anschluss an die Untersuchung der Strafbarkeit wegen Stimmenthaltung stellt sich nunmehr die Frage nach der Strafbarkeit des Gremiumsmitglieds, dass gegen den Beschluss gestimmt hat (s.o. Ausgangsfall S. 14 f.). Ist das Vorstandsmitglied, welches sich ausdrücklich, durch Abgabe einer „Nein-Stimme", gegen den rechtswidrigen Mehrheitsbeschluss ausgesprochen hat, dennoch strafbar?

I. Generelle Strafbarkeit trotz dissentierender Mitwirkung?

Zunächst soll festgestellt werden, ob die Gegenstimme im Grundsatz als strafbares oder grundsätzlich als straffreies Verhalten einzuordnen ist.

Höchstrichterlich wurde über die Frage der Strafbarkeit der Gegenstimme bei Gremienentscheidungen soweit ersichtlich noch nicht entschieden. Auch im Mannesmann-Urteil hat der BGH zu dieser Frage nicht Stellung genommen.[690]

Nach einem älteren Urteil des OLG Stuttgart[691] entfällt die strafrechtliche Verantwortlichkeit für einen rechtswidrigen Beschluss allerdings selbst dann nicht, wenn das Gremiumsmitglied **gegen** die geplante Maßnahme stimmt.

Wie bereits im Rahmen der Untersuchung der Strafbarkeit der Stimmenthaltung dargelegt wurde, ist diese Entscheidung abzulehnen. Zum einen verkennt sie, dass es im deutschen Strafrecht keine Kollektivschuld gibt, zum anderen ignoriert sie, dass die Teilnahme an einer Vorstandssitzung eine gesellschaftsrechtliche Pflicht ist und daher nicht *per se* zu einer Strafbarkeit der Vorstandmitglieder führen kann.[692]

690 in wistra 2006, 137 ff.

691 OLG Stuttgart, JZ 1980, 774, 775. Das Gericht begründet die Strafbarkeit der Gegenstimme damit, dass „*es dem Wesen der Kollektiventscheidung widersprechen [würde], wenn man sich der [...] übernommenen Verantwortung durch schlichtes Dagegenstimmen entziehen könnte. Daher [erwachse] bereits aus der Teilnahme an der Kollektiventscheidung und der damit verbundenen Unterwerfung unter die Mehrheitsentscheidung die Mitverantwortlichkeit für den Entscheid*".

692 S.o. Zweiter Teil, A. I. 3.

Die h.M. in Rechtsprechung und Literatur vertritt die Auffassung, das Gremiumsmitglied, welches **gegen** einen rechtswidrigen Beschluss stimme, sei grundsätzlich nicht strafbar.[693]

Auch *Neudecker*[694] und *Schmid*[695], die sich für eine Strafbarkeit des sich enthaltenden Gremiumsmitglieds aussprechen, vertreten die Auffassung, dass die Abgabe einer Gegenstimme nicht zur Strafbarkeit des Abstimmenden führt. Der den rechtswidrigen Beschluss Ablehnende stimme nicht gegen die Rechtsordnung. Er tue das Seine, um die Rechtsgutsverletzung zu vermeiden.

Der h.M. ist zuzustimmen. Derjenige, der gegen einen rechtswidrigen Beschluss stimmt, bringt damit zum Ausdruck, dass er die für den Beschluss stimmende Mehrheit gerade **nicht** unterstützen will. Kann sich bereits der sich seiner Stimme Enthaltende grundsätzlich darauf berufen, dass er nur für das Verfahren optiere, nicht aber für das Ergebnis (d.h. den rechtswidrigen Beschluss),[696] so muss dies erst recht für dasjenige Vorstandsmitglied gelten, dass gegen den rechtswidrigen Beschluss stimmt.[697] Anders als die Enthaltung ist die „Nein-Stimme" zudem geeignet den rechtswidrigen Beschluss zu verhindern, vorausgesetzt natürlich, dass eine ausreichende Zahl der übrigen Gremiumsmitglieder ebenfalls gegen den Beschluss stimmt.

Durch die Abgabe einer „Nein-Stimme" hat das Gremiumsmitglied auch seiner nach Gesellschaftsrecht bestehenden Verpflichtung Genüge getan: Vorstandsmitglieder müssen danach gegen einen rechtswidrigen Beschluss stimmen.[698]

---

693 *Achenbach/Ransiek*, HWSt, Teil II, Rn. 41; *Bock*, Produktkriminalität, S. 83; *Dencker*, S. 186; *derselbe* in Amelung, Individuelle Verantwortung, S. 68 f.; *Franke*, JZ 1982, 579, 582 f.; *Goll/Winkelbauer* in *Graf v. Westphalen*, § 48, Rn. 29; *Graf/Jäger/Wittig-Merz*, Vor §§ 13 ff., Rn. 21, 133 ff.; *Jakobs* in Miyazawa-FS, 419, 429 f.; *Knauer*, S. 203 ff.; Müko StGB, *Joecks*, § 25 Rn. 251; *Ransiek*, Unternehmensstrafrecht, S. 74 ff; *derselbe* in NJW 2006, 814, 816; *derselbe* in ZGR 1999, 613, 647; *Röh*, S. 154 f.; *Schönke/Schröder-Sternberg/Lieben*, § 15 Rn. 223 b; *Schumann*, StV 1994, 106, 110; *Vetter*, Der Betrieb, 2004, 2623, 2625; *Vogel/Hocke*, JZ 2006, 568, 569; *Wabnitz/Janovsky-Raum*, Kapitel 4 A, Rn. 31; *Weißer*, S. 175, 183 f.

694 S. 208, 245.

695 in *Müller-Gugenberger/Bieneck*, § 56 Rn. 33.

696 S.o. Zweiter Teil, A. I. 3.

697 *Jakobs* in Miyazawa-FS, 419, 429 f.

698 Großkommentar AktG, *Kort*, § 77 Rn. 22; *Henn, Frodermann/Schäfer*, Kapitel 7 Rn. 160; *Hohmann*, Neue Justiz 2007, 5, 9; Kölner Kommentar, *Mertens*, § 77 Rn. 38, § 93 Rn. 31 f.; MüKo AktG, *Spindler*, § 77 Rn. 30; *Müller-Gugenberger/Bieneck*, § 56 Rn. 33; *Ransiek*, Unternehmensstrafrecht, S. 74 ff; *derselbe* in NJW 2006, 814, 816; *derselbe* in ZGR 1999, S. 613, 646 ff.; *Vetter*, Der Betrieb 2004, 2623, 2625.
Allerdings bleiben auch die gegen den Beschluss stimmenden Vorstandsmitglieder unter Umständen verpflichtet, die Ausführung der (offensichtlich) rechtswidrigen Geschäftsführungsmaßnahme zu verhindern (s.o. Zweiter Teil, A. X.).

In der Regel ist das gegen einen rechtswidrigen Beschluss stimmende Gremiumsmitglied folglich nicht strafbar.

II. Qualifizierung der Gegenstimme als Tun oder Unterlassen?

Der im Ausgangsfall (s.o. S. 14 f.) beschriebene Beschluss ist nicht ausführungsbedürftig; daher ist die Stimmabgabe als solche Anknüpfungspunkt für eine etwaige Strafbarkeit.[699]

1. Organisationsbezogene Betrachtungsweise des BGH

Wie bereits für die Einordnung von „Ja-Stimme"[700] und Enthaltung[701] festgestellt, ist die Abstimmung der Gremiumsmitglieder nach der organisationsbezogenen Betrachtungsweise des BGH als aktives Tun zu qualifizieren. Danach ist die Schwerpunkttheorie auf das „Verhalten" der AG, vertreten durch den Vorstand, anzuwenden. Wie bereits erörtert, liegt im Ausgangsfall der Schwerpunkt bei normativer Betrachtung auf einem Tun, denn nach der Sondersitzung war die Produktgefährlichkeit dem Vorstand bekannt. Der Beschluss über die Weiterproduktion und den weiteren Vertrieb des Produktes ist danach als aktives Tun zu qualifizieren. Dieses ist den einzelnen Gremiumsmitgliedern nach der organisationsbezogenen Betrachtungsweise des BGH unabhängig von ihrem konkreten Abstimmungsverhalten zuzurechnen.

Demnach ist die Abgabe der Gegenstimme als aktives Tun einzuordnen.

2. Die Schwerpunkttheorie

Es stellt sich die Frage, ob die direkte Anwendung der Schwerpunkttheorie auf das Verhalten des gegen den Beschluss stimmenden Gremiumsmitglieds zum gleichen Ergebnis führt.

In der Literatur wird zum Teil geltend gemacht, die Gegenstimme, ebenso wie die Enthaltung, sei generell als Unterlassen zu qualifizieren.[702]

So meint etwa *Dannecker,*[703] dass sich bei dem rechtswidrigen Beschluss, der gegen die Stimme eines Gremiumsmitglieds gefasst wurde, *„für dieses Mitglied Probleme hinsichtlich einer Garantenstellung sowie einer Begrenzung der*

699 Vgl. hierzu Erster Teil, A.

700 S.o. Erster Teil, A. I. 8.

701 S.o. Zweiter Teil, A. II. 3.

702 *Wabnitz/Janowsky, Dannecker*, Kapitel 1 C, Rn. 33; *Tiedemann*, ZIP 2004, 2056, 2058.

703 in *Wabnitz/Janovsky*, Kapitel 1 C, Rn. 30, 33.

etwaigen Garantenpflicht ergäben". Offenbar geht *Dannecker* davon aus, dass der gegen den rechtswidrigen Beschluss Stimmende grundsätzlich nur wegen **Unterlassens** strafbar sein könnte.

Wie bereits dargelegt wurde[704] ist die Einordnung des Abstimmungsverhaltens als aktives Tun oder Unterlassen von den Umständen des Einzelfalls abhängig. Die Tatsache, dass das Gremiumsmitglied im Ausgangsfall (s.o. S. 14f.) in Kenntnis der Produktgefährlichkeit aktiv von seinem Stimmrecht Gebrauch macht, indem es gegen den Beschluss stimmt, spricht für ein aktives Tun, denn der Schwerpunkt der Vorwerfbarkeit liegt hier auf einem Tun. Eine Strafbarkeit wegen Unterlassens kommt insoweit nur in Betracht, wenn man verlangt, dass das überstimmte Gremiumsmitglied über die Abstimmung hinaus eine Pflicht zur Verhinderung der Beschlussumsetzung hat.[705] Hierauf soll im Rahmen der vorliegenden Arbeit jedoch nicht näher eingegangen werden.

3. Resümee

Unter Anwendung der im Rahmen dieser Arbeit favorisierten organisationsbezogenen Betrachtungsweise des BGH, wird die Abgabe der Gegenstimme für die weitere Untersuchung als aktives Tun qualifiziert.

III. Kausalität der Gegenstimme für den Verletzungserfolg

Nachfolgend ist zu zeigen, dass die Gegenstimme nicht kausal für den eingetretenen Verletzungserfolg ist:

1. Im Rahmen der Untersuchung abgelehnte Ansätze

Nach der **Theorie von der gesetzmäßigen Bedingung** hängt die Bejahung der Kausalität, wie bereits dargelegt[706], von der Beschreibung des eingetretenen Erfolges ab. Wird der Verletzungserfolg als auf einem Beschluss beruhend beschrieben, der mit fünf „Ja-Stimmen" bei einer Enthaltung und einer Gegenstimme zustande kam, so ist die Gegenstimme kausal im Sinne jener Theorie.[707]

---

704 S.o. Zweiter Teil, A. II. 2. c).

705 Vgl. *Tiedemann*, Wirtschaftsstrafrecht, Rn. 186.

706 Vgl. Argumentation oben Erster Teil, A. V. 2. im Hinblick auf die „Ja-Stimmen" und Zweiter Teil, A. III. 1. b) für die Enthaltung.

707 *Schünemann*, BGH-FS, 621, 633; Danach *„stehe es nach der Lehre von der gesetzmäßigen Bedingung außer Frage, dass bei einer einstimmig getroffene Entscheidung, das Produkt weiter zu vertreiben, jede Stimmabgabe für den weiteren Vertrieb ursächlich geworden sei –*

Wird allerdings danach gefragt, ob das ablehnende Votum im Ausgangsfall (s.o. S. 14f.) eine kausale Wirkung innerhalb der Gesamtursache entfaltet, mit anderen Worten, ob zwischen dem Verhalten des Einzelnen und dem Verletzungserfolg ein **naturgesetzlicher Zusammenhang** besteht, so ist ein positives Kausalurteil nicht möglich:

Das betreffende Vorstandsmitglied gehört der überstimmten Minderheit an und daher fehlt seiner Stimme der notwendige „Erfolgs-Unwert". Sein Beitrag kann „*nicht als Bestandteil der Gesamtursache im Verletzungserfolg kausal werden und ein Verursachungsbeitrag im Rahmen der Entscheidungsfindung somit nicht festgestellt werden*"[708]. Die Abgabe der Gegenstimme ist vielmehr kontraproduktiv für den Erfolgseintritt.

Die Theorie von der gesetzmäßigen Bedingung ist daher auch bei der Prüfung der Kausalität zwischen dem Abstimmungsverhalten des mit „Nein" stimmenden Vorstandsmitgliedes und dem Verletzungserfolg nicht geeignet, jene Kausalität zu begründen.

Puppe's **Abwandlung der Lehre von der gesetzmäßigen Bedingung**[709] führt ebenfalls nicht zur Feststellung der Kausalität der Gegenstimme für den eingetretenen Verletzungserfolg. Die Gegenstimme ist in aller Regel keine „zureichende Mindestbedingung" für den Erfolg, denn sie ist nicht geeignet diesen herbeizuführen. Streicht man die Gegenstimme aus der „kausalen Erklärung des Erfolgs"[710] so bleibt diese schlüssig. Daher ist die Gegenstimme nicht kausal für den eingetretenen Verletzungserfolg.

Schließlich gelangt man bei Anwendung die Formel von der **kumulativen Kausalität** ebenfalls zu keinem positiven Kausalurteil. Dieser Formel zufolge müsste der Erfolg durch die Kumulation von jeweils allein nicht ausreichenden Handlungen herbeigeführt worden sein. Der Gegenstimme fehlt, ebenso wie der Stimmenthaltung, die generelle Geeignetheit, den Erfolg herbeizuführen. Im Gegenteil, die Gegenstimme ist in der Regel weder notwendig noch auch nur nützlich, um diesen in Verbindung mit den übrigen rechtswidrigen Stimmen zu verursachen.

---

was übrigens sogar für die Gegenstimme gelten würde, weil auch diese Teil des für den Weitervertrieb ursächlichen Abstimmungsprozesses gewesen wäre".

708 So auch *Weisser*, S. 173, zur Anwendung der von ihr favorisierten Lehre von der gesetzmäßigen Bedingung auf den Fall des gegen eine rechtswidrige Entscheidung Stimmenden, überstimmten Gremiumsmitgliedes.

709 Vgl. Erster Teil, A. V. 3.

710 *Puppe*, GA 2004, 129, 138f.

2. Äquivalenztheorie und alternative Kausalität

Die **Äquivalenztheorie** vermag in einer Sachverhaltskonstellation wie der vorliegenden zu keinem positiven Kausalurteil führen: Die Gegenstimme kann ohne weiteres hinweggedacht werden, ohne dass der Erfolg in seiner konkreten Gestalt, nämlich die auf dem rechtswidrigen Mehrheitsbeschluss beruhende Körperverletzung beim Endverbraucher des gesundheitsschädigenden Produktes, entfiele.

Auch mit der im Rahmen der vorliegenden Arbeit für die Feststellung der Kausalität bei überbedingten Erfolgen favorisierten Formel von der **alternativen Kausalität** lässt sich die Kausalität der Gegenstimme nicht begründen. Nach jener Formel ist von mehreren Bedingungen, die zwar alternativ, nicht aber kumulativ hinweggedacht werden können, ohne dass der Erfolg entfiele, jede erfolgsursächlich.[711] An einer solchen Konstellation fehlt es hier aber völlig: Die Stimmen **für** den Beschluss kann man selbstverständlich nicht hinwegdenken, ohne dass der Erfolg entfiele, die Gegenstimmen selbstredend ohne weiteres.

3. Kausalitätsbegründung durch mittäterschaftliche Zurechnung

Auch der Rückgriff auf die Rechtsfigur der Mittäterschaft nach § 25 II StGB führt nicht zur Bejahung der Kausalität der Gegenstimme:

a) Gemeinsamer Tatentschluss

Zum einen liegt kein gemeinsamer Tatentschluss vor. Die Gegenstimme bedeutet ja gerade keine Zustimmung zu dem fraglichen Beschluss: Wer gegen den Beschluss stimmt, gehört nicht zu dem Kreis derer, die den Beschluss tragen. Es fehlt der *„auf die Tatausführung gerichtete übereinstimmende Wille“*[712].

Weiterhin bleibt auch für eine Bejahung des gemeinsamen Tatenschlusses durch **konkludente Handlungen** der Mittäter kein Raum. Der gegen den rechtswidrigen Beschluss Votierende hat durch seine Stimmabgabe deutlich gemacht, dass er den rechtswidrigen Beschluss und seine Folgen gerade nicht mittragen möchte und mit den **für** den Beschluss votierenden Gremiumsmitgliedern nicht übereinstimmt.

Schließlich kann auch die Teilnahme an der Abstimmung nicht als Willensäußerung dahingehend verstanden werden, dass dem mit welchem Inhalt auch immer zustande kommenden Beschluss zugestimmt wird. Ein eventuell vorliegendes generelles Einverständnis dahingehend, sich dem Mehrheitsbeschluss,

711 Stellvertretend für alle *Wessels/Beulke*, AT Rn. 157.

712 *Fischer* § 25 Rn. 17.

unabhängig von seinem Inhalt, unterwerfen zu wollen ist insoweit nicht genügend.[713] Der Tatentschluss muss sich vielmehr auf die konkrete Ausführung der Tat beziehen.

Jakobs[714] betont dazu zutreffend: „*Die Verfahrensbeteiligung bedeutet nicht, auch der Dissentierende optiere für ein sich einstellendes Ergebnis beliebigen Inhalts [...], sondern einzig, der Abschluss des Verfahrens, die Beendigung der Phase der Meinungsbildung, werde akzeptiert.*" Anders ausgedrückt: Der gegen einen rechtswidrigen Beschluss Stimmende akzeptiert das Verfahren der Beschlussfassung, nicht jedoch den (rechtswidrigen) Beschlussinhalt.

Jene Akzeptanz des Beschlusses führt folglich nicht dazu, dass die „*abweichende Stimme des Gremiumsmitglieds die Bedeutung bekommt, es sei für die Mehrheit, wie immer diese aussehen möge*"[715]. Das Gremiumsmitglied „*optiert für ein Verfahren, das nach bestimmten Regeln verläuft und irgendwann endet; dies ist per se keine Option für Rechtswidriges*"[716].

Allein die Teilnahme an der Abstimmung kann daher grundsätzlich **nicht** in einen gemeinsamen, auf die Tatausführung gerichteten **übereinstimmenden Willen** des gegen den rechtswidrigen Beschluss Votierenden umgedeutet werden.

Es bleibt somit festzuhalten, dass für das **gegen** den rechtswidrigen Beschluss stimmende Vorstandmitglied ein gemeinsamer Tatentschluss mit den zustimmenden Mitgliedern nicht vorliegt.

b) Gemeinschaftliche Tatbegehung

Zum anderen kann auch von einer gemeinschaftlichen Tatbegehung durch Abgabe einer Gegenstimme als solche keine Rede sein. Die Gegenstimme begründet im Gegensatz zur Ja-Stimme keine Mitherrschaft bei der Beschlussfassung, d.h. „*keine funktionale Tatherrschaft durch arbeitsteiliges Zusammenwirken*"[717]:

Die Gegenstimme ist weder notwendig noch auch nur nützlich im Sinne einer Absicherung des tatbestandsmäßigen Projekts, der gemeinschaftlichen Tat. Sie stellt keinen Tatbeitrag dar, der eine rechtlich hinreichend relevante Gefahr begründen könnte.[718] „*Lediglich die befürwortenden Stimmen, und diese freilich alle, sind Teilakte desjenigen gemeinschaftlichen Begehens, dass auf die Verwirklichung des Tatbestandes gerichtet ist.*"[719]

---

713 So aber das OLG Stuttgart in JZ 1980, S. 774, 776.
714 in Miyazawa-FS, 419, 429 f.
715 *Jakobs* in Miyazawa-FS, 419, 430.
716 *Jakobs* in Miyazawa-FS, 419, 430.
717 *Krey/Esser*, AT, Rn 809; *Roxin*, AT II, § 25 Rn. 188 ff.
718 *Schönke-Schröder/Cramer/Heine*, § 25 Rn. 76 b.
719 *Dencker*, in *Amelung*, Individuelle Verantwortung, S. 63, 69.

Des Weiteren kann das ablehnende Votum noch weniger als die Stimmenthaltung als mittäterschaftlicher Tatbeitrag in Form einer *„psychische Unterstützung durch die Präsenz als solche“*[720] gewertet werden. Allein die „psychische Unterstützung“ anderer Tatbeteiligter durch bloße Anwesenheit am Tatort vermag vorliegend weder Täterschaft noch Teilnahme in Form der psychischen Beihilfe zu begründen.

Es ist folglich einleuchtend, dass die Gegenstimme der Schaffung des tatbestandsmäßigen Sachverhaltes grundsätzlich in keiner Weise förderlich ist. Das ablehnend votierende Gremiumsmitglied hat vielmehr aktiv gegen das gemeinschaftliche Tun der für den rechtswidrigen Beschluss Stimmenden gearbeitet.

Zu der Frage, ob die Strafbarkeit des gegen die rechtswidrige Entscheidung Stimmenden damit begründet werden kann, er habe die Mehrheit dadurch unterstützt, dass er sie nicht an der Fassung des rechtswidrigen Beschlusses gehindert habe, sei an dieser Stelle nur soviel gesagt: Ein solches Nichtwahrnehmen jener Hinderungsmöglichkeit stellt meines Erachtens ebenfalls noch keinen wesentlichen Tatbeitrag darstellt.[721] Doch geht es bei jener Frage um die Verantwortlichkeit wegen **Unterlassens**; die vorliegende Arbeit hat aber nur aktives Tun zum Gegenstand.

Ein wesentlicher objektiver Tatbeitrag des gegen den Mehrheitsbeschluss stimmenden Vorstandsmitgliedes und damit eine gemeinschaftliche Tatbegehung liegen somit nicht vor.

c) Zwischenergebnis hinsichtlich der Mittäterschaft

Die Voraussetzungen des § 25 II StGB sind nicht erfüllt. Damit ist eine Bejahung der Kausalität der Gegenstimme für den Verletzungserfolg mithilfe der Rechtsfigur der Mittäterschaft grundsätzlich nicht möglich.

4. Ergebnis bezüglich der Kausalität

Keine der im Rahmen dieser Arbeit erörterten Kausalitätslehren führt *in casu* zur Bejahung der Kausalität der Gegenstimme für den Verletzungserfolg.

720 BGHSt 37, 289, 293.

721 So aber der BGH in E 37, 289, 293, wo das Gericht die Tatherrschaft des Angeklagten unter anderem darin erblickt, dass er den anderen *„noch hätte auffordern können, [...] nicht zu schießen“*.

IV. Die objektive Zurechnung

Im Anschluss an die Ausführungen zur Kausalität des Abstimmungsverhaltens soll der Vollständigkeit halber noch kurz auf die Frage der objektiven Zurechenbarkeit des Verletzungserfolgs eingegangen werden.

Nach der Lehre von der objektiven Zurechnung ist ein durch menschliches Verhalten verursachter Erfolg nur dann objektiv zurechenbar, wenn der Täter durch seine *ursächliche Handlung* entgegen der dem Schutz des betreffenden Rechtsgutes dienenden Verhaltensnorm und damit *verbotswidrig ein entsprechendes Erfolgsrisiko geschaffen* bzw. ein solches erhöht und gerade diese rechtlich verbotenen Gefahr sich in dem *konkret eingetretenen tatbestandlichen Erfolg verwirklicht* hat.[722]

Eine ex-ante-Betrachtung der in Frage stehenden Handlung, d.h. der Abgabe der Gegenstimme im Rahmen der Abstimmungsvorgangs, führt zu der Feststellung, dass jenes Verhalten die Gefahr des Eintritts der Körperverletzung bei den Endverbrauchern des Produktes im Ausgangsfall (s.o. S. 14 f.) in keiner Weise erhöht hat.

Die Gegenstimme hat darüber hinaus die Gefahr des Zustandekommens des rechtswidrigen Beschlusses nicht nur **nicht erhöht** (im Sinne einer sog. *Erfolgsgefahr*[723]), sondern das Abstimmungsverhalten barg die Möglichkeit, diesen Beschluss zu verhindern. Das besagte Verhalten war grundsätzlich geeignet, die Gefahr des Erfolgseintritts zu verringern. Das ablehnende Votum hat gerade nicht zum Zustandekommen der erforderlichen Mehrheit für den Beschluss beigetragen.

Durch Abgabe der Gegenstimme wurde die Gefahr des Erfolgseintritts nicht erhöht und somit ist jener Erfolg dem gegen den rechtswidrigen Beschluss stimmenden Vorstandsmitglied nicht objektiv zurechenbar.

V. Der subjektive Tatbestand

Des Weiteren erfüllt das Verhalten des ablehnend Votierenden in aller Regel nicht die Voraussetzungen des subjektiven Tatbestandes.

---

722 *Schönke/Schröder-Lenckner*, Vor §§ 13 ff. Rn. 92.

723 *Schönke/Schröder-Lenckner*, Vor §§ 13 ff. Rn. 92.

1. Das vorsätzliche Handeln

Das betreffende Vorstandsmitglied müsste zumindest mit Eventualvorsatz gehandelt haben.

Aufgrund der im Ausgangsfall (s.o. S. 14 f.) beschriebenen Schadensmeldungen kann dass Wissenselement des Vorsatzes bejaht werden.[724]

Der mit einer „Nein-Stimme“ Votierende hat sich jedoch in aller Regel nicht mit dem Eintritt des Schadenserfolges abgefunden. Im Gegenteil: Er hat vielmehr das in Rahmen des Abstimmungsvorgangs ihm Mögliche getan, um jenes Resultat gerade zu verhindern. Durch sein Abstimmungsverhalten hat das Gremiumsmitglied zum Ausdruck gebracht, dass es die Verwirklichung des Tatbestandes **nicht** will und sich auch nicht damit abgefunden hat.

2. Ergebnis bezüglich des subjektiven Tatbestandes

Der gegen den rechtswidrigen Beschluss Stimmende erfüllt die subjektiven Tatbestandsvoraussetzungen nicht.

VI. Zwischenergebnis zur Strafbarkeit bei ablehnendem Votum

Die vorstehenden Darlegungen dürften verdeutlicht haben, dass der gegen einen rechtswidrigen Beschluss Abstimmende sich durch sein Verhalten grundsätzlich nicht strafbar macht.

Es fehlt nicht nur an der **Kausalität** der Gegenstimme für den Verletzungserfolg; dieser Verletzungserfolg ist dem Dissentierenden auch nicht **objektiv zurechenbar**. Darüber hinaus sind in jener Fallkonstellation grundsätzlich auch die **subjektiven** Tatbestandsvoraussetzungen nicht gegeben.

Die Abgabe der Gegenstimme im Rahmen der Abstimmung über einen rechtswidrigen Beschlussinhalt stellt das dem Schutze der Rechtsordnung dienende Verhalten dar. Daher erscheint es evident, dass das derart abstimmende Gremiumsmitglied strafrechtlich nicht belangt wird.

---

724 Vgl. dazu Ausführungen im Ersten Teil, A. VII. 1. a).

VII. Einschränkung des gefundenen Ergebnisses – Haftung des Abstimmenden unter dem Gesichtspunkt der Herbeiführung der Beschlussfähigkeit –

Wie bereits im Rahmen der Prüfung der Strafbarkeit der Stimmenthaltung dargelegt[725], ist die Herbeiführung der Beschlussfähigkeit als solche aus gesellschaftsrechtlicher Sicht nicht verboten (pflichtwidrig), sondern vielmehr geboten.

Grundsätzlich ist die Herstellung der Beschlussfähigkeit folglich kein geeigneter Anknüpfungspunkt für eine Strafbarkeit des gegen den rechtswidrigen Beschluss stimmenden Gremiumsmitglieds.

VIII. Haftung des gegen den Beschluss stimmenden Vorstandsmitglieds in besonderen Sachverhaltskonstellationen – Kollusion und schwerer, evidenter Rechtsbruch –

Trotz der soeben getroffenen Feststellungen stellt sich die Frage, ob die grundsätzliche Straflosigkeit des rechtmäßig abstimmenden Gremiumsmitglieds einer Einschränkung bedarf; genauer gefragt: Finden die im Rahmen der Ausführungen zur **Enthaltung** untersuchte Ausnahmen[726] der Kollusion und des evidenten Rechtsbruchs auch auf das **gegen** einen rechtswidrigen Beschluss stimmende Gremiumsmitglied Anwendung?

1. Kollusion

Zu untersuchen ist zunächst, ob der gegen den Beschluss Stimmende sich strafbar macht, wenn er objektiv die Beschlussfähigkeit Gremiums erst herstellt und subjektiv dem Abstimmungsergebnis auch zustimmt.

Ausgangspunkt der Untersuchung ist wiederum jene „*Grenzkonstellation*“[727], die dem Fall entspricht, welcher dem Mannesmann-Urteil[728] zugrunde lag. Durch seine Weigerung, an der Abstimmung teilzunehmen, hätte das ablehnend votierende Gremiumsmitglied das Zustandekommen des rechtswidrigen Beschlusses ohne weiteres verhindern können.

725 S.o. Zweiter Teil, A. VII.

726 Vgl. oben Zweiter Teil, A. VIII. und IX.

727 *Denker* in *Amelung*, Individuelle Verantwortung, S. 63, 70.

728 NJW 2006, 522, 527; wistra 2006, 137, 142;

Der BGH hat in seinem Mannesmann-Urteil nur die Frage der Strafbarkeit der Stimmenhaltung im Fall der Kollusion beantwortet.[729] Im übrigen hat das Gericht lediglich klargestellt, dass es

„angesichts der Besonderheiten der Abstimmungen [...] keine Notwendigkeit [sieht], sich grundsätzlich mit der strafrechtlichen Verantwortlichkeit der einzelnen Mitglieder eines Gremiums bei Mehrheitsentscheidungen zu befassen“.[730]

Jakobs[731] kommt im Hinblick auf die Herstellung der Beschlussfähigkeit durch den Dissentierenden zu dem Schluss, dass er nicht für das mehrheitlich Beschlossene hafte. Dieses Ergebnis der generellen Straflosigkeit

– das, wie soeben ausgeführt, grundsätzlich zutreffend ist –,

wird von *Jakobs* dabei in keiner Weise eingeschränkt.

Richtigerweise gilt jedoch auch für Fall der Gegenstimme eine Einschränkung jener Straflosigkeit, und zwar für die von *Denker*[732] beschriebene folgende Konstellation:

„Erkennt der [...] eine Gegenstimme Abgebende bei dieser Grenzkonstellation alle maßgeblichen tatsächlichen und rechtlichen Umstände

– etwa als letzter aufgerufen bei einer offenen Abstimmung –

und enthält sich gleichwohl nicht [...] der Gegenstimme, ergäbe es keinen Sinn, ihn aus der Verantwortung zu entlassen, die er trägt, weil er einen notwendigen Teilsachverhalt eines kriminellen Gesamt-sachverhalts verwirklicht“.

Mit dieser sehr prätentiös und schwer zugänglich formulierten Konstellation meint *Dencker* offenbar den Fall des einverständlichen Zusammenwirkens des gegen den Beschluss Stimmenden mit den für diesen Votierenden in Kenntnis aller Umstände, einschließlich der zu erwartenden Zustimmung des Gremiums.

Hier kann unter dem Gesichtspunkt der Kollusion die Gegenstimme als Ja-Stimme gewertet werden.

Auch die vom BGH im Fall Mannesmann zur Stimmenthaltung angeführte Argumentation lässt sich meines Erachtens auf den Fall der Gegenstimme übertragen: Wusste der gegen den rechtswidrigen Beschluss Stimmende nach den Feststellungen des zugrunde liegenden Sachverhalts bei seinem Votum, dass sich die übrigen Gremiumsmitglieder bereits auf die Fassung des rechtswidrigen Beschlusses verständigt hatten, und dieser Beschluss

– unabhängig von seinem eigenen Abstimmungsverhalten –

mit seiner **Teilnahme** an den Beschlussfassungen wirksam würde, wirksam deswegen, weil er durch seine Anwesenheit die **Beschlussfähigkeit** herbeiführte,

---

729 BGH wistra 2006, 137, 143.

730 BGH NJW 2006, 522, 527; BGH wistra 2006, 137, 142.

731 in Miyazawa-FS, 419, 429 f. zu seinem Fall 4 (vgl. S. 420).

732 in *Amelung*, Individuelle Verantwortung, S. 63, 70.

und **wollte er ebendies auch erreichen**, weil er mit dem Inhalt jener Beschlüsse einverstanden war, so ist diese Gegenstimme ein strafbares Verhalten.[733]

Entspricht die Gegenstimme also „*objektiv und subjektiv im Ergebnis einer Ja-Stimme,* ***die lediglich nach außen nicht erkennbar werden sollte***,"[734] so kann sie nicht zur Straflosigkeit des derart Votierenden führen. [735]

Ransiek[736] vertritt hierzu die Auffassung, das eine Strafbarkeit des überstimmten Gremiumsmitglieds dann in Betracht kommt, „*wenn die Mehrheit mit Kenntnis oder grob fahrlässig in Bezug auf strafrechtlich relevante Folgen eine Maßnahme beschließt und dies der Überstimmte erkennt oder befürchtet. Liegt etwa Vorsatz im Hinblick auf schwere Gesundheitsschäden oder Todesfolgen vor, ist es wenig überzeugend, dass sich der Einzelne auf die gesellschaftsrechtlich Mehrheit für die Inkaufnahme dieser Folgen berufen kann.*" *Ransiek*[737] führt weiter aus, dass wenn das Risiko klar auf der Hand liege, und nur eine Entscheidung rechtmäßig sei (im Sinne einer Ermessensreduzierung auf Null), der Überstimmte beispielsweise **gesellschaftsinterne oder auch gesellschaftsexterne Maßnahmen ergreifen müsse, um den Beschluss zu verhindern**. Tue er das nicht, komme eine Strafbarkeit in Betracht.

Mit diesen Ausführungen scheint *Ransiek* als Anknüpfungspunkt für eine Strafbarkeit nicht auf das Abstimmungsverhalten also solches abzustellen, sondern auf das **Unterlassen** weiterer Maßnahmen zur Schadensverhütung **nach Beschlussfassung**. Liegt allerdings beim Dissentierenden Vorsatz im Hinblick auf den Verletzungserfolg vor, so ist es nicht sachgerecht, für die Strafbarkeit auf das Unterlassen von Maßnahmen abzustellen, um den rechtswidrigen Beschluss zu verhindern. Anknüpfungspunkt für die Strafbarkeit ist dann

– zumindest bei nicht ausführungsbedürftigen Beschlüssen –

die Stimmabgabe an sich.

Anders als der Verfasser dieser Dissertation ist *Kuhlen*[738] der Ansicht, dass der gegen den Beschluss Stimmende „*alles getan [hat], was bei einer Abstimmung von ihm verlangt werden kann*".

Ist diese Auffassung auch grundsätzlich richtig, so übersieht sie doch, dass es Ausnahmen gibt, in der eine Einschränkung der generellen Straflosigkeit der Gegenstimme erforderlich ist.

Denn letztlich macht es keinen Unterschied, ob dasjenige Gremiumsmitglied, dass durch seine Teilnahme an der Abstimmung die Beschlussfähigkeit des Gremiums

733 BGH NJW 2006, 522, 527; BGH wistra 2006, 137, 142.

734 BGH wistra 2006, 137, 143 (Hervorhebung von Verfasser).

735 Unzutreffend insoweit *Vogel/Hocke*, JZ 2006, 568, 569.

736 in ZGR 1999, 613, 647.

737 in ZGR 1999, 613, 648 (Hervorhebung von Verfasser).

738 in *Achenbach/Ransiek*, HWSt, Teil II, Rn. 41.

erst herstellt und den Inhalt des Beschlusses billigt oder gar anstrebt, sich nach außen hin seiner Stimme enthält oder sogar gegen den rechtswidrigen Beschluss stimmt. In beiden Abstimmungsvarianten entspricht das Votum objektiv und subjektiv einer „Ja-Stimme", die lediglich nach außen nicht erkennbar sein soll.[739]

Eben diese Kombination von **objektiver Herstellung der Beschlussfähigkeit** und **subjektiver Zustimmung** zum Abstimmungsergebnis ist es, die eine Strafbarkeit auch im Fall der Gegenstimme zu begründen vermag.

Somit bleibt festzuhalten, dass die Straflosigkeit des ein ablehnendes Votum Abgebenden bei Vorliegen einer derartigen Fallkonstellation eine Einschränkung erfahren muss. Die zur Stimmenthaltung getroffenen Feststellungen sind insoweit auf die Gegenstimme übertragbar.

a) Kausalität zwischen Abstimmungsverhalten und Verletzungserfolg

Die Bejahung von Kausalität zwischen der „Nein-Stimme" und dem eingetretenen Verletzungserfolg wird in jenen besonderen Fallkonstellationen der Kollusion wesentlich vereinfacht.

Bereits die Anwendung der **Äquivalenztheorie** führt zu einem positiven Kausalurteil, denn die Stimme des gegen den rechtswidrigen Beschluss Votierenden kann in dem Fall, in dem er durch seine Teilnahme an der Abstimmung die Beschlussfähigkeit des Gremiums erst hergestellt hat, nicht hinweggedacht werden, ohne dass eben dieser Beschluss und der auf diesem beruhende Verletzungserfolg bei den Produktanwendern entfiele.

Zudem lässt sich die Kausalität auch mit Hilfe der Rechtsfigur der **Mittäterschaft** (§ 25 II StGB) begründen:

Der **gemeinsame Tatenschluss**, d.h. der gemeinsame, auf die Tatausführung gerichtete, übereinstimmende Wille der Gremiumsmitglieder ist gegeben. Der gegen den Beschluss Stimmende ist im Falle der Kollusion (zumindest konkludent) mit den übrigen Gremiumsmitgliedern übereingekommen, dass er durch seine Abstimmungsteilnahme die Beschlussfähigkeit des Gremiums herstellt, um so das Zustandekommen des Beschlusses zu ermöglichen.

Zudem stellt die Beteiligung an der Abstimmung eine **gemeinschaftliche Tatbegehung** dar. Die Tatherrschaft des sich gegen den Beschluss stimmenden Vorstandsmitglieds ergibt sich in jenen Fallkonstellationen daraus, dass es an dem gemeinschaftlichen Tun durch Herbeiführung der Beschlussfähigkeit entscheidend mitgewirkt hat.

---

739 *Franke*, JZ 1982, 579, 582 f. erkennt die Problematik, geht hierauf jedoch unter Hinweis auf Beweisschwierigkeiten nicht weiter hierauf ein.

b) *Die Zurechenbarkeit des eingetretenen Verletzungserfolges*

Nach der hier favorisierten Lehre von der objektiven Zurechnung ist der eingetretene Verletzungserfolg dem mit „Nein“ votierenden Vorstandsmitglied auch objektiv zurechenbar. Der gegen den rechtswidrigen Beschluss Stimmende hat durch die Teilnahme an der Beschlussfassung die Gefahr des Erfolgseintritts tatsächlich sogar erst geschaffen und nicht lediglich erhöht.

c) *Der subjektive Tatbestand*

Die Voraussetzungen des subjektiven Tatbestands, d.h. Wissen und Wollen der Tatbestandsverwirklichung, werden in der vorliegend untersuchten Sachverhaltskonstellation ebenfalls erfüllt.

Aufgrund der im Ausgangsfall beschriebenen Schadensmeldungen (s.o. S. 14 f.), war allen Gremiumsmitgliedern die Produktgefährlichkeit bekannt. War dem gegen den rechtswidrigen Beschluss stimmenden Gremiumsmitglied bei seiner Stimmabgabe zudem bewusst, dass sich die übrigen Gremiumsmitglieder bereits auf eine Abstimmung **für** den rechtswidrigen Beschluss verständigt hatten, und dieser Beschluss

– unabhängig von seinem eigenen Abstimmungsverhalten –

mit seiner Teilnahme an den Beschlussfassungen wirksam würde, und wollte es ebendies auch erreichen, weil es mit dessen Inhalt einverstanden war,[740] so ist der subjektive Tatbestand erfüllt.

Die Gegenstimme entspricht dann subjektiv im Ergebnis einer strafbaren „Ja-Stimme“, denn der ablehnend Votierende billigte das Ergebnis der Abstimmung zumindest, oder strebte es sogar an.

2. Schwerer und evidenter Rechtsbruch

Des weiteren ist zu prüfen, ob auch dann eine Strafbarkeit des gegen den rechtswidrigen Beschluss Stimmenden in Betracht kommt, wenn ein Beschluss offensichtlich rechtswidrig und geeignet ist, schwerwiegende Nachteile für gewichtige Rechtsgüter wie etwa Leib und Leben für eine Vielzahl von Personen nach sich zu ziehen.

Die im Rahmen der Untersuchung der Strafbarkeit des sich seiner Stimme enthaltenden Gremiumsmitglieds erörterte Konstellation, dass der sich Enthaltende durch seine Teilnahme an der Abstimmung die Beschlussfähigkeit des

740 In Anlehnung an die Ausführungen von *Denker* in *Amelung*, Individuelle Verantwortung, S. 63, 70, sowie des BGH in NJW 2006, 522, 527; wistra 2006, 137, 142.

Gremiums **nicht** hergestellt hat,[741] ist hier ein einem wesentlichen Punkt nicht einschlägig: Der Dissentierende hat seiner in diesen Sachverhaltskonstellationen einschlägigen Pflicht zur Abgabe einer **Gegenstimme** genüge getan.

Dagegen ist eine Strafbarkeit des bei der Abstimmung Unterlegenen in den Fällen denkbar, in denen der mit „Nein" Stimmende die Beschlussfähigkeit des Gremiums erst hergestellt, dadurch das Zustandekommen des rechtswidrigen Beschlusses ermöglicht, dies erkannt und sich damit abgefunden hat.[742] Zwar hat der mit „Nein" Votierende hier bei der Abstimmung als solcher keine Straftat begangen, weil er insoweit mit der Gegenstimme alles getan hat, was ihm im Rahmen der Beschlussfassung zur Schadensabwendung möglich war. Jedoch hätte er die Möglichkeit gehabt, die Beschlussfähigkeit durch Sich-Entfernen aufzuheben, wozu er in dem Ausnahmefall eines drohenden, schwer und evident rechtswidrigen Beschlusses mit der Gefahr erheblicher Schäden auch verpflichtet gewesen wäre

– jedoch vermag die Verletzung dieser Pflicht wohl nur eine Unterlassungsstrafbarkeit zu begründen, die nicht Gegenstand dieser Arbeit ist.

3. Ergebnis

In Fällen, in denen das gegen den rechtswidrigen Beschluss stimmende Gremiumsmitglied kollusiv mit den übrigen Gremiumsmitgliedern zusammenwirkt, kommt eine Strafbarkeit des dissentierenden Vorstandsmitglieds wegen seines Abstimmungsverhaltens ausnahmsweise in Betracht.

Demgegenüber ist ohne Kollusion einen Strafbarkeit des Dissentierenden wegen seines Abstimmungsverhaltens unter dem Aspekt der schweren und evidenten Rechtswidrigkeit des Beschlusses nicht anzunehmen.

B. Ergebnis zur Strafbarkeit trotz Gegenstimme

Grundsätzlich ist ein Vorstandsmitglied, das bei der Abstimmung über einen Beschluss mit rechtswidrigem Inhalt **gegen** diesen votiert, nicht für sein Abstimmungsverhalten strafrechtlich verantwortlich. Es fehlt zum einen an Kausalität und objektiver Zurechenbarkeit des eingetretenen Verletzungserfolgs; zum anderen erfüllt der ablehnend Votierende die Voraussetzungen des subjektiven Tatbestandes nicht.

741 S.o. Zweiter Teil, A. IX. 1.

742 Vgl. *Dencker*, in *Amelung*, Individuelle Verantwortung, S. 63 ff., 70; vgl. auch oben Zweiter Teil, A. IX. 2.

Jedoch unterliegt die grundsätzliche Straflosigkeit des gegen den rechtswidrigen Beschluss Stimmenden gewissen Einschränkungen: Das gilt für jene „Grenzkonstellation", in der ein Gremiumsmitglied in kollusivem Zusammenwirken mit anderen durch seine Teilnahme die Beschlussfähigkeit des Gremiums herstellt und das Ergebnis der Abstimmung billigt oder sich zumindest damit abfindet. Liegt diese Kombination von objektiven und subjektiven Voraussetzungen vor, so hat sich auch der eine Gegenstimme Abgebende ausnahmsweise wegen aktiven Tuns strafbar gemacht.

Vierter Teil: Zusammenfassung

Abschließend kann somit festgehalten werden, dass sich die Strafbarkeit von Gremiumsmitgliedern (wegen vorsätzlichen Begehungsdelikts) für ihr Abstimmungsverhalten bei Zustandekommen eines rechtswidrigen, nicht ausführungsbedürftigen Beschlusses wie folgt darstellt:

1. Vorstandmitglieder, die **für** einen rechtswidrigen Beschluss stimmen, machen sich strafbar:

- Die Abgrenzung von aktivem Tun und Unterlassen wird mithilfe der Schwerpunkttheorie[743] sowie der organisationsbezogenen Betrachtungsweise des BGH[744] vorgenommen. Letztere ermittelt, ob das „Verhalten" der AG nach der Schwerpunkttheorie als Tun oder Unterlassen zu werten ist, und überträgt dieses Ergebnis auf das jeweilige Gremiumsmitglied.
- Die Kausalität des Abstimmungsverhaltens für den eingetretenen Verletzungserfolg lässt sich in Fällen überbedingter Kausalität, d.h. wenn mehr als die zum Zustandekommen des Beschlusses erforderlichen „Ja-Stimmen" abgegeben wurden, mithilfe der Lehre von der alternativen Kausalität begründen; denn die Voten können zwar alternativ, nicht aber kumulativ hinweggedacht werden, ohne dass der Erfolg entfiele.[745] Auch die Rechtsfigur der Mittäterschaft nach § 25 I StGB kann in diesen Fällen (allerdings mit der h.M. nur für Vorsatzdelikte) zur Bejahung der Kausalität herangezogen werden.[746] Die überbedingte Gremiumsentscheidung ist als ein Fall additiver Mittäterschaft anzusehen, in dem die Mittäterschaft kausalitätsersetzend wirkt.[747]
- Die objektive Zurechenbarkeit des Erfolges[748] ist ebenso zu bejahen wie der Vorsatz (in Form von *dolus eventualis*).[749]
- Schließlich ist das Abstimmungsverhalten auch rechtswidrig: Weder der rechtfertigende Notstand nach § 34 StGB (mangels Überwiegens der notstandfähigen Güter Vermögen der Gesellschaft und Erhalt von Arbeitsplätzen gegen-

743 S.o. Erster Teil, A. I. 4.
744 S.o. Erster Teil, A. I. 5.
745 S.o. Erster Teil, A. V. 5.
746 S.o. Erster Teil, A. V. 6.
747 S.o. Erster Teil, A. V. 6. c).
748 S.o. Erster Teil, A. VI. 1.
749 S.o. Erster Teil, A. VII.

über Leib und Leben von Personen),[750] noch die Lehre von der Sozialadäquanz (die generell abzulehnen ist)[751] oder die Zustimmung durch den Aufsichtsrat[752] lassen die Rechtswidrigkeit entfallen.

2. Der sich seiner Stimme **Enthaltende** ist grundsätzlich nicht strafrechtlich verantwortlich.[753] Die Straflosigkeit der Stimmenthaltung ist aus rechtssoziologischer Sicht wichtig, denn ihr kann eine Friedensfunktion zukommen (sowohl im Rahmen eines Gremiums als auch gegenüber den übrigen Unternehmensangehörigen).

- Die Stimmenhaltung ist (nach keiner der im Rahmen der Arbeit favorisierten Theorien),[754] kausal für den Verletzungserfolg; zudem liegen objektive Zurechenbarkeit[755] und Vorsatz[756] nicht vor.
- Die Sitzungsteilnahme ebenso wie die Herstellung der Beschlussfähigkeit des Gremiums sind prinzipiell keine geeigneten Anknüpfungspunkte für die Strafbarkeit.[757] Die Vorstandsmitglieder haben eine gesellschaftsrechtliche Pflicht zur Sitzungsteilnahme,[758] dieses Verhalten kann daher nicht als Anknüpfungspunkt für die Strafbarkeit dienen.

In zwei Ausnahmefällen kommt jedoch eine Strafbarkeit des sich Enthaltenden in Betracht:

- Zum einen dann, wenn das fragliche Gremiumsmitglied durch seine Teilnahme an der Sitzung absprachegemäß die Beschlussfähigkeit des Gremiums erst herstellt und das Zustandekommen des Beschlusses billigt, d.h. wenn seine Enthaltung objektiv und subjektiv einer strafbaren „Ja-Stimme" entspricht (Kollusion).[759] Diese Fälle müssen sozusagen mit Händen zu greifen sein. Es handelt sich um solche Konstellationen, die mit dem „Mannesmann-Fall" vergleichbar sind: Dort lag eine Absprache der Vorstandsmitglieder vor und durch die Teilnahme des sich Enthaltenden wurde die Beschlussfähigkeit hergestellt.
- Zum anderen kommt eine Strafbarkeit des sich seiner Stimme Enthaltenden ausnahmsweise im Falle eines schweren und evidenten Rechtsbruchs in

750 S.o. Erster Teil, A. VII. 1.
751 S.o. Erster Teil, A. VII. 2.
752 S.o. Erster Teil, A. VII. 3.
753 S.o. Zweiter Teil, A. I. 3.
754 S.o. Zweiter Teil, A. III. 4.
755 S.o. Zweiter Teil, A. IV.
756 S.o. Zweiter Teil, A. V.
757 S.o. Zweiter Teil, A. VII. 2 e).
758 S.o. Zweiter Teil, A. VII. 2 c).
759 S.o. Zweiter Teil, A. VIII.

Betracht. Dem Enthaltenden obliegt in diesen Sachverhaltskonstellationen die Pflicht zur Abgabe einer Gegenstimme. Hierbei handelt es sich um Fälle, in denen sich die Rechtswidrigkeit des Beschlusses dem Gremiumsmitglied sozusagen aufdrängt (im Sinne einer Ermessenreduzierung auf Null) und schwerwiegende Nachtteile für wichtige Rechtsgüter (wie Leib oder Leben) nach sich ziehen kann.[760]

3. Ein Vorstandsmitglied, das bei der Abstimmung über einen Beschluss mit rechtswidrigem Inhalt **gegen** diesen votiert, ist grundsätzlich nicht für sein Abstimmungsverhalten strafrechtlich verantwortlich, denn die Gegenstimme stellt das dem Schutz der Rechtsordnung dienende Verhalten dar.[761]

Ob, und gegebenenfalls wieweit, über die Gegenstimme hinaus sonstige Handlungspflichten zur Gefahrabwendung geboten sind, deren Vernachlässigung eine strafrechtliche Verantwortlichkeit wegen Unterlassens begründen könnte, ist nicht Gegenstand der vorliegenden Arbeit.[762]

Ausnahmsweise ist der Dissentierende jedoch dann strafbar, wenn er **kollusiv** mit anderen durch seine Teilnahme die Beschlussfähigkeit des Gremiums herstellt und das Ergebnis der Abstimmung billigt oder sich zumindest damit abfindet.[763] Nur bei Vorliegen einer solchen Kombination von objektiven und subjektiven Voraussetzungen hat sich auch der eine Nein-Stimme Abgebende ausnahmsweise wegen aktiven Tuns strafbar gemacht.

---

760 S.o. Zweiter Teil, A. IX.

761 S.o. Dritter Teil, A. VI.

762 Immerhin enthält die Arbeit hierzu einige Hinweise, wenn auch nur im Rahmen der Erörterung der Stimmenthaltung (.s.o. Zweiter Teil, A. X.).

763 S.o. Dritter Teil, A. VIII. 1.

www.ingramcontent.com/pod-product-compliance
Ingram Content Group UK Ltd.
Pitfield, Milton Keynes, MK11 3LW, UK
UKHW041830290926
8980IPUK00013B/940

9 783631 645871